彰化小食記

增修版

陳淑華 著

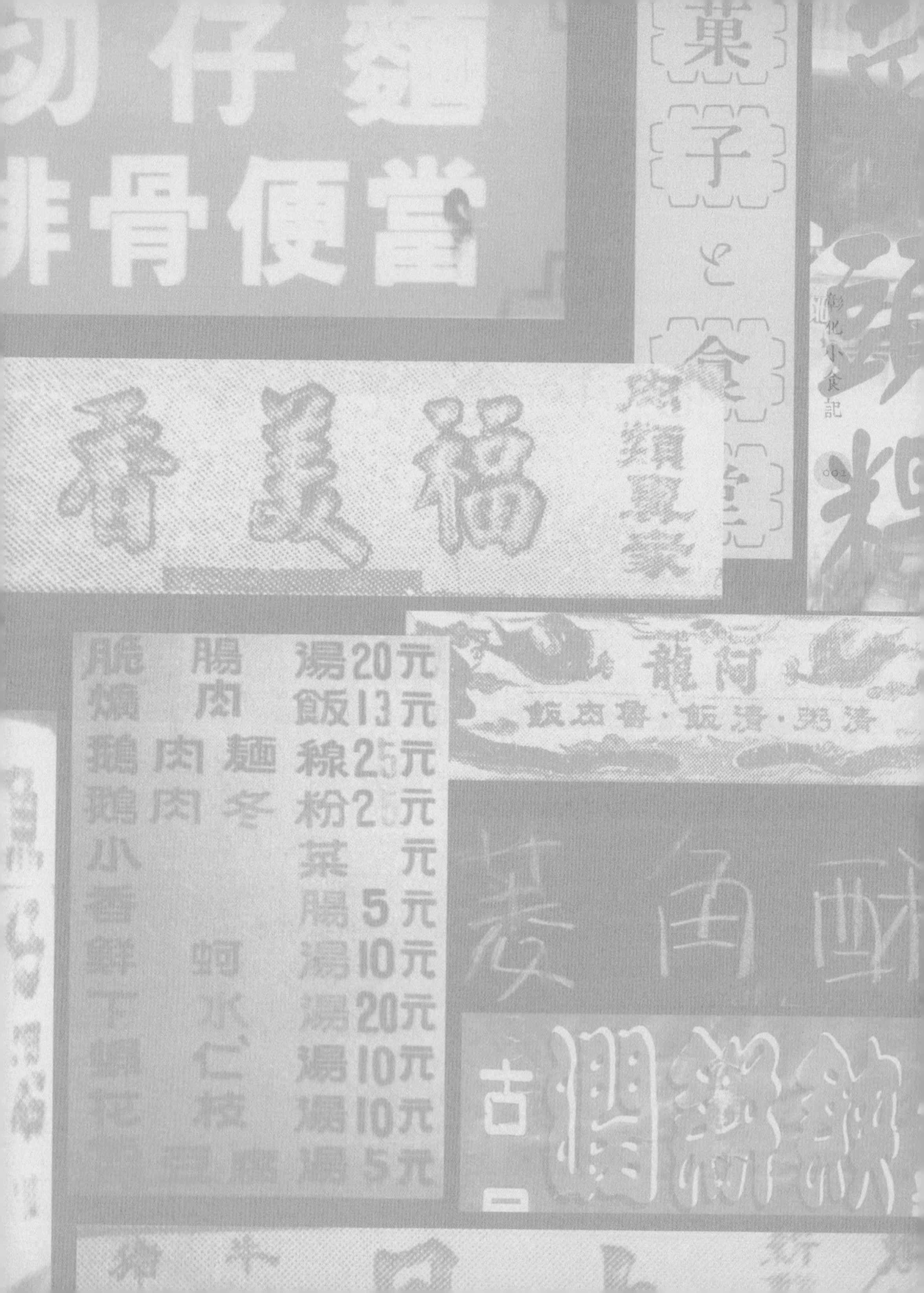
排骨便當
菓子と食
龍河
腸湯20元
飯13元
鵝肉麵線25元
鵝肉冬粉25元
菜 元
腸5元
蚵湯10元
下水湯20元
仁湯10元
枝湯10元
湯5元

【推薦序二】

八卦山下的小盛宴

劉克襄（作家）

台灣小吃最精緻豐富的所在，多以老城為首，彰化尤為其一。

我何其幸運，童年時跟此半線老城也有一點緣分。那時家住台中，寒暑假總要跟母親搭客運，返回彰化長興街大舅家。每次去，大夥兒聚在一起熱熱鬧鬧，五六位阿姨們便跑去陳稜路、小西街附近，買些小吃回來打牙祭。肉圓、貓鼠麵和圓仔湯等，都是當時常吃的。它們不是美食，而是孩提時熟稔的母親娘家之風味。關於此一食物記憶，相信來自彰化的陳淑華，體驗會更加地道。

當然，等到它們躍升為現今著名的美食，我又遠離數十載後，再回顧這些古早味飽滿的小吃，感情便有了不同層次的流轉。味蕾的緬懷或許還是很重要的內涵，但生活裡這些小吃帶來的人生典故，販賣者背後的生活原委，恐怕更饒富意義。

書裡面介紹的小吃並非百科式籠統的包羅萬象，或蒐盡各類美食。恰恰相反，作者自覺性甚高，嚴選精準，把這城市應該認識的重要在地食物，系統地逐一羅列，再從中以社會學的角度清楚爬梳。由此民間底層追溯食物軌跡，找出每一道食物的出現因由，彷彿也是這個時代美食走到一個階段後，做為一個彰化生長的孩子，責無旁貸的使命。

於焉，裡面的食材探究，人文面向所花費的功夫和心血，那觸及深處的眉眉角角，恐怕都不是其他描述彰化小吃的內容所能望其項背。更非一般網路的表面爬梳，得以掌握其深邃的精神。

前幾年，在《島嶼的餐桌》一書，作者即以嫻熟而親切的家庭食物，道出尋常台灣料理的美好。這等家常庶民性，如今則擴至更為原鄉的小吃，繼續循線探究。物物相應相生，其概述自然不會輕淺，而是處處可見環繞生活的食物道理。

從目錄即一目了然，每一種著名小吃都是個核心，以多重意義，輻射狀散發出去。可追溯研發者的背景和信念，可列舉歷史人物跟食物的淵源，可循線深入食物產地的發端之因，可比較島上各地相關小吃，甚至可廣及日本傳統食物淵源。寫美食名菜如此窮探者或有之，小吃類這般細膩追究，猶若考古，還真稀罕。

譬如以彰化肉圓為核心，牽扯出在來米、番薯和樹薯等成分的比例和演變，再對照全台各地肉圓的元素。譬如以爌肉為主題，揭開此一尋常小吃的奧義，如何發展為市吃。又譬如，以蛤仔的來歷，追探此一海邊貝類和平原豬隻大骨的神奇結合，遂造就貓鼠麵的獨特風味。

一府二彰，但三為何？我不知，只知彰化擁有多樣的傳統小吃，可媲美台南的精緻。可這座老城又是那麼小而俱全，更顯得彌足珍貴。

書本裡的每道食物更像一條祕徑，通往這個城的核心。一般旅人攜著尋常小吃指南，還不一定能抵達。唯有作者的提示，猶若此一孔道的通關密語。正因為肉圓、燉露、爌肉飯等小小祕徑的交叉連結，彰化市才能為旅人攤開一張綿密的小食路線。也唯有作者這樣懷抱家園的食物意識，才能把飲食和城市連結得更加緊密，編織出錦緞般的地圖。

【推薦序二】

細嚐飽含生命力的常民吃食

周馥儀（賴和文教基金會執行長）

打開電視、連上網站、走進書店，總能看見以美食為主題的節目或文章；電視新聞全天輪播，分析公共議題甚少，總花上好幾分鐘，介紹美食追蹤報導，「客人盡情朵頤做見證，店家大談如何用料」，成了全民瘋美食的既定公式。

在一堆強調口腹之慾的美食文章中，淑華以平實文字蘊藏文化觀點與歷史縱深，成為寫入心坎的異數。兩年前，偶然在淑華的部落格讀到〈圓仔冰與賴和〉，寫圓仔冰長年與鐵路醫院形成彰化特色街景，以賴和筆下的圓仔湯，牽引出家人對鐵路醫院的深刻記憶，反思若鐵路醫院被拆除，那巧甜的圓仔冰會如何走味？如此以文化視野觀看彰化發展，恰是賴和基金會這幾年培訓導覽志工，推動「賴和文學地景之旅」的願景想像。

後來，國光石化落腳濁水溪口的環境危機，賴和基金會發起藝文界連署守護大城溼地，我聯繫淑華，她捎來〈所幸還有一碗麵〉表達支持反國光石化運動，「透過彰化的一碗麵，覺得自己也去過那」，從彰化市街麵攤以王功蛤仔做湯底，抒發人們嘴裡那甘鮮不膩的麵湯，緊緊相繫於即將可能失去的海岸溼地。

如今，〈圓仔冰與賴和〉、〈所幸還有一碗麵〉與其他彰化小吃的食文，從網路世界走出，集結出版《彰化小食記》。這不純然是淑華對彰化生活的回憶懷舊，而是她以小食為底，佐以史料、文學，探索這些小食的身世，如何陪伴彰化人突圍貧困開創繁華，代代傳承彰化的文化底蘊及反骨精神，勾寫自己在離鄉多年後回看彰化的文化期許。

因此識見烹煮彰化小食的神妙巧手，他們不再是平日應對客人的制式對話，他們開口述說父祖輩，以不同比例的番薯粉改良肉圓口感，從街頭走擔到定點開店；如何用創意，在戰後經濟蕭條中，發想做吃食營生，酒樓盛宴的「燉露」成了攤頭的平民湯品、辦桌的「封肉」成了「爌肉」，那一碗碗爌肉飯，更成為經濟起飛年代裡，彰化勞動者的每天活力來源。

因此識見彰化小食從日本時代報刊浮出身影，驚覺彰化的台灣料理被譽為全島第一，手工大麵是日本殖民者推薦的台灣美味；在賴和、楊守愚、陳虛谷的文學筆下流傳百年，圓仔湯、魯麵、麻糍、燒肉圓、燒肉粽、大麵、燒麵羹、茯苓糕、四果冰、炕肉……，讀見警察以法取締小販的暴力，讀見台灣人遭殖民壓迫的酸苦，讀見那滋味撫慰投身反殖民運動的知識分子，更讓出身府城的陳逢源戀戀難忘。

因此識見彰化小食之所以獨特，來自彰化市街蘊含的歷史氣味，夏夜開擺在關帝廟前的黑白切酒攤，長年緊鄰鐵路醫院建築的圓仔冰，即使彰化公園早被改建、仍照時出現的公園芋仔冰、杏仁露，這一個個小食攤在時間之流裡，與歷史建築共塑出彰化街頭極具生命力的市井文化，毅然面對城市發展的拆除洪流。

這幾年，賴和基金會培訓導覽志工、與文史社團搶救鐵路醫院的過程裡，總討論到該珍視彰化市街這股底蘊氣味，懷想彰化若能善加運用歷史人物與文化資產，也能發展出類似台南的文化城市觀光，如同淑華結合在地小食、作家故事、庶民記憶，寫成這本彰化街頭飲食深度踏查小書，提供不同的彰化玩法。

面對深具歷史底蘊的城市，我們該如何形塑她的容顏？淑華的書，成為一個激發想像的創造起點。

【自序】

兒時小吃，彰化小食的神祕通道

「逸生來訪，因為他是小食的同嗜者之一，晚，乃一同出去嘗試彰化名食，阿碗的擔仔麵、逢源的麻糍、河仔的肉粽，還有觀音亭邊的肉圓——。他說肉粽於昨晚曾自去吃過了。通堯君又說阿碗近日停賣。不得已，乃去南門市場吃樹根的擔仔麵，其餘麻糍、肉圓，也恰巧未出來賣，只得再吃了碗當歸鴨，悵悵而回。」

從來不知道，兒時小吃具備如此神奇的力量，可以帶我來到這裡，讓我捧著《楊守愚日記》讀了起來。一九三六年十月十八日，距今七十六年前的一個晴朗夜晚，一個讓楊守愚悵悵而回的秋夜，其實也是一個讓人精神飽滿的愉快夜晚吧！儘管只吃了樹根的擔仔麵和當歸鴨，但一道又一道的彰化名食閃過腦海，心早就被填得飽飽吧！「河仔」的肉粽，會是今日仍佇立街頭、發音相同的「肉粽和」嗎？而其他被點名的擔仔麵、麻糍、肉圓，或許賣的人早已難尋，但那些小食穿過我的童年記憶，也仍繼續存在今日彰化街頭。

我的兒時小吃，彰化小吃，在楊守愚的小食時代就如此滋味迷人嗎？

離開彰化，落腳台北數十年，彰化的牽掛總在，來自台南的祖父母長眠在彰化八卦山上，媽媽土生土長於彰化，外公外婆雖早已離開人世，但阿姨和舅舅們牽連的網絡仍在，更巧的是大嫂也是彰化市人，親家公與親家母依舊安居彰化市。一年四季，兩地的人情來往，時常夾帶著彰化街頭的食物，肉圓、肉包、鹹麻糬，甚至菜麵擔的豆包，交錯其間，不知吃了多少，久了習以為常，最後竟讓它們變得可有可無。

二〇〇七年秋天，中年倦勤，苦無方向之際，從母親煮的飯菜得到慰藉，從而開啟自家餐桌的田野調查，在追尋母親做的菜時，童年的記憶不時來調味，意外讓兒時小吃浮現，心中不禁興起一股重返現場，再吃它一回的衝動。沒想到這是一個更加無邊無際的田野，從童年的視野出發，以前不曾嚐出來的滋味浮現了，還有更多超出我的記憶所能承載。

在好奇於這些滋味怎麼被創造出來的過程，翻箱倒櫃找尋文獻，追溯它們的身世的同時，透過日本時代工商案內資料，許多我不知道的店家出現了，出現在我熟悉的街道上，而資料越翻越多，一九二〇年代以來舉足輕重於台灣文壇的彰化作家，戒嚴時代被抹去而不存在於我青春歲月的名字也現身了。

一八九六年出生的陳虛谷，曾赴日本東京留學，畢業於明治大學，擅長以漢詩創作的他，僅寫了四篇小說，〈放炮〉出現紅龜粿和米粉、炕肉（爌肉）等台灣料理。一八九四年出生的台灣新文學之父——賴和，童年回憶囊括了圓仔湯、麥芽糕、雙膏潤、鹹酸甜、粉圓、豆花、甘蔗、米糕、燒肉粽等眾多口味，小說除了再現圓仔湯、也穿插了魯麵等滋味。而出生於一九〇五年的小說劇作家楊守愚則在多篇小說中，競相讓燒肉圓、大麵，米粉、燒米糕、燒麵羹、茯苓糕、土豆糖等街頭小吃亮相。

炕肉或紅龜粿在陳虛谷的心中必定美味無法抵擋，才有辦法成為他小說裡抵抗殖民時代蠻橫統治的利器；賴和童年的滋味，則在殖民歲月的喟嘆中又多了一種時光流逝的永恆滋味，至於楊守愚如此大量的讓街頭小食入文，更湧現一股市井的滄桑滋味，帶著一種感同身受的氣味。難道這也是他日常生活的再現？這二、三年來讀著他的小說，我常這樣想著，這回果然看到擔仔麵、肉圓、麻糍、肉粽、當歸鴨，甚至還有鴨仔米糕與四果冰等「彰化小食」，從他的日記一一現身。而這一刻除了解開心中的困惑，讓我從小吃到大的肉圓或擔仔麵（切仔麵），從「彰化小吃」到「彰化小食」，有了真實的接軌外，更感受到隱藏在「彰化小食」迷人滋味裡的力量。

《楊守愚日記》從一九三六年四月十日寫到隔年二月十六日，三百二十二天，日日不輟，當中有關飲食的記載雖僅約十來篇，且連同一九三六年十月十八日這一天，出現街頭小食的更只有四天，看似微不足道，但相較於大多數日子為當時台灣文壇的抄襲或爭執現象而苦惱、為漢文遭到日本殖民政府壓制而抑鬱，或為家中食指浩繁而煩憂，只要這些小食或食物一登場，楊守愚的筆調就變得輕鬆自在。與同好到觀音亭、到南門市場嚐「彰化名食」；或獨自一人從彰化北門出發、繞道南門、東門，一路吃「點心」，最後聞鼓樂踏月而歸！即使「美味」不如預期，語帶悵然，還是心情快活。

第八屆國家文藝獎得主詩人林亨泰在《福爾摩沙詩哲——林亨泰》書中，回憶一九五〇年代居住八卦山半山腰時，曾與同樣任教於彰化高工的楊守愚為鄰，當時他們每天早上相偕步行至學校，林亨泰雖知道楊守愚是活躍於日本時代的作家，但「拜讀到他的作品卻是很久以後的事」，一九五九年，楊守愚因病往生，享年五十五歲。不知在人生的最後，在那個林亨泰所謂「白色恐怖的陰影使人生的某個部分無法碰觸或分享」的時代，做為一個「喜歡吃零食」的「小食的嗜好者」，楊守愚是否也像年輕時候，靠街頭的小食讓壓抑沉默的生活多一點亮光？

我的兒時小吃，楊守愚的彰化小食，就是具備這種神奇的力量。它們雖然不是生活裡的絕對需要，但在不同時代的角落卻可以帶給人們看似可有可無，卻又少不了的生活光芒。而此刻，透過它們的存在，還讓我成長的一九六〇、七〇年代，與那些曾經被割裂而埋藏的時代有了連結。在媽媽那一代彰化人心中以「仁醫」聞名的賴和，他的醫館就在小時候前往外婆家也會經過的市仔尾，而楊守愚的家離此也不遠，附近的北門口還曾住著陳虛谷。這些童年以來出入的空間，耳熟能詳的地名，從此存在得更有力；彰化這一座城鎮的生命，五十、一百、二百，甚至幾百年的歷史跟著也浮現了。而我的兒時小吃，楊守愚的彰化小食，就是從這樣一塊歷史悠久的土地誕生，從一處百年前被當時的報紙《台灣日日新報》稱為「台灣料理全島第一」的地方孕育出屬於自己的味道。

小食雖比不上盛宴裡的大菜，但歷史悠久的小食，滋味無窮，沉澱著一代又一代來往於街頭的小民的舌尖想望。透過這些想望，一幅一幅風景在我的眼前展開，那是各時各地的人們，在原鄉，在台灣，甚至世界的角落所創出的飲食風景，濃縮著人們對生活寄託的滋味。從小愛吃的雞捲在原鄉竟然有著不同名稱；彰化市傳統麵攤必有的「大麵」竟與日本拉麵師出同門；而更想不到的是，彰化碗粿擔用來煮肉皮湯的「炸肉皮（椪皮）」，是美洲大陸西班牙裔熱愛的零嘴……

三年多來，從我的兒時小吃開始，每次的體驗都像走上一條前途未知的路，越走越遠，越不知盡頭在何方，味道就越沉越深越波瀾壯闊。而此刻峰迴路轉，轉啊轉的竟又回到楊守愚的彰化小食時代。

楊守愚五十五年的人生，雖多所起伏，幸有小食相伴，更有志同道合的小食嗜吃者同行，日記裡來訪的逸生，大概是吳松谷，當年同組「台灣黑色青年聯盟」的無政府主義理想青年，來自艋舺的逸生竟熟門熟路自去吃了彰化的肉粽，果然是「彰化名食」；而熟知街頭小食狀況的通堯，是賴和的堂弟，楊守愚自小受私塾漢文教育，二十歲開始寫起白話小說，乃追隨台灣新文學之父賴和的腳步之故。台南出身的陳逢源在一九四三年發表的〈點心與担仔麵〉，提到難忘彰化觀音亭的煮麵，做為一九二〇、三〇年代獻身台灣文化啟蒙運動的熱血青年，他們曾結伴一起在彰化街頭吃小食吧！

而我，遠離大風大浪時代的平凡小民，三年來斷斷續續穿梭於彰化街頭，雖不乏獨自一人的場景，但大多時候也有同好作伴，最忠實者，當數我的姪子與姪女。記得不久前姪子還是國中生，這會兒卻成了鎮日埋首書堆，為了應付即將到來的大學學測的高三生；而姪女也從一個稚氣的國小學生變身為國中美少女！歲月不饒人，我們吃過多少的彰化小食啊！如今兄妹倆可是可以對之如數家珍，我的《彰化小食記》也是他們的青春成長紀錄。當然隨之召喚而來的，還有我各個人生階段的同學與朋友，因為他們的相伴，我的彰化小食才會越吃越有味道。而三年多來要不是有姪子、姪女的外公外婆存在，讓我在彰化有一歇腳過夜的地方，怎能如此安心地在彰化大街小巷走著吃著；還有兄妹倆的叔公叔婆，甚至阿姨們的熱情更為我的彰化小食增添了不少風味。

兒時小吃雖已成過去，但它卻帶我通往一個新的彰化小食時代。像是自我從彰化南門市場買來了肉皮與大麵後，媽媽總對著要再前往彰化的我說，要買肉皮，買大麵回來喔！原來那是一些會勾動老人家年輕記憶，勾動我們一家人彰化記憶的食物，不知不覺從彰化帶回來的食物種類變得更多樣了，有回竟忍不住帶了民權市場的粉粿，幾次更帶了香腸，當然也少不了新香珍的糕餅。

新香珍，大約一年前我才知道彰化有這家百年老餅鋪的存在，去年中元節前一個多星期回彰化，走進新香珍，放眼望去整個櫥窗都是糕仔，而滿滿的糕仔只有二味，充滿油蔥味的鹹糕仔以及綠豆糕。從小，糕仔，我只愛綠豆糕，好久不見小時候模樣的綠豆糕，我馬上買了帶回台北，扎實的綠豆香，力道十足的蒸糕，越嚼越有味，一下子就被吃光。中元節的隔一天，逮到假日立刻再返彰化，一進新香珍，櫥窗竟空空如也，不見糕仔的蹤影，老闆娘說，他們一年當中只有中元節會做糕仔，啊！要再等一年，才吃得到綠豆糕！新香珍就是這樣一家餅店，順應季節，配合歲時祭典生產糕餅。讓我每次在台北想到它都充滿期待，也備受煎熬。

中秋節到了，新香珍的芋沙餅上市了吧！還有民權市場的粉粿擔要收了，老闆準備要捲潤餅了吧！下回要試著買另一家店的香腸，或另一家菜麵擔的豆包！這陣子，常和姪子姪女，和家人這樣聊著，或者興奮地回憶著上次吃的爌肉飯、肉圓或碗粿……然後期待著回彰化的日子再次到來，這就是我的彰化小食滋味迷人之處。

目錄

彰化縣城圖

【前言】

古城時光，反骨的山海滋味

左邊是山／右邊是海／那我該看哪一邊／左邊是山／右邊是海／不，我哪一邊都不看／我要看的／只是對面／一起談著山海的女學生／那些女孩的眸子閃耀著山的姿影／那些女孩的眸子洋溢著海的馨香／微風飄拂黑髮織成美麗的山海幻影／山也不看／海也不看／我只是凝視著對面／山也不看／海也不看／終於完全陶醉在山海之中

這一、二年來，吃著彰化街頭的湯麵，切仔麵，腦中常會浮現詩人林亨泰的〈海線〉。

一碗顛覆傳統的麵

不是到處都有的大骨湯頭，也不像台南街頭的擔仔麵還保留著閩南原鄉以蝦頭或蝦殼熬煉湯頭的作法，彰化街頭的切仔麵常飄著淡淡的蛤仔味，雖說可能是面對新土地新時空不得不的轉變，但其中

摻雜更多的是顛覆性的手法，肉燥不是用來淋在麵上的嗎？這回沒有唾手可得的蝦子，只有到處可撿拾的蛤仔，不過單靠蛤仔的氣味可能嫌單薄了點，於是有勞肉燥上場，讓它成為煉湯的主角，末了，才以一抹蛤仔味，收斂肉燥的濃香，成就街頭這一碗「是山也是海，不是山也不是海」的麵，一碗讓人「完全陶醉在山海之中」的「彰化麵」，一碗吃著吃著會想起詩人〈海線〉的湯麵。

林亨泰，少女時代仰慕的一位詩人。念八卦山上的彰化國中時，知道班導師的先生就是詩人，便著迷起他那充滿現代主義風格的符號詩，〈風景No.2〉，防風林之外的視線，唸著唸著，隨著海與波的羅列，消逝的是時間，最後詩人也被遺忘了。三年來，大街小巷吃著彰化的兒時小吃，詩人的影子竟跟著重現。不同於昔日懵懂的少女詩情，這回隨著那一碗麵浮現的詩人，歷經歲月的淘洗，充滿時代的顛覆性，有些時候竟也反應了三年來，我在彰化街道嚐到的飲食滋味。

詩人，一九二四年出生於彰化北斗，一九四七年，二二八事件發生那一年，加入中部青年於日本時代一九四二年成立的藝文團體「銀鈴會」，因此一度被捲入白色恐怖的漩渦。歷經政權更替、語言轉換被剝奪表達能力的痛苦，詩人不甘從此沉默，便努力跨越語言的斷裂，超前以前衛的現代語言持續創作。一九六四年，為了有別當時坊間暢銷雜誌《皇冠》高不可攀的貴族意象，林亨泰與數十位台灣本土詩人籌組現代詩刊《笠》時，特別以不怕風吹日晒雨打的台灣斗笠命名，以便凸顯本土的素樸精神。如此既抗拒又融合的創造，不也存在彰化街頭的這一碗湯麵裡，甚至存在彰化街頭的所有飲食裡，在時空的轉換中不斷試圖創造出屬於自己的主體性。

固執的彈性追求

田間不起眼的番薯，最後上桌的竟是透著光芒的肉圓。不要原鄉福建一帶流行的以芋頭剉籤或蒸熟磨泥做成的芋包或芋圓，也不要台灣其他地方番薯粉摻糜或者在來米粉摻番薯粉的肉圓。堅持拔擢過去一直當配角的番薯粉，讓獨尊番薯粉的肉圓在彰化街頭發光發熱。不同於麵粉由蛋白質產生的剛強筋性，也有異於糯米的澱粉所具的軟弱黏性；番薯粉，藏在番薯裡的澱粉所拉出的彈性，在剛強與軟弱之間，多了一份婉轉的力道，不過稍一不小心，那千迴百轉的溫柔就會僵化得令人難以下嚥，其間的分寸自是不易掌握，但大家就是甘於挑戰這種個性化十足的彈力。那是一種固執，一種陶醉，一種凝視，終於將彰化市凝視成一座肉圓城，涼圓、肉圓仔的出現更豐富了凝視的深刻性。

番薯粉創造的彈性還留在齒間，爌肉自不能只追求入口即化，在軟爛之間也要分出彈性的層次。腳庫肉（蹄膀）比起三層肉更能禁得起考驗，不知不覺一家又一家腳庫爌肉飯的店家林立，終讓彰化城內的爌肉突出於全台。而從那碗湯麵的肉燥煉湯開始，豬肉就像番薯粉一樣，在這個小山城的街道飲食裡擁有不凡的地位，一個豬蹄膀，可分出腱子肉、圈仔（近豬腳部位）、二緣肉（緣的台語發音有「層」之意，二緣肉即二層肉，為豬後腿內側的部分）、豬皮和腳筋等，創造了可以因應不同客人需求而有著多層次彈性變化的爌肉文化。

而肉圓裡包藏的一團餡，講究後腿肉與胛心肉的組合，碗粿、肉包也不例外地以一團飽滿的肉餡彰顯了它們的彰化特色。豬肉以外，豬小腸入了四神湯，大腸則灌入了生米，煮成了米腸，成了大腸圈，豬骨頭剔下的碎肉還可以成為一碗搭飯搭肉圓搭碗粿等的骨仔肉湯。豬皮也廢物利用成為炸豬皮（椪皮），不起眼的炸豬皮煮成的肉皮湯出沒在各個肉圓或碗粿擔之間，吸滿湯汁變得柔軟有彈性的肉皮吃在嘴裡，似乎呼應著肉圓皮，呼應著爌肉烙印在人們齒間的記憶。

呼應地方精神

豬肉，豬的利用在彰化幾已達極致，成為彰化街道飲食的靈魂，而令人訝異的是，在這個蛤仔味襯得豬肉香更甜的小城裡，竟存在著一攤又一攤的菜麵擔，大麵煮成的菜麵有乾有湯，宛如城裡一攤又一攤飄著山海味的麵攤的翻版，只不過它們是素食，攤上的豆包素料，就像葷食的雞捲、丸子，幾乎都是店家自己手工製成，每家都有屬於自己的傳統味。而不論葷素，老麵攤都堅持用大麵，儘管已經機器化生產，但仍保留清代以來大麵的模樣，以寬扁之身和現在到處可見圓圓的油麵做區隔。

在傳統的執著中創造顛覆的滋味，可說是彰化街頭飲食的特色，有時候也呼應著地方精神。日本時代，彰化一直被殖民政府認為是思想惡化之地，而回顧彰化的歷史，似乎自古就滋長著一份反抗精神。一七二三年（雍正元年）彰化縣設立，原為原住民巴布薩族半線社所在的彰化市成為縣治的所在。一八一五年（嘉慶二十年），彰化城始築成，在原住民與清廷、漢人與清廷的對抗中，古城外的八卦山幾度成戰場，一八九五年（光緒二十一年），清廷割台於日，台人不服日人的接收，最後亦決戰於八卦山。

第一次世界大戰以後，國際間瀰漫著民主與民族自決的思潮，日本自推行明治維新後，開始積極吸納西方各種文化，也無法自外於這波潮流，而一九一〇年代以來前往日本留學的台籍青年置身其中，又將這股潮流帶回台灣，最後匯聚成一九二一年（大正十年）由林獻堂帶領長達十年的「台灣議會設置請願運動」，而幾番激盪由宜蘭青年蔣渭水發起的「台灣文化協會」亦在同年年底誕生。許多出身彰化街頭的青年也義無反顧投入這股歷史洪流，如率先以白話文創作小說而被尊稱為台灣新文學之父、當時行醫於彰化街頭的賴和，一邊在私塾教授漢文、一邊投入新式劇團演出與創作的楊守愚等，還有一九一八、一九一九年先後赴日留學的王敏川與陳虛谷，以及多位醫生等的知識青年，最後更有多人因為思想左傾，主張以激烈的手段為底層發聲，數度遭日方逮捕監禁。

市井間的味覺殿堂摸索

酒樓雖不乏商賈巨富與高官顯要出入，但也一直是執政者眼中異議分子抒發滿腔熱血的場所。一九二三年，「治警事件」發生那年的春天，「台灣議會設置請願運動」的成員動身前往日本前，便在當時剛開幕二年的台北江山樓舉行餞別宴。台灣文化協會每年一次代表大會，台南的醉仙閣和台中的醉月樓都曾是舉行地。一九二七年，文化協會分裂，右派人士另組民眾黨，於彰化成立支部時的發式會，據《台灣日日新報》的報導地點就在醉鄉，而醉鄉的分店也曾出現在楊守愚寫於一九三〇年的小說〈元宵〉。

《楊守愚日記》顯露作者對彰化街頭小食（吃）的熱愛，但也不乏他們一群文友出入酒樓的記載，一九三六年九月三十日，中秋節舉行觀月會時，與會數人一夜連跑三個會，最後一會來到雙美樓。隔年舊曆新年台南醫生作家吳新榮拜訪賴和，由賴和的堂弟賴通堯招待至醉鄉用中餐；同一年二月春宴日飲後，眾人到菘香閣揮毫，也許筆墨之間也有美食上場。鹿港文人周定山為《台灣新文學》撰文，交稿時賴和招待他至壽來閣晚餐。

一九三七年，彰化街頭多了一家酒樓高賓閣，有人說它是當時中部最大的酒家，姑且不論，不過從它刊登在一九四〇年《台灣鐵道旅行案內》的廣告，以純台灣料理和彰化市另二家分別以日本料理與和漢料理為訴求的「古月園」與「美人座」，並列「味覺的殿堂」，加上摩登的建築造型，確實氣勢不凡。一九四一年，也許因為賴和的緣故，第二次總督府醫學校的同學會便選在這裡舉行，賴和的同學杜聰明也與會。

這一間又一間昔日彰化作家文人聚會的酒樓，今大多歷經人去樓空，而在屋倒牆圮中消失於歷史的灰燼中，只有高賓閣的建築，幾經滄桑，正待以縣定古蹟之名重現往日光華，而追究今天彰化街頭的飲食店，「北門口」肉圓的創始人出身自醉鄉的總鋪師，一些傳統老麵攤的歷史也可溯及民主思潮興起的一九二〇年代，他們一代傳一代的手工滋味，丸子、雞捲或者那一碗豬肉香迴盪蛤仔味的湯麵，不僅讓我想起詩人林亨泰的〈海線〉，更讓我想起小時候的辦桌菜，想起在日本時代報紙《台灣日日新報》翻到的那則新聞。

淵源於全島第一的台灣料理

一九一二年六月二日彰化支廳辦公室於今彰化市落成，官方邀來了當時中部地區的士紳連同官員約六百人觀禮，會後在各式詩畫古董環繞，伴以如谷間流水又似輕風拂過的十三腔古樂，開筵宴客。

佛手魚翅、玉色燕窩、清湯鴿卵、金錢蘇雞、四方佼、琵琶豆腐、火腿燒鰻、如意蟳餅、樣火腿筍、八寶蝦捲、荷色杏仁、馬蹄蘇等十二道菜依序上著，四方佼（餃）是半筵點心，荷色杏仁與馬蹄蘇（酥）則是為宴席畫下句號的終筵料理。六月五日《台灣日日新報》日文版與隔天的漢文版都對這場按古禮上菜的筵席詳加報導，漢文版稱內地人即日本人，嘖嘖道其美云，日文版則進一步指出彰化的台灣料理居全島第一，乃拜土地的悠久歷史所賜。

古城所在的彰化市做為台灣中部的行政中心，自一七二三年彰化縣設立成為縣治，有將近三百年的歷史，一直到一八八五年（光緒十一年）台灣建省以後，一度擬將省會設於今台中市處始受到動搖。一八九五年日本領台，彰化市原屬的彰化廳

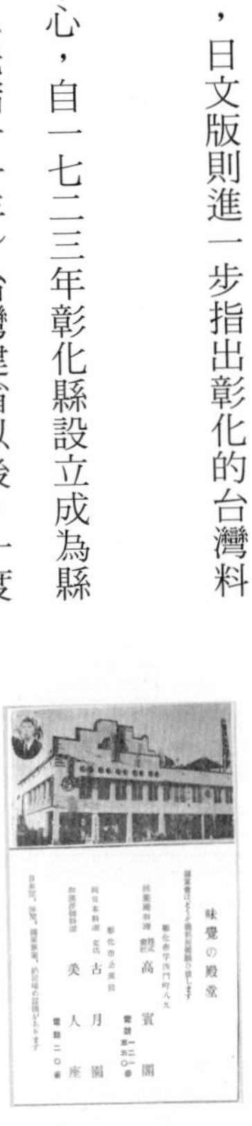

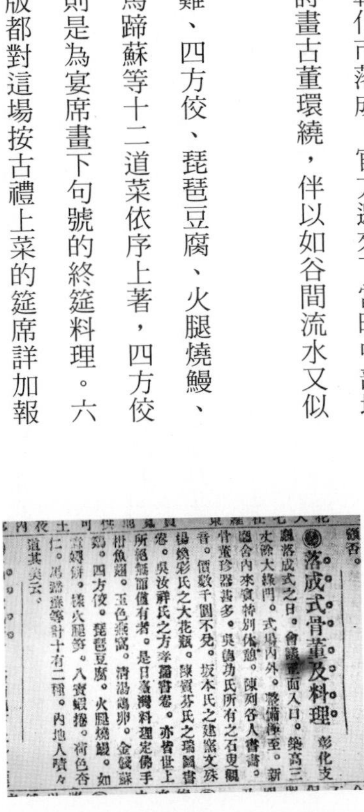
頌否。
◎落成式骨董及料理 彰化支廳落成式之日。會議室面入口。築高三丈餘大綠門。式場內外。裝備齊至。新舊舍內來賓特別休憩。陳列谷人書畫。骨董珍器甚多。吳德功氏所有之石更觀音。價數千圓不免。坂本氏之建窯文殊錫燒彩氏之大花瓶。陳寶芬氏之瑞圖書卷。吳汝祥氏之方孝孺書卷。亦皆世上所絕無而僅有者。是日臺灣料理定佛手柑魚翅。玉色燕窩。清湯鴿卵。金錢蘇雞。四方佼。琵琶豆腐。火腿燒鰻。如意蟳餅。樣火腿筍。八寶蝦捲。荷色杏仁。馬蹄蘇等計十有二種。內地人嘖々道其美云。

右──1912年6月《台灣日日新報》漢文版有關彰化支廳落成宴的報導。
左──1940年《台灣鐵道旅行案內》刊登「高賓閣」的廣告，謂之「味覺的殿堂」。

終於在一九〇九年併入台中廳成為支廳。雖然政治地位黯淡了，但透過彰化支廳的落成宴，時光釀造的傳統滋味依然令眾人的胃折服。當時前來共襄盛宴的台灣士紳，除了創設彰化銀行的楊吉臣、吳德功與吳汝祥等在地人外，林獻堂也赫然在列。

一九一二年六月二日仍是明治時代，當時受邀的台灣士紳，大多是殖民政府亟欲拉攏而以「台灣居民之有學識資望者」之名頒給紳章者，不久，七月三十日明治天皇過世，大正即位，民主思潮風發的時代來臨，林獻堂也從一位被殖民政府授與紳章的台灣士紳，銳變成一個領導台灣非武力抗爭的靈魂人物。

而出生於一八五〇年的吳德功做為前清秀才，一八九五年台灣改朝換代，一度堅拒日本的網羅，後來始出任參事與台中師範學校教職，並於一九〇二年獲頒紳章。一九二四年，吳德功去世，正值日本殖民政府欲打壓台灣高漲的民主思潮的年代，賴和曾寫了〈哭吳德功〉的漢詩：「老輩如公獨可親，不將古法黜維新。何勞少子來歌頌，自是台灣史上人。」

在舌尖傳遞古城精神

在古法中找尋維新的力量，吳德功辛苦地走著，而後經賴和，以及日本時代參與台灣文化改造運動的志士，一直到林亨泰，在政權的轉換中，幾經曲折，彰化街頭的飲食彷彿就在如此的歷史交會下，從被稱為全島第一的台灣料理中，一路吸收地方的反骨精神而創出今日的滋味。

今天的彰化，清朝建立的古城早在日本時代隨著市區改正而拆除，穿梭在殘存著東、西、南、北四個城門地名的巷弄間，爌肉飯、切仔麵、肉圓、菜麵擔，可以各自一開就是數十家，其間夾雜著一些肉包、碗粿、麵線糊和肉羹的店家，看似雷同且選擇不多，但人們彷彿就像吃不膩般，各自擁護著他們心中認定的味道。老店就是這樣在老顧客的舌尖鍛鍊下，創造出獨有的滋味。

而十幾二十幾家，甚至更多的爌肉飯和菜麵素食擔，一天二十四小時，輪番接替上場，讓街頭的葷食與素食幾乎整天沒有斷炊過。至於專賣切仔麵與碗粿者大多一大早就開伙；肉圓店則晚一些，近午或者過午後才開門做生意。小城裡的小食經營顯然存在著一種秩序，反應的就是古城的一種生活堅持。從一碗顛覆傳統、融合山海滋味的彰化麵開始，在肉圓與爌肉中追求各種不同彈性的口感，到一碗用傳統大麵煮出的菜麵，古城的牆雖已不存，日本殖民政府口中那個思想惡化之地也早已不復記憶，但古城的反骨精神，卻不知不覺在人們的舌尖反覆傳遞著。

彰化縣城圖
花枝意麵
老牌
阿章肉圓
每粒5元
30粒100元
便當

彰化小吃

彰化肉圓的祕境

全台都有肉圓，但無論怎麼吃總覺得從小吃到大的彰化肉圓最合自己的脾胃。除了肉餡的調味，就數那透明的肉圓皮，在口中拉彈開來的綿綿不絕力道，最讓人放不下，那是我在彰化市以外的地方嚐不到的，原以為這是鄉愁作祟，後來終於明瞭這種溫柔的舌尖對待是彰化肉圓的獨特處。還有那涼涼入口的「肉圓」——涼圓，以及一顆顆浮在大骨與蛤仔熬成的湯裡的肉圓仔，它們共構了彰化肉圓城的名聲，讓彰化肉圓更加爐火純青。

意外誕生的肉圓，讓人驚豔了何謂外酥內柔的舌尖享受。

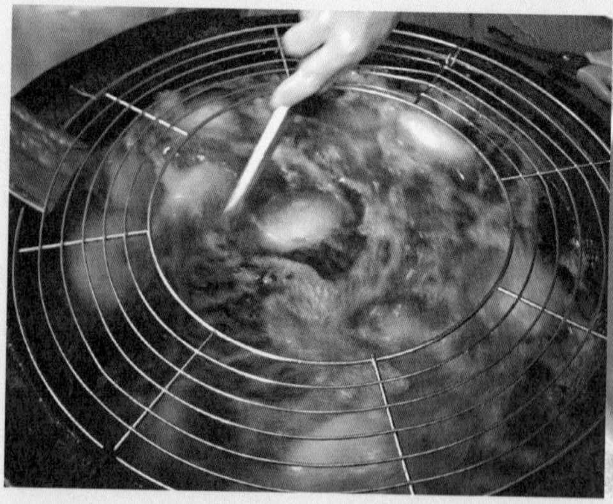

高溫油炸讓番薯粉團在瞬間以最大的張力撐起一層酥皮，不過一口咬下內部仍柔軟無比。

烈火張出一層薄薄的力道，刷一聲，在脣齒間瓦解，瞬間湧起無比的溫柔。我從不知道「北門口」肉圓的皮吃來是如此酥脆，又如此軟綿。

小時候雖也耳聞過「北門口肉圓」，但幾乎沒有吃過，倒是離開彰化以後，偶以遊子甚至旅人的心情來此一吃當時「酥炸」名聲已傳開的北門口肉圓，只是可能當時味覺的心智尚未開，囫圇吞棗之間，留下的竟只是老闆不耐人潮的一張不客氣的臉。

如今站在攤前的是下一代老闆，線條柔和許多的年輕臉龐，專注看著手裡的叉子不停叉起從澎湃熱油裡翻轉而上的肉圓，人聲依舊鼎沸，那堅挺無比的肉圓得溫柔而迅速的對待，才能在客人的嘴裡展現越脆越軟，越柔越酥的口感——臣服在此種對比張力達到極限的魅力，剎那間，我明白，老闆是一張怎樣的臉，無關緊要。重要的是那一粒肉圓，還有那一鍋油。

放眼望去彰化街頭肉圓擔的那鍋油，大多是溫吞的，北門口這裡卻是激進的。據說當年他們的肉圓也是放在溫油裡慢慢加熱，誰知有回客人多了，老闆火力一催，大火炸出的肉圓竟安撫了等不及的客人，讓人讚不絕口，從此俘虜了大家的心。而這粒肉圓禁得起如此烈火考驗，關鍵是粉皮的成分嗎？老闆說他們用的就是番薯粉而已！

台灣各地皆有肉圓，大部分都言其粉皮由在來米漿加番薯粉製成，環顧彰化市周遭的城鎮，鹿港、北斗、員林，甚至台中等地，那些傳承近百年或百年以上的肉圓老擔更常如此標榜，早期雖有以番薯粉做肉圓的傳說，但番薯粉團吃來嚼勁十足，冷掉還會陷進讓人咬不動的困境，於是加粥、加米漿吃起來柔軟許多的肉圓，便在老店的傳承中出現。不過，彰化市的肉圓擔卻反其道而行，都盡可能只強調番薯粉一味。

東民街上，八卦山腳的「燒肉圓」，第一代老闆蔡錦龍於一九九六年受訪時曾說：「最早在做肉圓，肉圓皮是滾糜仔摻甘薯粉，後來才買米漿摻甘薯粉，逐漸改變，到後來才改為全部甘薯粉來做肉圓。」當年「正彰化肉圓」的創始者向一位鹿港師傅學得的肉圓手藝，也有在來米漿做為肉圓皮的支持。長安街上創於民國四十年左右的「阿章肉圓」，先代老闆於二〇〇二年出版的《彰化縣飲食文化》也說其肉圓以在來米煮成稀飯再混入一些番薯粉與樹薯粉而製成，但如今詢問第二代，卻言其已成為過去，稀飯消失了，也沒有加米漿了。正彰化肉圓二〇一二年第三代接手也捨去了米漿，而第二代在世時雖仍堅持以少許的米漿保留肉圓的傳統古味，但也一再突顯番薯粉的角色，強調一定要選用清明節雨季來臨前收成的番薯製成的，因唯此時產出的番薯粉質地扎實，能夠確保肉圓皮的彈性。

以前番薯粉「品質不佳，加工後肉圓皮吃起來口感不佳，會有太韌的感覺」。從一九九六年蔡錦龍的說法，似乎可以了解隨著番薯粉品質的改進，彰化各家肉圓擔已克服昔日番薯粉的極限，找到了讓它的彈性得到充分發揮的各種可能性。

一種旋律彷彿踩著森巴的舞步，在我的齒間交纏著。以前對八卦山腳燒肉圓最深刻的印象，是有肉角與肉絲之分的內餡，這一回，知道他們的肉圓皮只用了番薯粉一味，忍不住屏息細嚼，迎面而來，果真是一股番薯香氣，而彈力就在其中迴盪著，到底要經過怎樣歷練，才能將番薯粉的本質推到這般的境界？就差那麼一點，舞步就會踩不動而僵在那兒，誰知最後它還是輕快的在我口中彈開。

自從打定主意記錄彰化市小吃，認真的吃起一顆又一顆的肉圓來，許多超出兒時想像的味蕾經驗便這般迸出。從昔日彰化古城外的曉陽路，轉進一旁的巷弄，車水馬龍的塵囂瞬間被拋諸腦後。因為燒肉圓老闆的介紹，我找到了躲在寂靜深處的「肉

不同於酥炸的肉圓，傳統的彰化肉圓為了維持內部的柔軟得泡在溫油中，客人點了再起鍋。

以純番薯粉製成的燒肉圓，熱熱的吃，還聞得到一股淡淡的番薯味。

圓南」，這是他堂哥蔡順培的肉圓擔，儘管師出同門，入口的瞬間連肉餡和醬汁皆相似的肉圓，但也許是在番薯粉與水的用量有別，或是油鍋的熱度有所不同，同樣只用了番薯粉的肉圓皮，咀嚼之間還是有著不同的力道。

而北門口肉圓雖強調只用了番薯粉，但面對那鍋沸騰到不行的熱油，是否還藏著了什麼祕方呢？在捉摸番薯粉個性的過程中，正彰化肉圓對街的「阿璋肉圓」，還有過溝仔彰美路上的「肉圓王」，都在番薯粉裡加了少許的樹薯粉。樹薯粉的角色雖類似以前加的粥或米漿，但它的柔化不像米漿帶著像粿般的口感，似乎更能彰顯番薯粉的彈性。這麼多年以來，雖不知誰率先揚棄米漿，將彰化市人帶進「只愛咬起來彈力十足的肉圓」的圈套裡，但各家肉圓在材料或許相同的限制下，仍努力於柔軟與堅脆之間創造不同咬勁的肉圓。

肉圓南的老闆娘問我打哪兒來？交談之間，時有摩托車劃過寂靜停了下來，肉圓三粒、五粒的帶走。一個男人攤前坐了下來。第一次來喔！老闆娘親切的送上肉圓一粒。一位歐巴桑撿了一旁的位子坐下，好奇於我的不斷發問，不禁說道，從孩子還小時吃到孩子都大了，她就愛這擔的口味。也有人嫌我們的吃起來「潤布布（太韌之意）」，老闆娘一旁答腔。寂靜的小巷其實一點也不寂靜。

而在愛與不愛之間，我明白這個小城的居民雖共陷在某種圈套裡，但每個人還是有條屬於自己的肉圓祕徑，通往旅人到達不了的地方。而正因為這些祕境的存在，彰化市才得以成為名符其實的肉圓城。

雖都強調用番薯粉，但不同店家，口感仍有別。像阿璋肉圓（上）的皮加少許樹薯粉，口感溫和；也有只用番薯粉，彈性堅強者，如位在幽巷而沿用父親時代自製竹叉的肉圓南（下），雖不像阿璋那樣為外地人所知，卻有一群當地的擁護者。

皮、餡與醬成就一顆完整肉圓

我一直認為彰化肉圓的特色，在於它的皮獨尊番薯粉後所展現的彈性。一九八〇年，《野外雜誌》記者施再滿到訪彰化市後寫下的報導，卻稱彰化市的肉圓以餡料豐富聞名。確實，彰化肉圓那團扎實的肉餡也令我難忘，店家交相利用豬的後腿部位，以及位於豬的前腿靠近肩胛的胛心肉——前者油脂較少，取其可以撕成絲狀成為肉絲；後者油脂適中，則成為入口軟柔的肉角。完美的肉餡組合常伴有新鮮筍丁或香氣襲人的香菇。豐盛者當然還有鴨蛋、鹹蛋黃或者聞名的北海道干貝等。

肉圓蒸好了，油鍋裡走了一回，但不代表它就可以上桌，少了醬料的肉圓，基本上稱不上是肉圓。肉圓的醬料大致有甜醬，鹹醬，蒜泥和辣椒醬，後兩者隨意，甜鹹兩醬則幾乎缺一不可，因此店家大多有特調祕方。甜醬常以糯米磨漿，也有用麵粉或在來米粉，加糖，加花生粉或芝麻粉等調成，鹹醬則以醬油為主，輔以高湯或特殊香料等製成。

如果說肉圓的皮是一粒肉圓的靈魂所在，那餡和淋醬則是它的骨肉，三者俱存才能成就一顆完整的肉圓。

澎湃的內餡

內餡裡除了必備的筍丁，也常見香菇。

燒肉圓以後腿肉撕成的肉絲內餡。

一團飽滿的肉餡是彰化肉圓的標幟。

阿三肉圓內餡出現了鴨蛋。

加了鹹蛋黃的正彰化肉圓。

甜鹹兼具的醬料

常見肉圓醬料從左到右依序為辣醬、蒜醬、鹹醬和甜醬。

北門口民生店的甜醬加了芝麻。

肉圓南的鹹醬加了獨家祕方，據師出同門的燒肉圓所言，祕密在於特調的高湯。

【延伸故事】

燒肉圓的滋味——彰化肉圓擔的歷史

燒肉圓呀！年關將近，為了多掙點錢，賣燒肉圓的隨著一班做小生意的，硬著腿兒，大街小巷的喊破喉嚨；還有巡查大人（日本警察）又在街頭抓小販，賣燒肉圓的躲避不及，不僅遭罰錢還被打了一巴掌。他們分別出現在日本時代作家楊守愚發表於一九三一與三〇年的〈過年〉與〈顛倒死〉的小說裡。

以前，我總以為從小吃到大的「正彰化肉圓」——招牌寫著「創於民國36年」——就是彰化市內最老的肉圓擔，但還是好奇在它之前，是否也有人賣肉圓？沒想到在楊守愚的小說裡看見，如此說來，肉圓存在彰化街頭至少比正彰化肉圓開賣的一九四七年（民國三十六年）早了十多年，甚至二十年以上，「賣燒肉圓的」才會被一向關心街頭小販，為社會底層發聲的楊守愚所捕捉，成為他筆下的人物。

肉圓，燒肉圓的呼喊聲，也讓我想起東民街上有人喚「八卦山腳燒肉圓」，而我叫「公園燒肉圓」的肉圓擔。由於距離中山堂（今藝術館）對面的老家不遠，兒時隨著祖母散步的途中曾在那吃起肉圓；長大以後，常到距離它只有幾步遠的康樂廳看免費的電影，或逛書展或於書展打工賣書，肚子餓了，免不了也會來一顆。不過，它就是不若位在熱鬧市中心，過年買新衣或拿到壓歲錢要吃一回的正彰化肉圓鮮明。燒肉圓，為何硬是比別人多了一個「燒」字？曾想是老闆「標新立異」？這回，它從楊守愚小說裡跳出來，原來「燒肉圓」三個字是時代的延續。

過去冬日走擔，青黃不接

五、六歲時就跟著走擔，小腳跟著父親燒肉圓的喊叫聲，一走就是整個彰化市。再次吃起燒肉圓的肉圓，我忍不住追著老闆蔡建國問，民國四十三年次的蔡建國憶起童年，不禁聊到一九三一年出生的父親——那正是楊守愚書寫燒肉圓的年代！老闆的父親蔡錦龍，自幼喪父，跟著年長的堂兄們到處學習謀生的技能。早年，他們在一家餅店少東的身旁當學徒，在物質缺乏的年代，學著不是一般用糯米，而是用番薯粉揉皮、以菜脯、碎肉等為餡的紅龜仔粿，等到學會如何利用番薯粉製成肉圓時，戰敗的日本人走了，台灣已經改朝換代，堂兄弟三人一起開始賣肉圓討生活的歲月。

燒肉圓這鍋泡在溫油裡的肉圓，以前是擔著走沿街叫賣。

看板上的「燒肉圓」，不是標新立異，而是時代延續的證明。

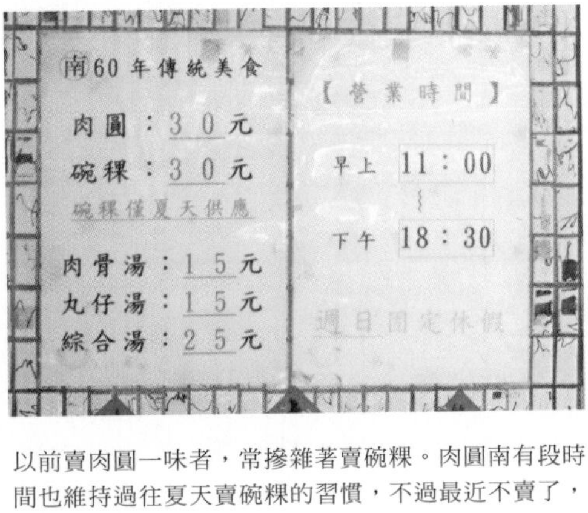

以前賣肉圓一味者，常摻雜著賣碗粿。肉圓南有段時間也維持過往夏天賣碗粿的習慣，不過最近不賣了，因為所賣不敷瓦斯費。

大伯做肉圓，父親與二伯擔出去賣。泡在溫油裡的肉圓，燒燒好吃，不過，炎炎夏日，「燒肉圓」喊得再響也沒有人會將它吃下肚。單靠賣燒肉圓一味難以溫飽不說，日本時代楊守愚筆下遭警察驅趕罰錢的夢魘還不斷重現，不僅市街的騎樓或人家的屋簷下，常有他們躋避的身影，有時走避不及接到一張罰單，還得辛苦三、四天才抵得過。老闆的父親因此一度另謀出路，一會兒到爆竹工廠工作，一會又跑去踩人力車，直到一九五五年才又回來賣肉圓。那是蔡建國出生的隔年，雖然此時已獨當一面，但依舊是走擔，依舊冬天走了就要歇業，於是為了讓日子過下去，夏天只得跑到枝仔冰、或做芋仔冰殼的工廠當工人、甚至重操舊業在烈日下揮汗踩三輪車，當三輪車伕。小學一年級，父親的肉圓擔才漸漸固定下來。

儘管賣燒肉圓的日子如此波折，那時彰化街頭仍有許多人靠肉圓擔維生。肉圓財、肉圓大憨、南門市場土城、彰化肉圓老蔥仔（老婦人之意）、跛腳水木仔、夜市九萬仔、關帝廟口查某人（女人）、北門口士伍仔。一九九六年，接受彰化縣文化局進行口述歷史採集，蔡錦龍細數的肉圓擔裡只有關帝廟口查某人沒有走擔，其餘皆如他般喊燒肉圓走過彰化市街頭。

肉圓財，難道與今日台北名氣響亮的阿財彰化肉圓有關聯？北門口士伍仔，是今日北門口肉圓的第一代老闆湯尊五吧！而彰化肉圓老蔥仔想必是正彰化肉圓第一代老闆楊永祥的母親。楊永祥原受雇於日本人的米店，擔任會計工作，台灣光復，日本人回去以後，一九四六年，失業的他為了養活一家老小，學習做肉圓的手藝，隔年在老母親的協助下，開始賣肉圓營生。

在蔡錦龍的記憶裡，老婦人起初以手推車的方式沿街叫賣，並常將攤子擺在民族路與太平街一帶的夜市仔，後來落腳在今日陳稜路的店址，成為彰化市最早有店面的肉圓擔。老婦人的孫子、正彰化肉圓第二代老闆楊必端一九九六年接受文化局口述歷史紀錄時，說他家的肉圓擔在民國四十三年（一九五四）以「彰化肉圓」之名向政府申請正式開業。隔年，也是蔡錦龍決定獨當一面賣肉圓的年代。

走擔成了過去，北門口肉圓店門才剛開，爐火尚未熱，要吃肉圓的客人已來到。

如今店招林立，營生無虞

或許是「彰化肉圓」這塊招牌在當時繁華的市中心一掛，加速了冬日燒肉圓走擔在彰化街頭銷聲匿跡。一九六〇年代初，燒肉圓老闆小學三年級時，家裡開始不分寒暑賣起肉圓，但蔡建國兒時記憶，農業社會一般人一大早吃飯吃麵，少有吃肉圓，通常下午三、四點後，才輪到當點心的肉圓登場，因此還是難養活一家子。於是一大早，父母趕工端出的有碗粿、有涼圓，然後不得片刻喘息，肉圓製作緊接著上場，以便應付下午四點開賣，站擔販賣的工作只好交給孩子，蔡建國從小學三年級起，兩個月的暑假都如此度過。家中五個孩子一個輪一個站擔，童年過去了，在忙不過來當中，才迎來只靠肉圓一味就可以活下去的時代。

此後，肉圓突破季節的限制，扭轉人們的日常食用習慣，從碗粿、涼圓等點心中脫穎而出，又從點心變正餐，讓肉圓擔成為名符其實的肉圓擔。蔡建國大伯父的肉圓擔最後擺在永樂街與中華路的轉角處，不過，老人往生了，攤早收了，但大兒子仍在嘉義守著父親的肉圓香。而二伯父的擔子曾落腳在民權市場附近熱鬧街市，一度以民權路上萬里旅社門前的肉圓擔聞名，如今則由獨子蔡順培接手，在曉陽路巷弄裡的自家門前，以父親蔡清南之名掛起「肉圓南」的招牌，繼續服務著老主顧。燒肉圓老闆蔡建國與弟弟共同繼承父業，他們與蔡順培都是長大外出就業，留太太在家打點父親的攤子，退休後再返家接下老父的棒子。

當年與蔡錦龍三位堂兄弟一起喊著燒肉圓穿梭在彰化街頭的肉圓擔，容或有收攤或不知去向者，但傳下來的如彰化肉圓，它的招牌深入人心，無形中打響彰化肉圓的名聲。而北門口肉圓自民國四十七年（一九五八）由醉鄉酒家大廚出身的湯尊五創立，傳到第三代，除了本店，街頭更有後代子孫自立門戶的分店，近年屢屢得獎的「阿三肉圓」即為其分枝。

當然「後燒肉圓時代」才出現的傑出者也不在少數，一九六八年開始經營綜合小吃店，摻雜賣起肉圓，後來一度改賣冰，一九八五年始正式於長安街與陳稜路口專賣肉圓的阿璋肉圓，早已經常門庭若市，二〇一一年因是作家九把刀自小吃到大的肉圓擔，成為電影《那一年，我們一起追的女孩》的場景後，更是人山人海；一九七三年開業的過溝仔「肉圓賢」也有口碑，如此前仆後繼，才造就今日彰化街頭的肉圓擔到處林立。

過溝仔彰美路上的肉圓王，因老闆姓王而得名，聽老闆說，他的阿公從日本時代便開始挑擔賣肉圓，老人家如果仍在世的話，大約一百零四歲。比起創立燒肉圓的蔡錦龍足足大上二十多歲，瞬間接續上楊守愚書寫燒肉圓的時代，彷彿他筆下的人物活了過來！據說一九三〇年代「年輕」的「老人家」賣肉圓已數年。夏天賣米苔目，冬天才賣肉圓，台灣光復前後，物質短缺，一度以油粕仔（豬油渣）漬豆油（醬油）做肉餡。做為孫子的老闆在我詢問下，一點一滴復原阿公的肉圓，讓我想起燒肉圓老闆蔡建國跟著父親蔡錦龍走擔、站擔的童年記憶，也呼應著楊守愚小說裡，在艱險求生中浮現的燒肉圓。

攤上一位客人說他從一九五〇年就開始吃肉圓王老闆阿公的肉圓，悠悠一甲子，少兒已成老翁。是多少我不識的肉圓滋味被吞下肚，才有今日我心中美味的彰化肉圓！

那些年，我們一起吃肉圓，新的時代，肉圓店也講求新的促銷方式。

只要味道禁得起考驗，不管在哪裡用何種方式販賣，仍有老顧客支持。

【延伸風景】

它們都叫肉圓——台灣肉圓考

老一輩的北斗人說，當他們年輕時候正在品嚐北斗肉圓時，彰化肉圓還不知道在什麼地方呢？北斗肉圓之發端遠遠早於彰化肉圓。」二〇〇五年出版的《戀戀北斗街風情》，作者引一九八四年出版的《彰化縣、雲林縣最佳去處》的這段話，讓我想起，小時候除了彰化肉圓，我也不知世上還有北斗肉圓存在。一直到一九八〇年代，大學畢業以後，到北斗永靖一帶進行古蹟修護與田野調查，才見識了那長相完全不同於彰化肉圓的北斗肉圓，後來還在員林街上吃到了它。

一九二〇年代以前於台灣各地崛起

彰化肉圓是唯一，自小深植的想法，從此受到動搖，那時應該就是北斗老人向來訪者說「北斗肉圓之發端遠遠早於彰化肉圓」的年代，也許至今還有一些北斗人相信老人的說法。這可能是拜那則大水傳說所賜吧！

一八九八年的戊戌大水，濁水溪畔鬧飢荒的人們，靠著樹薯磨粉和糖吃，活了過來。樹薯長在山邊，不若在平原到處蔓生的番薯普遍，故事慢慢轉變成以番薯籤，磨粉加糖製成的粉團來充飢，最後筍子、豬肉入餡，連結北斗人士范萬居創造「第一顆鹹味肉圓」，成為其子孫開設的兩家肉圓店「肉圓生」與「肉圓瑞」的源頭。不過根據肉圓生官網記載，父親范意媽開始將祖父范萬居的肉圓商品化始於一九三〇年代，此時，距離大水發生已過了三十年，當時不僅彰化，台灣各地早已有人挑擔賣「肉圓」。

楊守愚一九三〇年寫成的小說已出現燒肉圓，彰化觀音亭邊的肉圓更真實的存在作家一九三六年十月十八日的日記。彰化過溝仔的肉圓王稱其第一代於一九二七年開始賣肉圓；華山路上小易牙九頭肉羹的第一代老闆萬森，出生於一九二二年，祖父萬平或者更早一、二代唐山渡海以來，皆靠油湯業謀生，萬森七歲左右，父親挑擔到離彰化不遠的和美中寮附近賣肉圓，他就得幫忙補貨，送去母親在家做好的肉圓，萬森父親賣肉圓的年代也許還早於肉圓王。永樂街林家素食第三代經營者追憶阿公時代賣的素圓仔，雖然包的是素料，但也是「肉圓」的一種，而那可是一九二〇年代初的事。員林兩家老字號肉圓店——員林肉圓與寶斗肉圓、台中的丁山肉圓、草屯的肉圓李，甚至新竹肉圓也都是一九二〇年代或更早之前就創始的老擔；鹿港的肉圓林便始於一九一七年。《南瀛小吃誌》記載一九一一年，台南善化肉圓第一代老闆大約二十歲時，在市場擺攤賣鼎邊趖、炸粿、肉粽、冷飲，也賣肉圓。台南市更有家號稱百年的肉圓店，只是當時它們可能未必都叫做肉圓，用的材料與作法也不盡相同。

從番薯粉入手，在粉漿與米漿之間摸索

根據《戀戀北斗街風情》，肉圓瑞老闆范瑞銘談到祖父范萬居以鐵皮與鐵釘製成剉粉工具，將番薯磨成「粉漿」做成粿，後來慢慢包入筍角或碎肉，就成了所謂「第一顆鹹味肉圓」，不過，當時他們稱之為「粉丸」。一九二一年出版的《台灣風俗誌》，片崗巖在〈台灣人の食物〉寫到番薯削皮剉成粉末，加水混合，濾粉沉澱晒乾即得番薯粉。一九四四年池田敏雄於《民俗台灣》發表的〈台灣食習資料〉，關於台北市艋舺地區的飲食紀錄也出現了相似的番薯粉製取方法。在番薯比米容易取得的時代，農家幾乎都會自己磨番薯製漿取粉。番薯粉和水，拌入菜脯或當季蔬菜，加熱攪一攪煎成似粿的食物，長於農家的母親小時候常吃。豐富者加了蚵仔，便成了今日的蚵仔煎。一九四三年，川原

準備粉漿：今日的彰化肉圓以番薯粉為主角。番薯粉拌入一定的水，加熱攪成粉漿後，放置一段時間，有的甚至隔一夜。靜置過的粉漿就好像粿粞，再加入適量的番薯粉一起攪拌成粉漿（有的會加樹薯粉），有生有熟的作法更能激發粉漿的彈性。

瑞源（王瑞成）於《民俗台灣》〈油烹と熬油（下）〉中寫的「蚵仔煎」與「兜蕃薯粉」即是，其中「兜蕃薯粉」也現身於〈點心と新春の食品〉，八成的番薯粉加入蝦米、青菜和豬油等混合煎成王瑞成筆下過年圍爐要吃的團狀食物，有一種全家同心協力的象徵。由於長久以來對番薯粉漿普遍的熟悉，要進一步捉摸出像范萬居所做叫「粉丸」的肉圓並不難。

台南市的蝦仁肉圓雖始自日本時代末期，但全台聞名是近四十年的事，在許多老台南

準備好粉漿與內餡後，開始製作肉圓，盤底先塗上一層粉漿。

放上肉餡。

肉餡上再塗一層粉漿。

放入蒸箱蒸熟的肉圓就可以送到店門，準備做生意。

人的心中，還有一種他們暱稱為肉圓仔的肉圓存在，過去不是出現在一些賣胭腸熟肉的擔上，就是被人擔出來賣，或許號稱百年歷史的台南肉圓店，也賣有這種肉圓仔！台南女兒黃婉玲在二〇一一年出版的《百年台灣古早味》回憶了肉圓仔的作法，「在來米粉與地瓜粉混合後，用溫火慢慢攪拌，讓粉漿凝結」，包餡，「蒸熟的肉圓仔顏色有點泥土色，呈透明狀，放涼後，若沒有下鍋溫熱，口感會變硬」。黃婉玲記憶的那一鍋油，溫度不能太高，也不能放太久，否則肉圓仔的皮炸脆了會不好下嚥。

閩南原鄉記憶的殘留

從大水傳說，沒有米可吃，以樹薯或番薯粉團止飢，到包了肉餡的粉丸，今日的北斗肉圓也像台南肉圓仔，以在來米粉和番薯粉做皮的材料，不知一九三〇年代，范萬居做給兒子挑著到處叫賣的粉丸，是否也以番薯粉摻在來米漿做出來，還是只用了番薯粉漿而已？早年彰化街頭，也有叫肉圓仔的小吃。除了新鮮番薯煮熟去皮，壓細後加入番薯粉，揉皮包餡，做成黃色肉圓仔，也有以番薯粉和在來米粉為材料製成。一九二一年左右，早在北斗第一顆鹹肉丸——粉丸被挑上街頭之前，彰化永樂街上林家素食，第一代老闆以賣素圓仔開啟自家素食擔的近百年歷史，在來米煮爛磨成米漿，逐步加入番薯粉，包料而成的「素」的「肉圓仔」，它的皮似台南的肉圓仔，也像彰化市早期的燒肉圓，更像脫離傳說後今日的北斗肉圓。

閩南地區有一道番薯粉粿的料理，傳說，明嘉靖年間，廈門翔安地區有位貧窮人家的孩子赴京趕考之前，母親就家中僅有的稀飯和著番薯粉，沿著鍋邊烤成粿片，薄薄的粿片切條，以鄰人送的文昌魚和蚵仔，煮成一道令金榜題名的孩子歸鄉後，怎樣都想再吃一回的番薯粉粿。從此，番薯粉粿成為閩南地區的宴客菜，母親為了孩子而煮的佳餚，番薯粉拌入稀飯攪成粉團的那一手姿勢也留了下來。唐山過海台灣來，慈母的手路，不知不覺於胼手胝足的歲月中再現了，只是這回配料做成餡料，包成一粒絕無僅有的「肉圓仔」，無意中與從大水傳說中創造的「粉丸」碰撞在一起，這可是原鄉找不到的食物。

美國人類學學者尤金・N・安德森（E. N. Anderson）於一九九八年出版的《中國食物》（The Food of China），寫到福建人家喜歡用豬油文火燜煮食物。閩南有一種小吃芋包，據《三寶九品百味》一書，有關廈門翔安地區飲食的紀錄，芋頭蒸熟壓成泥，加入番薯粉之類的澱粉，揉皮包餡，蒸熟後即成芋包。要趁熱吃才好吃的芋包，待售時，常浸在花生油裡保溫。或許也是原鄉記憶的殘留，當那一顆「粉丸」或「肉圓仔」被放到溫油裡保溫，成為一顆意外溫潤的燒肉圓時，便開啟了彰化肉圓，或者說台灣肉圓的歷史。

溫度開始的地方風格形塑

保溫只能靠那一鍋油嗎？將蒸熟的肉圓放進滷汁中用小火保溫的方式，在屏東地方出現了；有人則乾脆現包現蒸現賣，一些老台南人懷念的用溫油保溫的肉圓仔慢慢淡出台南街頭，取而代之的是蒸好不用油鍋裡再走一回的肉圓。不知是因保溫方式改變，連帶肉圓皮的材料也起變化，還是隨著時代更替，地區有別，材料取得便利與否，用料比例出現差異，帶出不同的保溫方式？不管如何，原本以番薯粉為主，在來米漿為輔製作肉圓皮的局面確被改變了，屏東肉圓，特別是台南肉圓，看起來又白又軟，完全不同於黃婉玲懷念的泥土色呈透明狀的肉圓仔。那是番薯粉淪為配角，在來米磨成的米漿成為主角的結

一般肉圓蒸熟後，冷了會變硬，店家將它們泡在溫油中，以便保持它們的柔軟度，客人點了再叉起淋醬上桌。

果。彰化市的肉圓恰好相反，守著那一鍋油鍋，肉圓皮竟越來越透明，在來米漿完全被剔除了，番薯粉獨撐整個場面，要的是一種無限的彈力，而無心插柳的結果，油鍋的溫度越來越高，一顆高溫炸出的肉圓，讓人驚豔了何謂外酥內柔。

而肉圓之所以為肉圓，乃在於包了肉餡，不過，早期的肉圓可能不那麼名符其實。台南的肉圓仔，據黃婉玲的紀錄，皮厚餡少，少許的肉末帶著蝦米與油蔥即可為餡，不像今日台南街頭的肉圓有著飽滿的肉燥或肉角，聞名的蝦仁肉圓則有著鮮紅火燒蝦。彰化的肉圓，滿口肉塊與鮮筍，掛名肉絲者，取的是可以撕成絲的豬後腿肉，一般或稱肉角者，即為胛心肉與後腿肉的組合。依店家的不同，還添有香菇、鹹蛋黃、鵪鶉蛋，高檔者還有干貝，以及由香菇進級的花菇。那是一九八〇年代以來，台灣經濟奇蹟浪潮造就的，難怪《野外雜誌》記者施再滿於一九八〇年抵達彰化時，在報導中誇彰化肉圓以餡多而豐盛聞名。儘管如此，彰化肉圓在過溝仔肉圓王老闆回憶的阿公

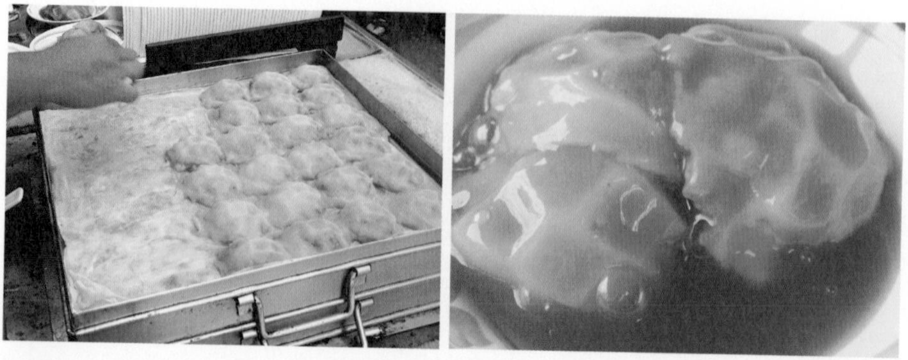

台南肉圓米漿的成分較多，十分的軟柔，通常現蒸現賣。

時代，跨日本時代與中華民國之間，一度也曾貧瘠的以油粕仔（豬油渣）拌豆油（醬油）為餡。

想必台灣其他各地的肉圓也走過相似的路。不過，即使這樣，因應家傳或師承，也有不同的面貌出現，就像同樣守著一鍋油鍋，維持著以在來米粉加番薯粉製粉團做傳統肉圓皮者，因為在來米粉與番薯粉兩者比例的拿捏，因為水分添加與溫度的控制，導致濃稠度有別，粉團有硬有軟，最終反應的便是肉圓皮口感的差別；彰化市內以番薯粉為主角做的肉圓皮，受水分的多寡與溫度左右，亦有相同的命運，其中添加樹薯粉與否，也可能造成差之毫釐，失之千里的口感變化。那是店家代代相傳，維持的地方風格吧！內餡的表現也一樣，提到新竹肉圓，就會讓人想到紅糟肉的內餡，那是北埔客家的特產，而苗栗肉圓的內餡出現了豆干，也是客家風味的展現！

還有淋在肉圓上的醬料，也充分展現地方特色。一般過油的肉圓，雖少不了甜鹹兩種醬料，但總是偏甜，苗栗也是過油的客家味肉圓，卻以鹹醬為主軸。而台南蒸熟即上桌的蝦仁肉圓，有的還淋上以蝦肉搗碎加肉燥汁與番薯粉特調而成的醬，而桌上擺放讓客人隨意添加的醬料，除了蒜泥，竟然還出現芥末醬。

新竹紅糟肉圓，是北埔客家的特產。

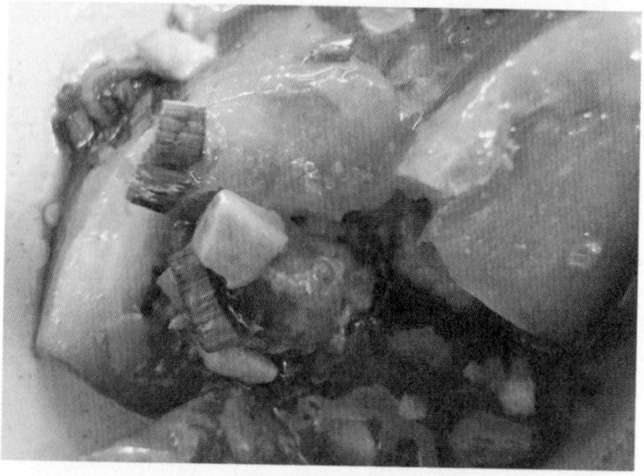

苗栗客家口味肉圓，肉餡中包豆干淋醬油上撒青蔥。

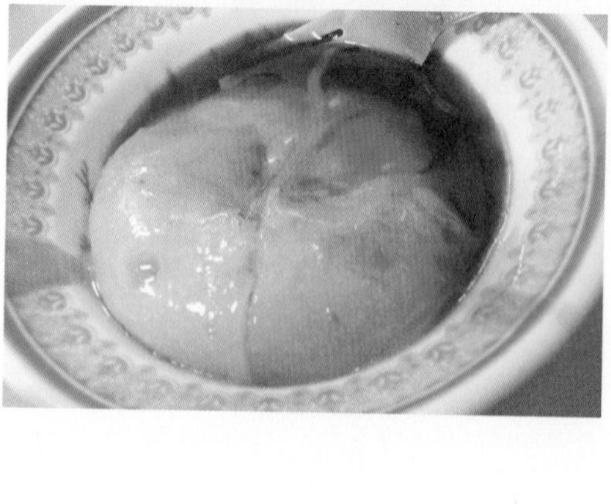

嘉義的肉圓偏白，顯見米漿成分較多。

自成一格的台灣肉圓

比彰化肉圓小，略呈三角形，吃起來帶著「粿氣」的北斗肉圓，第一次接觸時，我的心中充滿驚訝！台南蒸出來的肉圓，雪白軟綿，則根本超乎我對肉圓的想像；而從彰化來到台北，乍吃到路邊包著筍絲非新鮮筍丁的肉圓更無法接受，儘管存在著如此巨大的差異，但它們都叫肉圓，都是台灣的肉圓。

一九四〇年代初，台灣光復前三、四年，台南佳里有個原是販賣粉粿、粉圓、粉條等的小販，在一個偶然的靈思中，試著以製粉粿、粉圓的番薯粉團包裹肉片等佐料，然後像碗粿般地蒸熟，再加以油炸，便成了像「肉圓」的食物，不過那時他們稱之為「包仔」，台灣光復後，為了與包子區別才改稱「肉圓」。台南佳里肉圓的皮只有番薯粉支撐，看來和今日彰化肉圓一樣，但事實上，它的誕生又逸出彰化肉圓的發展路線，自成一格。

聽說，台南佳里肉圓，蒸好，油鍋裡走一回，除了淋醬直接吃，也可以澆上湯汁，以肉圓湯的面貌上桌。這是以前彰化肉圓仔湯的重現嗎？不，跨過一個地方，走過一條時代的路，當然不一樣。這就是台灣肉圓的本色，在許多我不知的角落，各自走一條屬於自己的路。

【延伸滋味】跳探戈的肉圓仔

柔軟有力的咬勁，好似跳探戈般無限延伸的你儂我儂，直到那鹹得有力的肉餡出現，舞步才戛然而止。啊！這個頓挫，猶如一個完美的休止符！讓人陶醉不已。這一口肉圓仔完全超乎我的想像！彰化西門肉圓仔湯真的不同凡響。好久以前，甚至還住在彰化時，我似耳聞過它，但一直沒有嚐過。

記得，那時大家都叫它萬芳肉圓仔。萬芳，萬芳戲院，一座早已關門消失了的戲院，意外竟靠曾擺在它附近的小吃攤將名字留傳下來。小時候住在昔日彰化東門附近，西門與東門的距離，不短，在小孩的心中更遠！有機會看電影也只會到離家不遠、而今也已結束營業的銀宮或育樂中心。正彰化肉圓雖也遠在西門附近，但它的名聲太響，小時候好不容易跟大人逛到西門一帶，或者長大些與玩伴冒險至此，忍不住會往肉圓的擔子走去，至於這擔肉圓仔，可能只有生活在這一帶的小孩會留意它的存在。而且肉圓仔，不就是以前冬至媽媽會包的鹹圓仔嘛？不似肉圓，媽媽做不來，久久吃一回格外美味。

沒想到，萬芳的肉圓仔是這般的模樣，而且有這般的歷史，從台灣光復前後至今，超過一甲子了，從第一代許水金挑擔在西門土地廟附近賣肉圓仔湯開始，他們的肉圓仔就是以番薯與芋頭等為主要材料做皮，包餡製成，而非我所想像，以糯米磨成的粿粞包成的鹹圓仔。不僅如此，這幾年彰化街頭走了又走，發現賣肉圓仔竟不只這攤。番薯削皮蒸熟壓碎，加入番薯粉或太白粉，揉成皮，包餡，捏成一顆一顆三角形的肉圓仔，像煮湯圓般，下鍋煮了，浮上來後，撈起淋上高湯，一碗黃色肉圓仔湯，便在華山路，在中正路，在一些巷弄裡現身了。

只是這種古早味的肉圓仔湯傳到萬芳肉圓仔第二代許銀漢的手上，他發現番薯與芋頭易發酸，便以穩定性較高的馬鈴薯取代之。蒸熟的馬鈴薯揉入太白粉，終於創造出這種前所未有的白色溫柔咬勁。那一口餡也出現的那麼剛剛好，少油少筋的豬後腿肉是必然的選擇，搭配香氣十足的油蔥酥與蔭味無窮的醬油組成的內餡，看似簡單卻有力。當然，也要有好湯襯托，大骨與蛤仔熬成的湯，濃郁與清淡，調和得宜。再來一碗攤上的魷魚肉羹，雖然都是湯湯水水，卻意外合得來。

最近回彰化，常找機會往那個攤子走去，黃昏四點多開賣，有時七點多就被一掃而空。原來，這讓我吃來陶醉不已的萬芳肉圓仔，有這麼多的人在意它，而在口裡彷如身體無限伸展又戛然而止的探戈舞步裡，它確實是一碗不容小看的肉圓仔湯。

白色肉圓仔，浮出在大骨與蛤仔熬成的湯中，馬鈴薯的成分讓它的咬勁充滿溫柔。

古早味黃色肉圓仔，單靠番薯製成，是彰化街頭肉圓家族的元老。

【延伸滋味】

天熱！想吃彰化涼圓

入口，明明是蒜味，卻淡淡的，帶著一種風雅。水水柔柔的咀嚼，軟軟嫩嫩、清清涼涼，齒間是甜甜的迴盪，盡頭卻是扎實有味的香菇與鮮肉，鹹鹹甘甘的醬油味收斂在其中，這真是一趟奇特的味覺旅程。

前陣子要回彰化時，問媽媽說要帶點什麼回來？涼圓好了。一個沒想到的答案。小時候，我滿腦子想的都是肉圓，根本容不下涼圓，我無法想像涼掉的肉圓沾著蒜泥是什麼味道？以致對於當時永樂街大道公夜市裡的那家涼圓擔，沒有留下深刻的記憶檔案。

如今多少年過去，永樂街的夜市似經過一番整頓，我也終於知道供奉著大道公的那座廟叫做慶安宮，廟埕的小吃攤淨空，留下一片可以仰望的天空。而那家搬離夜市的涼圓擔，從第一代傳到第二代，不但一家茁壯成兩家，還高掛「彰化涼圓」的招牌，讓涼圓成了今日彰化街頭的名物。

好想也吃它一回，於是一年多前的彰化行，特別跑去品嚐，便這樣開啟了涼圓的味

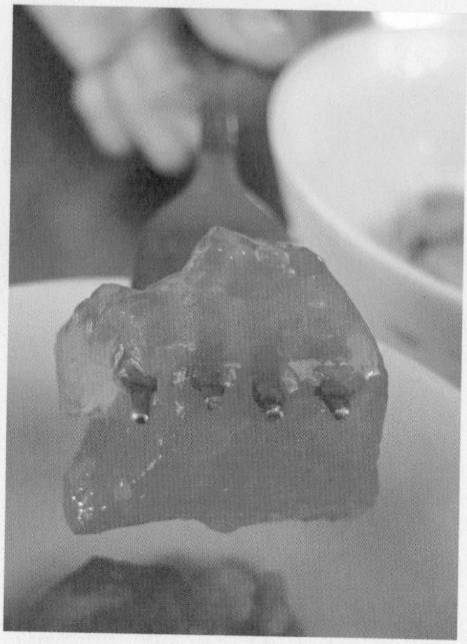

涼圓的皮有著如果凍般的口感，內餡只用香菇與鮮肉。

覺旅程，不過，起初我還是不能適應，只陷在甜鹹對比的彆扭中。誰知後來將它們買回家，冰箱冰過一回，隔天再入口，我的舌尖竟慢慢馴服於如此奇妙的口味。這兩天，高溫一度飆高到攝氏35度，翻著一年多前的筆記，想起一、二個星期前帶回來給媽媽吃的涼圓，跟媽媽一起吃的涼圓，竟在記憶裡召喚我，那樣的旅程確實適合炎炎夏天。難怪五十多年前，原來賣花生糖的

製作涼圓時，番薯粉須先經溫開水沖開，待粉半熟至呈泥土色的透明糊狀，才可以瓷碟上糊包餡。

蒸熟等待放涼好入口的涼圓。

「彰化涼圓」第一代老闆林錇錤，會想以它來拯救夏日花生糖賣不出去的困境。

這陣子，走訪彰化街頭，始知彰化一些肉圓老店都曾賣過涼圓，甚至一些碗粿老店至今也還摻雜著賣。從前，夏日少有人吃得下燒肉圓，賣肉圓的只好推出涼圓或碗粿，甚至改賣米苔目等涼水。早期，彰化肉圓的皮以番薯粉摻糜或米漿製成，但彰化涼圓為了迎合夏日之需，讓人吃來有如果凍般的透明凍感，除了製作的程序有別外，就不選煮熟以後透明不起來的米漿，而只用了番薯粉一味。也許因為夏天做涼圓，冬天做肉圓，職人穿梭在兩者之間，最後乾脆通通只用番薯粉，讓肉圓的皮後來也放棄了米漿，促成今日彰化肉圓的口感相異於周遭城鎮？不過，無論如何，肉圓與涼圓總是在一個相似領域裡變化。「彰化涼圓」的創始者最初卻是從花生糖的製作跨到涼圓的世界。

番薯粉先用冷水攪拌，再以細網篩過，然後加溫開水沖開，待粉半熟至呈泥土色的透明糊狀，即可取來瓷碟包餡製作涼圓。這個程序說是容易，但掌握起來可比做肉圓還難。彰化肉圓展現的是番薯粉帶出的堅脆彈性，涼圓則必須將那股彈性化做一種服貼的滑嫩，其間的關鍵就是水分。清明節前雨季未到收成的番薯含水量較少，製成的番薯粉較扎實，最適合拿來製作肉圓；涼圓則以砍下去有香濃乳汁溢出的番薯製成的番薯粉為佳。不過單靠選種還不夠，番薯粉與水的比例調配才是關鍵中的關鍵，涼圓的水嫩口感靠的是大量的水，番薯粉攪入冷水後的溫水一沖，幾乎就是無可挽回的決定性瞬間，不像肉圓的粉漿，還可以事後加水加粉做調整。第二代老闆承襲父業，個中關鍵掌握的學習自是深刻，哪個季節，氣候如何，水分的多寡，溫度的高低，都是青春在歲月中焠煉出來的刻度。一層糊，上置內餡，再覆糊一層，鍋中蒸個十五分鐘左右，不可過久，以免出水。蒸好，吹涼，冰過更好。內餡只用香菇和豬肉，且一定要瘦肉。吃時不用肉圓的繁複醬汁，只要簡單淋上清淡的白醬油與蒜泥即可。從製作到淋汁，幾乎不沾油，至此，它確實是涼圓，有別於其他地方以「冷掉的肉圓」當作「涼圓」。

過去，人們習於冬天吃肉圓，夏天吃涼圓，如今一年到頭都有人吃肉圓，肉圓擔做肉圓都來不及了，那還有餘力顧及涼圓，以致夏天普遍出現的涼圓幾乎從彰化街頭退場，僅有一二家賣碗粿或肉圓的擔子摻雜著賣，唯有林家獨樹一格讓彰化涼圓的招牌不分春、夏、秋、冬的豎立著。當年林錆錤向一位做肉圓的朋友學得這一手製涼圓的技藝，只為因應夏天花生糖的淡季，沒想到，將近五十年過去，原是本業的花生糖現反成副業，成了冬季的限定商品。

就從今年的夏天開始吧！我要好好品嚐彰化涼圓，或許以後也會不分季節的愛上它。

彰化縣城圖
湯20元
湯10元
湯10元
龍河

所幸還有一碗 蛤仔麵

出身台南古都、擅寫詩文的銀行家陳逢源，於日本時代末期曾撰文寫道，他在彰化觀音亭口吃到的煮麵與台南擔仔麵都堪稱天下第一品。台南擔仔麵的名聲自古聞名，沒想到七十多年前的彰化街頭也有一碗可與之比擬的麵，那是我從小就夢寐以求的貓鼠麵還是黑肉麵呢？台南擔仔麵的湯頭以鮮蝦頭熬成，那彰化的呢？那是一個地方的味覺風格，就像滿街用一鍋鍋溫油緩緩烘托著的肉圓，彰化煮麵的湯頭也在溫吞的火苗中散發層層的豬肉香，末了還迴旋著淡淡的蛤仔清鮮，讓人欲罷不能。

這陣子回彰化，隨便一個擔子坐下來，叫一碗麵吃，吃來吃去，湯裡總迴盪著一種相似的味道！老闆，你們的湯有加蛤仔喔？在那些沒有掛著蛤仔麵的店家，幾乎每次得到的答案都是肯定的，何時彰化街頭的麵都充滿蛤仔味？

彰化市街頭的麵擔，小時候只認識兩家——離家幾分鐘腳程，孔廟前的「黑肉麵」，偶爾興致來了，媽媽會差人提著一個小鍋去買個一、二碗回來，幾個孩子分著吃，或者生病時胃口不好才有機會嚐之；而離家更遠，位在小西鬧街，貴為今日彰化三寶之一的「貓鼠麵」，則是夢寐以求也難求。大嫂娘家昔日就在貓鼠麵第一代老闆陳木榮住家的對面，她的父親今年已八十多歲，據老人家回憶，小學時，日本時代，一碗豆花或鼎邊趖大約一錢，貓鼠麵卻要三錢。來到台灣光復以後，她的叔叔記得當時圍著下午出擔的貓鼠麵的，有許多是穿西裝的有錢人，那真不是一碗一般人家平常吃得起的麵。

黑肉麵，一個皮膚黝黑，被叫做黑肉的人賣的麵。它的歷史雖不如貓鼠麵久，但名氣似乎並不遜色。也許因為離家較近，在我的記憶裡便可親許多。媽媽常說黑肉麵好吃就是湯頭裡的蛤仔，但以前執著於很難吃到的就是美味，也就無法進一步感受母親所說。如今搬離彰化多少年後，我才吃出了黑肉麵裡的蛤仔味；並體會歷史更悠久的貓鼠麵昔日如何靠湯裡的蛤仔味，贏得許多老彰化市人的口碑。

彰化街頭的切仔麵湯即使沒有出現蛤仔，也暗藏蛤仔味。

精選豬肉細剁，油炸後伴入蔥、醬油、扁魚慢燉，再加入鮮蛤湯煉味。日本時代，曾在北門開設「明華」活版印刷廠的陳帳，講究吃食，常在家裡自己動手調味，影響了小自己十二歲的弟弟陳木榮，兄弟切磋，好湯誕生，一碗美味的麵也上桌了，一九二一年左右，生肖屬老鼠，行動敏捷綽號「貓鼠」的弟弟將它挑出去賣，一賣就賣成了今日赫赫有名的貓鼠麵。

在貓鼠麵出現彰化街頭後的二十多年，台灣光復那年，收拾起之前從事的雜貨行當，胡火雞也開始挑擔賣起麵來。從太平街夜市開始，來到天公壇一旁棲身，又轉到孔廟前的違章建築，一賣二十多個年頭過去。大骨頭熬湯為底，加肉燥續熬，再入蛤仔的湯頭也形成。黑肉麵的名號也被喊了出來，最後隨著孔廟整建，違建拆除，幾經搬遷終落腳今孔廟斜對面的店家，黑肉麵的名聲從此屹立不搖。

兩家老店藉以建立名聲的湯頭，看似皆以豬肉味做為主調，但仔細嚐之還是有所分別。貓鼠麵完全以瘦肉熬成的肉燥煉湯，在那個物質短缺的時代，如此做法是一件既費工又耗成本的事，難怪當時光顧貓鼠麵的，不乏醫師、律師、商人或政治人物等上流社會人士。也許是反應市井的需求吧！黑肉麵煉湯過程中雖還是會加入炒過的肉燥，但常見的豬大骨湯已入列成為主角。不過，儘管如此，兩家老店還是不約而同借助蛤仔之力，讓湯汁

1921年創立的貓鼠麵（下）和台灣光復後開賣的黑肉麵（上），彰化街頭兩家老字號的麵擔，湯頭雖以豬肉為主調，但仍迴盪著淡淡的蛤仔味。

達到「甜而不膩」的境界。

是老店的味道帶動了風潮，還是由來已久的地方風格？彰化街頭的麵擔在豬大骨湯頭裡普遍有蛤仔來提味。一九八〇年代，這個長久以來人們隱而不提的味道，終於有人以「蛤仔麵」之名，將它突顯出來。一九七九年左右，當兵前賣過擔仔麵的黃傳添，退伍後想重操舊業。友人的舅舅，綽號「貓仔山」，在永樂街防空洞旁擺攤，煮出來的麵，征服了無數市井小民的胃。貓仔山本名黃山，據一九三五年（昭和十年）《彰化商工案內人名錄》記載，他早在一九一七年（大正六年）便開始油湯行業。黃山煮的麵，似乎沒有特別強調是蛤仔麵，但湯裡就是盪著一股讓人脾胃大開的蛤仔味。當時還有位人稱阿猴的任木生，在中正路與中華路口附近賣麵，亦是大

阿添蛤仔麵讓蛤仔從提味變成湯頭的主角，1980年代以來彰化街頭出現許多掛著蛤仔麵招牌的店家，右圖為彰化蛤仔麵。

骨與蛤仔熬湯，也是一碗讓人欲罷不能的麵。黃傳添很想煮出來這樣的麵，便透過友人拜師學藝，不久「阿添蛤仔麵」的招牌掛了起來。從前隱藏在大骨湯裡的蛤仔浮了出來，成了主角。過去老店麵湯裡的蛤仔，僅是提味，這回阿添讓它成了主味，大骨和蛤仔的比例竟成一比一，晚近蛤仔的分量更有超越之勢。

也許因為阿添蛤仔麵掛起來沒多久，我們便舉家北遷，以致於不識彰化街頭的湯麵到處都有蛤仔味，不知以蛤仔麵當招牌的店家林立。二、三十年來，從阿添開枝散葉出去，掛著蛤仔麵招牌的店家就有萬芳、阿菊、彰化等。阿添家族以外的榮輝蛤仔麵也有口皆碑，還有一些不用招牌卻早已在市井之間傳開。從彰化市區往鹿港的彰鹿路與線東路交叉口處，有一看來破舊的麵攤（阿洲蛤仔麵），門口擺著「賣完了，謝謝惠顧」的牌子，黃昏六點開賣了，人們卻不理會那個「招牌」照排長龍，即使前頭還有一個「請勿進入，打包很多，要等很久」的牌子嚇阻著。到底這個攤子有何魔力？幾次在南門市場聽人們說起這位極力要阻擋客人上門的老闆，就是以前擅煮蛤仔麵的貓仔山的甥兒，而當年阿添就是借他之力學會煮蛤仔麵，啊！原來是一碗盡得真傳的蛤仔麵。

一九九四年出版的《台灣名食小吃全集》，提到任木生賣的麵時，說「在彰化，麵攤如果不用蛤仔湯，就沒有客人上門」，這回，藉著這一碗又一碗帶著蛤仔味的彰化麵，我總算親身體驗了。

從近百年前誕生的貓鼠麵開始，彰化麵湯裡這一口蛤仔味的誕生原點到底在哪裡？彰化市，自小生長的地方，雖從兒時的認知就是一座山城，但只要一站上八卦山大佛前的平台，朦朧的天涯竟隱約可追到海角。「定寨望洋」、「鹿港飛帆」就這樣躍上清代的《彰化縣志》，成為自古文人歌頌的「彰化八景」之一、二。大海茫茫，飛帆在目，海邊溼地豐產的花蛤仔或文蛤（也稱蛤蜊、蛤仔、粉蟯）也唾手可得，怎會不入菜呢！而一九六〇年代以後，台灣文蛤養殖興起，讓彰化的麵擔有更大的空間，可以煮出一碗又一碗的蛤仔麵。山城得天獨厚，讓農家的豬肉香與漁家的海鮮味相互激盪出一碗讓人難以罷口的湯麵。

三月初，在彰化市民權市場，偶見一賣蛤仔的攤子，寫著大大的「產地直送」的布條，讓我忍不住走了過去。產地是哪裡？王功啊！不就是因國光石化設廠議題而受到關注的地方。原本以為老闆會說蛤仔是來自鹿港、線西一帶。比起王功，它們距離彰化市近多了。記憶裡，媽媽常說以前都跟從那裡來擺攤的人買蚵仔、蛤仔、花蛤仔等，沒想到今竟是來自更遠的王功。而阿添蛤仔麵的老闆黃傳添說，其實他們的蛤仔有更多來自雲林。雲林的蛤仔養殖早已超越彰化縣！攤開彰化縣的地圖，鹿港、線西和更北的伸港海岸已劃作一塊塊的彰濱工業區。「定寨望洋」，大海迷茫，彰化八景模糊了，所幸還有一碗帶著蛤仔味的麵留下來，讓我在湯裡回味……

文蛤外殼扇形，花紋不規則，多帶褐色調。

花蛤仔外殼三角形，花紋豐富，呈青灰色。

花蛤仔與文蛤

小時候，花蛤仔比文蛤還常出現在我家餐桌。大嫂的叔叔回憶，童年貓鼠麵老闆陳木榮住家前埕總晒著扁魚，煉湯過程，炸過的扁魚搗碎撒入湯中，香氣襲人，最後入湯的除了文蛤還有花蛤仔。另據出入南門市場的老輩彰化人說，一些已經收攤不傳的老擔，也會用花蛤仔來爌肉。

青灰色呈三角形，外殼花紋豐富的花蛤仔與扇形、外殼花紋不規則，多呈褐色調的文蛤，當時都是漁民退潮時到海邊採捕的對象。一九九七年，林明峪於《吃遍台灣特產》寫道伸港沿海一帶產有許多「花蛤仔」，常被誤稱「海瓜子」；盛產時期，台中彰化一帶的夜市走一遭，小吃攤上常看到被叫做「海瓜子」的「花蛤仔」。不過，這樣的光景應該是二、三十年前的事了。

今天花蛤仔與文蛤雖都有人工養殖，但花蛤仔的養殖顯然較文蛤困難許多，鹽度與溫度稍一變化就會失敗，以致花蛤仔價格是文蛤的三，四倍，因此也讓它的滋味從彰化街頭的麵攤飯擔中消失。

【延伸風景】

天下一品的顯與隱——與台南擔仔麵齊名的彰化煮麵

彰化觀音亭口的一碗煮麵！從沒想到，將近七十年前，家鄉有這碗可以與台南擔仔麵並列的麵。一九四三年（昭和十八年），時任《興南新聞》經濟部長的陳逢源於《民俗台灣》發表〈點心與担仔麵〉，他想起台北江山樓前，還有圓環的點心擔，更想到一九三四年，在廣東第一點心鋪陸羽居茶樓吃到的點心，不過，無論如何，它們的滋味就是無法與家鄉台南擔仔麵相比，最後只有彰化觀音亭口的煮麵，可與台南擔仔麵並稱天下一品。

深刻在啟蒙運動中的味蕾

一八九三年，出生於台南的陳逢源，台北中小企銀的催生者，更是今日華南銀行的奠基者，戰後台灣金融界重要支柱，年輕時卻對文化政治懷抱著浪漫理想。

一九二三年，爭取台灣自治的「台灣議會設置請願運動」，透過台灣與東京兩地台灣青年聯手展開之際，日本殖民政府竟以其擅自結社的行為違反〈治安警察法〉，在台盤查逮捕了近百人，其中十八人被起訴，最後包含蔣渭水和蔡培火等七人遭判刑禁錮三到四個月，陳逢源亦是其中一名。出獄後，陳逢源沒有因此妥協，繼續投入台灣文化協會的活動，在風起雲湧的時代，來回於台灣與東京之間，奔波於台灣北、中、南各地，之後更幾度走訪神州大陸。而彰化市觀音亭口的一碗煮麵，竟如此深刻在陳逢源記憶的味蕾裡。

到底它是怎樣的一碗麵，可以從陳逢源離鄉十七年後追憶故鄉擔仔麵的滋味裡浮現。讓陳逢源想念的台南擔仔麵，水仙宮前芋頭所煮的那碗麵，傳承至今已成聞名全台的度小月擔仔麵，那彰化觀音亭口的煮麵會是怎樣的麵呢？

觀音亭，建於一七二四年（雍正二年）的開化寺，因祀奉觀音菩薩而得名，廟前的大街自古以來即以繁華著稱。一九三一年，楊守愚發表的〈元宵〉曾以它做為場景，反襯主人翁失業的悲哀。一九三七年，日本小說家中西伊之助穿過觀音亭前的大路，看著賣水果、冰水和其他種種食物的攤子，在《台灣見聞記》裡稱它為小淺草。作為關心底層邊緣的左派作家，以遭日本殖民統治的朝鮮為寫作題材而聞名的中西伊之助，停留彰化期間自然也想起，賴和寫於一九三二年的〈善訟的人的故事〉，善訟的人，林先生，原為富家阿舍管帳，但不忍鄉親為其剝削，為了替大家爭取公道，憤而離職與阿舍打官司。作家雖讓故事發生於清代，但情節發展的重要舞台，卻是賴和自小熟悉的觀音亭，吃鹹、吃甜、吃飽、吃巧，各式的點心擔頭，穿越前殿進到裡頭的兩廊皆是。而賴和也是「治警事件」被搜查逮捕近百人中的一人，經二十天的羈押才獲釋，當時出身彰化的王敏川、林篤勳、石錫勳和黃清波等亦在被起訴的行列中，同為日本時代反殖民運動的同志，陳逢源是否就在這些當地人帶領下，來到這匯聚了庶民心聲的觀音亭口，吃了那碗讓他難以忘懷的煮麵？

突出於火紅鮮蝦記憶的清蛤味

一九六〇年代，我的童年時，觀音亭口一帶雖仍是繁華的街區，但記憶裡卻不曾有過「觀音亭口的煮麵」，且歷經太平洋戰爭的美軍轟炸，觀音亭的三川殿早已不存，當年的榮景一去不返，那碗煮麵出自誰之手，似乎無從查起。作家楊守愚一九三六年十月十八日的日記寫到了他與小食同好逸生出門嘗試彰化名食，可惜

溯自歷史悠久的貓鼠麵，彰化街頭的切仔麵在豬肉芳香中湧現的清甘，那是稍一不留意就會忽略的蛤仔味，圖為貓鼠麵（左）與黑肉麵（右）。

阿碗的擔仔麵近日停賣，不得已乃去吃南門市場的樹根擔仔麵。「阿碗」不知在何處，南門市場則離觀音亭口不遠，只是七十多年前的這兩攤擔仔麵同樣也已無從找起，陳逢源吃的麵究竟出自那一攤，現只能借助當時也在不遠處，即今陳稜路與和平路口賣著的貓鼠麵，或許從中可以找到感動陳逢源的美味源頭。

陳逢源記憶的台南擔仔麵，佐料有豬肉皮、蝦、蒜茸等等，當然最重要的是湯

台南度小月擔仔麵，麵上一尾蝦子，火紅地宣告著它的美味所在。

汁，得經過一番苦心調製。豬肉皮應是昔日肉品不易取得時代，肉燥的重要組成吧！而陳逢源強調的湯汁，雖未言明以蝦頭熬成，但從佐料蝦子的存在，想必它就是如此調製成，一百多年過去了，蝦味是台南擔仔麵有別於台灣其他地方擔仔麵的所在吧。那可能寄託著彰化觀音亭口煮麵的貓鼠麵呢？雖然歷經三代傳承的口味總是強調：其高湯不同於一般的大骨湯，而是以切丁的豬後腿肉炸過熬成，但煉湯過程中加入的扁魚酥以及蛤仔，特別是蛤仔的鮮味，可能才是使它突出於其他地方擔仔麵的關鍵。

台南人總是大方的用著蝦，記得小時候回祖父母的故鄉台南，不僅在擔仔麵上吃到蝦，遇親戚家有喜事吃的魯麵也少不了蝦，連潤餅裡也包著一尾蝦子，甚至碗粿也藏著蝦子，當然更不用說現在大家都耳熟能詳的蝦仁飯、蝦捲或蝦仁肉圓等，台南的食物幾乎無所不用蝦。

沙蝦以外，火燒蝦可能是台南人的最愛吧！帶長鬚的火紅身軀，生物學家稱之為鬚赤蝦，它的殼嫌厚嫌硬，也有人叫它大厚殼。一九七〇年代末，台灣蝦的養殖業還未興起之前，它幾乎是台灣捕獲量最大的海蝦，相較其他蝦類，厚殼使它的價格親民許多，在產地南部，特別是台南，便無處不以它入菜。時至今日，火燒蝦的捕獲量大減，又無養殖可補充，反益顯它的珍貴，台南人更難以放手。

從一百多年前台南擔仔麵的創始者洪芋頭，向同鄉的漳州師傅習得以蝦頭熬湯煮麵的技藝，台南人用蝦用得多麼有淵源，那彰化人呢？從康熙年間的《諸羅縣志》、《台灣縣志》到清末的《雲林縣采訪冊》，二、三百年來，在這些以台灣南部為中心的方志物產篇裡大多有蛤也有蝦，或者即使沒蛤也有蝦。地跨虎尾溪與大甲溪之間，以今彰化市做為縣治的《彰化縣志》，物產篇裡卻沒有留下蝦的紀錄，只見蛤貝類，不過，有關蛤貝的分類比他地的志書更詳盡，原本以古語「車螯」呈現的蛤，已轉成更貼近人心的口語「蟯（台語giô）」，並依殼的紋路或顏色區分為花蛤、蟯、蟯仔、赤嘴等等。至於蛤蜊一詞則保留給生在圳溝者。《彰化縣志》可以掌握如此的蛤類知識，應是拜豐產之故。翻開台灣光復以後的漁業統計，彰化縣的蛤類產量確實居冠，直到一九六〇年代台灣蛤貝類養殖發達以後，才慢慢為雲林縣超前。

海邊代代不停歇的勞動身影

兒時彰化家中的餐桌上，媽媽常為我們端出炒花蛤仔（hoe-kap）或粉蟯（hún-giô）湯。當時線西一帶的鄉村婦女，常將退潮時至海邊挖來的蛤貝類挑到彰化的街上或市場販賣。彰化市做為古城所在，自一七二三年（雍正元年）設縣治，到一八一五年（嘉慶二十年）築成。往後歷經無數的戰火，城外的八卦山幾度成為戰場，原名望寮山的八卦山烙印著傷痕，被統治者改名為定軍山，而山上的鎮番亭立了又毀了，換來了定軍寨的聳立；山下的城牆也越蓋越堅固。

當戰火成為過往，定軍山上的遠眺，從「鎮亭晴雲」轉換為「定寨望洋」，凝固成彰化八景之一時，遠方的大海雖茫茫，但海陸交界的蛤類出現在一八三六年（道光十六年）修成的《彰化縣志》，樣貌卻越來越清晰，比起以往的志書稱花蛤或蛤味甚清，甚至還多了一筆「狀如蟯仔粒但殼微赤有紋」的赤嘴，比蟯仔清甘的記載。

「縱觀滄海塵寰遠，一點征帆一點煙」、「天低盡處海滄茫」。幾百年來，從雍正年間彰化知縣秦士望〈鎮亭晴雲〉到賴和的〈八卦山晚眺〉，多少滄茫的遠眺留在詩句裡，但在幾許帆影看不到的深處，在點點的輕煙裡是不是還有一群人接續彎腰在海陸的邊界，挖拾著退潮時露出的蛤貝呢？潮來汐往，也許就是這一群漁人一代又一代將他們的勞動身影落實成志書裡各種不同的蟯仔，並讓它們的味道留傳下來，我的童年才有了一盤又一盤的炒花蛤或粉蟯湯。

默默滋養彰化人

近百年歷史的貓鼠麵迴盪著蛤味，其來有自。處在漳州移民居多的彰化市街，早期貓鼠麵的湯頭，一度也如台南擔仔麵，加入蝦頭煉味，不過，蝦的養殖興盛後，吃飼料長大的蝦子不如以往鮮甜，在無法像台南那樣可以輕易取得野生海蝦後終被捨棄，而儘管今日的文蛤也大多來自養殖場，清甜已非昔日，但仍被留了下來，因為那是幾百年來練就的歷史味道。只是這樣的味道，不似台南市飲食裡那尾火燒蝦耀眼、張揚，總是隱藏在望洋的詞句，默默滋養著一代又一代的彰化人。

潮退了，蛤仔露出來了，就像貓鼠麵的湯頭裡，香甜的豬肉味盡頭，一陣清甘湧現，不過，稍一不留意，就忽略了它的存在，還好有陳逢源——在滔滔歷史裡，被台南華麗飲食養大，又遍嚐大江南北滋味的人；雖以金融家著稱，一生卻留下上千首漢詩，希望以詩作留名的人——用他詩人般的舌尖，感受了它的存在。

擔仔麵與切仔麵

日本時代作家楊守愚的小說中出現了許多賣麵的，他們都是挑擔出賣。早年，貓鼠麵的陳木榮跟台南擔仔麵的洪芋頭也都是近黃昏才挑擔出門作生意。貓鼠麵用的麵條是大麵，台南擔仔麵用的是油麵，兩者都是台灣傳統的鹼麵，耐煮可事先煮熟，客人點了以後，再下鍋摵一下，讓它熱了即可，因此貓鼠麵和台南擔仔麵一樣，既可以稱擔仔麵，也可以叫做摵仔麵，也就是所謂的切仔麵。

不過雖然都是切仔麵，但卻有迥然不同的面貌。台南擔仔麵，麵條「摵」好以後，淋上少許的蝦味高湯，再澆一小撮精燉的肉燥，最後擺上一尾鮮豔的蝦子。貓鼠麵，則在「摵」好的麵條上，淋上高湯，擺上幾塊小小的肉角，即大功告成。那肉角不是肉燥，而是煉過湯的肉丁，它的菁華早已隨著蛤仔融入那一瓢的高湯，幾乎彰化街頭賣傳統切仔麵的麵攤，端出

彰化街頭的切仔麵，麵上常見瘦肉特製的肉角以及蛤仔。

的湯麵都是這副陽春長相，不過，近二十多年來，隨著蛤仔麵之名躍上檯面，只以蛤仔和大骨煉湯的店家，除了擺上幾顆蛤仔，也會加上幾塊瘦肉調製的肉角，讓肉角與蛤仔成了彰化切仔麵的特色，喝一口彰化切仔麵的湯，一口納盡了山海的滋味……

現今麵攤雖不像早期還要挑擔出賣，但仍保留先把麵煮熟，客人點用再下鍋「摵」一下的作法。

【延伸風景】

大麵，與日本拉麵是親戚？

「唔，阿舍！你愛米粉？也（或）是大麵？」「來呀！大麵，米粉。」看著楊守愚寫於一九二〇至三〇年代之間的小說，一個又一個賣麵仔與吃麵的人穿梭在殖民時代的街頭，一碗又一碗的麵撫慰著受壓迫的人心；看到〈十二錢又帶回來了〉與〈瑞生〉裡伴著米粉出現的大麵，最能跨越時空，觸動我心。雖然我無法完全想像〈十二錢又帶回來了〉裡遭受阿舍作弄的賣麵仔的悲哀；亦無法體會失業的瑞生走過市街，任由飢腸遭受擔子上熱的、冷的、甜的、鹹的各種食物折磨時的心酸，不過那一碗大麵卻曾真實存在我的童年。

大麵，日本時代曾經風行台灣全島，如今卻不易尋覓。

大麵是我從小在彰化吃慣了的麵條，不僅在家吃它，街頭的小吃攤也用它煮出一碗碗令人垂涎的麵，有乾麵，有湯麵，至今猶是。記得一九八〇年代中期，從彰化來到台北，不僅飲食攤上，連市場裡都不見大麵，只見油麵，頗不能適應。誰知久居北部，後來竟習慣只有油麵的日子，大麵便成了彰化時代特有的食物，甚至在我心中被形塑成只有彰化地區才有的食物，偶爾回彰化才以「懷舊」的心情「嚐鮮」。

這回，大麵一再從彰化作家楊守愚的筆下浮現，沒想到一度以為消失的食物，有著比我所知還久遠的歷史，不禁納悶只有彰化人吃大麵嗎？文獻一翻才知，百年前大麵不僅普遍存在台灣島，還與今日的日本拉麵有牽連。

曾經風行全島

一九四三年，日治末期，任職台北帝國大學農學部食品化學研究室的陳玉麟，於《民俗台灣》發表的〈台灣的特殊飲食物製造法〉，載有大麵的相關製法。麵粉混入煉油與食鹽，充分攪拌發成麵團，始放至大麵板，用一端固定於牆上的桿麵棒壓桿成適當厚度，然後以麵刀切成如烏龍麵般粗細的麵條，即為大麵，此乃引自一九二〇年代，昭和初年，日人針對「名產食品製造法」，於台北附近所做的調查結果。

清代台灣志書，完成於日本殖民台灣前夕的《雲林縣采訪冊》與《安平縣雜記》，亦有大麵的相關記載。立夏日食麭子和「大麵」作羹，以及端午節以「大麵」祀神及祖先。此外，一九二七年（昭和二年），台北州勸業課所屬「台灣物產協會」，收錄全台各地前一年稅額超過二十圓店家而發行的《台灣商工名錄》，歸類在食料品雜貨欄裡，專營大麵買賣的店家，台北市、淡水、斗六皆有。而飲食店的營業項目標榜大麵者更比比皆是，彰化街不用提，更擴及台中市、鹿港、埔里、員林、北斗、西螺等地。

一九三七年，台北市役所出版的《台北市商工人名錄》，麵類一項，赫然出現大麵，而在各式各樣的麵條製造商中，素麵（麵線）、そば（蕎麥麵）、ウドン（烏龍麵）、ウドン玉（蛋烏龍麵）等明顯是日本麵，與之分庭抗禮的當然是大麵與麵線、米粉等台灣人所愛的麵條。在總共四十九家麵類店家中，日系僅占十家，餘下的台味，大麵竟然超過一半，有二十二家之多，顯然大麵是當時台灣麵類的主流，其中有兩家大麵店家，在大麵項目之下還標示台灣そば。大麵亦稱台灣そば嗎？荷蘭萊頓大學東亞研究中心的研究員Katarzyna J. Cwiertka所著、由陳玉箴翻譯的《飲食、權力與國族認同：當代日本料理的形成》，提到日本人早期稱「拉麵」為「支那そば」。支那，日本帝國主義時代對中國的稱

呼，支那そば與台灣そば到底有著怎樣的關係？又如何對應日本拉麵與大麵的存在？

與日本拉麵系出同門

一九一〇年，原本任職於橫濱海關的尾崎貫一，從橫濱的中國城找來了中國廚師掌廚，於東京開設了來來軒餐廳，中國廚師用來自中國的麵條煮出的湯麵，借用了當時東京街頭自德川時代以來便很容易吃到的そば（蕎麥麵）之名，使來來軒成為日本第一家賣「支那そば」的餐廳。

日本傳統麵條，諸如烏龍麵或素麵等，用鹽水揉麵粉製成，「支那そば」所用的中國麵條，製作時鹽水裡多加了鹼，完成的麵條色呈淡黃，吃起來更具彈性更容易咀嚼。台灣大麵製作時所加的焿油，也是鹼。在「支那そば」自東京街頭崛起的時代，來到台灣的日本人，是否也因此將同為鹼麵的台灣大麵冠上「台灣そば」之名？不管叫不叫「台灣そば」，總之，那時的台灣大麵，如同東京街頭的「支那そば」，對日本人而言，都是一種帶著異國風味的食物，只不過遠離日本，在台灣島從台灣そば領略到的異國滋味可能更強烈吧！以致一九四〇年出版的《台灣鐵道旅行案內》，介紹台灣街頭的珍味時，無法遺漏

日本拉麵的麵條，其實與台灣大麵系出同門，但憑著特有的湯頭與煮法，竟發展成日本的國民美食。

以麵粉混煉油製成，煮後冷卻拌上花生油，閃著光澤的大麵。

姚漢秋，福建龍溪人，一九四九年來台。一九八〇年，他在《台灣文獻》〈談民俗用具、食物的消逝與保存〉提到昔日閩南的「打麵」，用黃鹼和鹽發麵，然後用雙腳踩麵團，再以木棍壓桿之，最後取麵刀切成麵條，此種古老的製麵法，亦盛行於清代的台灣。顯然閩南這種鹼水揉麵製成的麵條，隨著移民到了台灣成為「大麵」，去了日本便成「支那そば」。只是多少年過去，日本的「支那そば」歷經「中華そば」的階段，一九五〇、六〇年代隨著速食麵「雞汁拉麵」的風行，借用「拉麵」之名，以特有的湯頭與煮法，最後竟發展成日本的國民美食，近日更大舉「入侵」台灣，而台灣街頭原有的「大麵」，卻隨著時代的推演反倒消失不見了。

彰化大麵怎麼吃，都有與日本拉麵麵條神似的口感。

成為古早味的象徵

不管是姚漢秋提到的閩南打麵，或者陳玉麟筆下一九二〇年代已放棄腳踩只保留手桿的台灣「大麵」，甚至一九四〇年《台灣鐵道旅行案內》推介的「大麵」，都是以「熟麵」的姿態出現，「從滾水鍋撈起置入冷水中冷卻，瀝乾水分即加入花生油，拌勻後帶著光澤」，這副模樣不是與今日市場或麵攤裡常見的「油麵」十分相像嗎？姚漢秋回憶家鄉的打麵時，也提到閩南後來發展出一種以機械製作的「機器麵」，「煮熟撈起後，即把它圍成直徑五寸的圓形網，以供小吃攤。」原鄉手工的「打麵」變成了「機器麵」，而目前台灣的「油麵」，儘管還是鹼麵，也是機器製造的，是否因為如此，手工揉成、桿成、切成的「大麵」一詞也不見了？即使努力保留，殘存的也只是一種「古早味」的象徵吧！

宜蘭市一家麵店，賣的是傳承自福州師傅的沙茶與麻醬麵，麵條似是加了雞蛋的意麵，但店名掛的卻是「大麵章」；東北角平溪線猴硐站旁的麵攤，「大麵發」雖有油麵，但也有米粉、粿仔，更少不了陽春麵條，就是現在一般可以「黑白切」的親切麵攤；基隆廟口的夜市，「大麵炒」三個字高掛攤前，走近一看，一鼎黃澄油亮的麵，宛如一九四〇年代《台灣鐵道旅行案內》介紹的「大麵」再現，但它是用機器壓製而成圓管狀的「油麵」，不是我在彰化麵攤上吃到的扁身「大麵」。

留在彰化南門市場的打麵記憶

彰化麵攤上的圓扁大麵，雖還保留昔日刀切的模樣，但也已經機械化，「大麵」一詞也越來越少人提。那天回到彰化，卻發現南門市場臨菜市街的一家雜貨店，掛著「大麵朝」的招牌，腦中閃過不久前，在一九三九年彰化市役所發行的〈彰化商工人名錄〉，看到的一個名字——陳允朝，南門市場裡經營麵類製造與販賣的商家負責人，趨前一問，「大麵朝」果真是陳允朝，而且是他們的曾祖父。我的眼前出現了一排或粗或細，有生有熟的「大麵」，扁圓狀的「油麵」也在其中。令人懷念的大麵，當然是小時候媽媽常買回家煮的生的大麵，過年過節用它炒麵，平日就來一鍋「大麵羹」。

回憶中的「大麵」，因為「大麵朝」這個名字，變得真實有味。再往市場裡頭走，與賣炸肉皮的老闆聊天，七十多歲的潘姓老闆竟然也有個做大麵的父親，翻開記錄著陳允朝名字的〈彰化商工人名錄〉，老闆父親潘樹傳之名赫然在列，那時，潘樹傳是彰化第二消費市場的麵類業者，日本人走了以後，才搬遷至南門市場。父親跨坐在壓於麵團上的

「大麵朝」，從日本時代就在彰化南門市場經營麵類製造與販賣。店內可見生的大麵。

木桿，傾全身力量跳著，移著，叩叩打著麵的辛苦身影，在潘姓老闆的回憶中重現了，就像陳允朝的媳婦，今已當祖母的老婦人的回憶一樣。一九三〇年代，陳允朝與潘樹傳在市場打拚賣麵的年代，大麵在楊守愚的筆下散發著濃濃殖民歲月的悲味，而台灣鐵道部卻視大麵為街道珍味，盼旅人不要錯過，東京街頭人們的胃更在此時被「支那そば」所征服……

不是節日，用從「大麵朝」那裡買回來的大麵，炒了麵。果然要這種生的大麵，買回家自己水煮後，炒出的麵條才夠勁！下回，來學學日本人，或許也可以煮出一碗台灣風格的「日本拉麵」！

彰化縣城圖
肉粽
35
元

爌肉，要肥的還是瘦的？

全台灣最好的小吃在彰化，舒國治在《台灣重遊》一書裡曾如此說，其中他又對彰化的爌肉飯著墨最多，他「稱它為彰化的『市吃』，人人在吃，隨時在吃，隨處可吃。」童年記憶裡，彰化街頭的排骨飯與豬腳都比爌肉來得有名氣；幾乎家家都煮得出的爌肉，到底如何成了作家筆下彰化的「市吃」？想來那家常與簡單的味道裡，必然藏有屬於彰化這個山城特有的魅力。

有別於一般的三層肉爌肉，彰化人就愛以腳庫爌出來的爌肉。

老闆！爌肉飯一碗！對於初次到來的客人，彰化爌肉飯的店家大多會端上一碗中規中矩的爌肉飯，也就是爌肉看起來肥瘦適中者；或者有的會事先問一聲，要肥的，瘦的？還是不肥也不瘦的？一家賣爌肉賣了半個世紀的「永成爌肉飯」，老闆做為第三代，不僅練出一手「爌」肉的功夫，也養出了好眼力。看到嚼著檳榔、上了年紀的人上門，他就會端上肥滋滋的爌肉；而來人要是年輕的族群，給瘦點的爌肉，準錯不了。

聽到老闆如此說時，我想起第一次到天公壇旁邊的無名小攤點爌肉飯，端上來的是一碗帶皮的爌肉飯，隔了一年多再去，同樣是爌肉飯，出現的卻是一碗既沒皮也沒半點肥肉的爌肉，這種瘦肉可以叫做爌肉嗎？爌肉飯的爌肉不是都帶肥肉嗎？當時我一度疑惑不解。

後來去了「夜市爌肉飯」，發現同桌的一位小姐，吃的也是一塊純瘦肉。原來有別於一般三層肉爌肉，彰化以腳庫為主角爌成的爌肉，才可以如此滿足客人的各種需求。腳庫，即蹄膀，除了靠近小腿部位的一圈「圈仔」，或者靠腹部、近似三層肉的「二緣肉」可以切成肥瘦相連的肉塊；其餘部分切開來，皮與肉或是肥瘦之間很容易分離，這也是彰化的爌肉都以竹籤串起之故，而瘦肉，就是包藏其間的腱子肉。而且由於店家選用的都來自豬後腿，此部位的筋比前腿還多，腳筋一味也是彰化爌肉飯擔常見的菜色。

彰化爌肉雖然有這麼多的選擇，但一般菜單上並不會標示，通常只有熟客才會進一步向店家要求。圈仔與二緣肉，肥瘦比例均勻，「爌」得夠好，入口肥而不膩，滋味甜美，是許多老饕追求的極品，不過數量比較少，要吃到只能碰運氣。我兩次過午前往早上六點就開賣的「魚市爌肉飯」，都無緣嚐到。越晚，吃到的越可能是瘦肉與皮串成的爌肉，這種肉通常不會太肥，皮吃起來特別富有彈性，瘦肉部分則絲絲入味，其實滿適合第一次嘗

一個腳庫爌出來的爌肉，可以滿足各種不同人的需求，除了的由腳庫皮與腱子瘦肉以竹籤串成的基本款（左上）外，還有靠近腹脇處的二線肉（下）、靠近小腿部位的圈仔（上）、腳筋（左中）、甚至純瘦的腱子肉和肉皮（左下）。

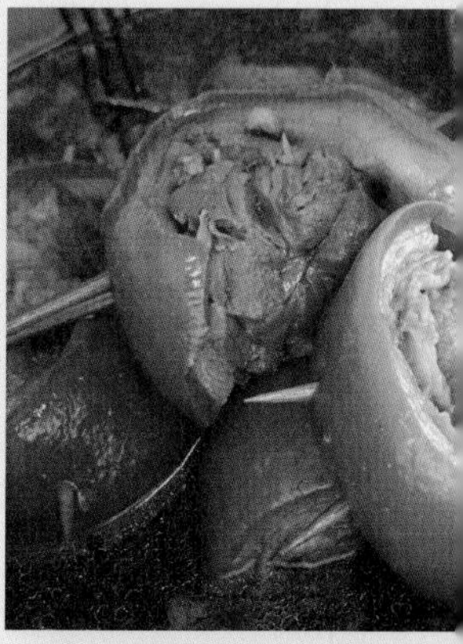

試爌肉的人。

彰化市的爌肉飯擔，大多賣飯又賣麵，以滿足不同客人的需求。只有少數店家搭小菜與湯，專賣爌肉飯，最典型的就是專做白天生意的「魚市爌肉飯」與深夜場的「魚市場爌肉飯」。這兩家店，除了基本款的爌肉飯，圈仔、二緣肉、腳筋，還有肉皮都可點，魚市爌肉飯還加碼豬腳、帶骨豬肉（即排骨）等，儼然是一家專賣中的專賣。

記得初次造訪魚市爌肉飯，整家店不見菜單，頗讓人不知所措，我帶著姪子在人群中慌亂就座，不久，店員端著托盤走來，上面是一碗又一碗的湯，我學別桌的客人從中取一碗，後來又來了一碗碗的爌肉飯，我亦取了一碗，原來這裡的爌肉飯附湯。至於碗裡那塊爌肉所暗藏的玄機，當時我茫然不知，只見不斷有人從攤前的鍋裡挑了塊肉，端回桌上享用，他們是熟客吧！懂得挑自己喜歡的部位，然後像在自家餐桌般自在的吃了起來。如今想來，那是彰化爌肉擔才有的風景，也是老店才能享有的風格吧！

夜裡近十點，周遭一些店家都歇了，中正路上離魚市不遠的這家魚市場爌肉飯卻燈火通明，老闆尚未準備妥當，門庭已若市。我和姪子搶先一步找到位子，與一對夫妻共桌，他們是彰化本地人，從老闆父親的時代就開始吃這家至今有三十六年歷史的爌肉飯。圈仔！來一份圈仔！打扮光鮮的太太出聲了。圈仔，這不是白天在另家一字之差的魚市爌肉飯也聽過的名詞，而且，當時老闆蔡素娥說是最頂級的爌肉飯嗎？我忍不住與對面的太太聊了起來，她說，對啊！還特別強調彰化的爌肉跟牛排一樣有部位之分。

魚市場爌肉飯一樣沒有菜單價目表，大家乖乖的在座位上等著。要湯嗎？要白菜滷嗎？飯幾碗？每個服務人員負責不同的項目。這回，我趕緊學這位偶遇的貴婦熟客，點了耳聞已久的「圈仔」，體驗了彰化爌肉的獨特美味。

魚市爌肉飯，店內沒有菜單，初次到來有些不知所措，一二次後就熟悉它的模式，只要安心坐著，爌肉飯就會送上來，隨後湯也會端上，當然也可加點攤上有的滷蛋、油豆腐或筍乾等小菜。這是只賣爌肉飯不賣麵的老店風格。

【延伸故事】

日夜不停的勞動滋味——爌肉飯今昔地位的轉變

不知始於何時，人們說彰化有三寶，肉圓、貓鼠麵、爌肉飯。一九八〇年，《野外雜誌》記者施再滿來到彰化，確曾如此為文介紹彰化小吃。肉圓，我自小吃到大，貓鼠麵即使幾乎沒吃過，它的名聲也一直如雷灌耳，但爌肉飯的記憶卻始終被排除在二十歲前居住於彰化的歲月外，為何它可以成為三寶之一？有段時間，我一直納悶著。

一道吃粗飽的菜

而更叫我吃驚的是，二年多前，在《台灣重遊》〈終也只是一瞥的彰化〉看到作者舒國治談彰化的爌肉飯，竟稱之為彰化的「市吃」，「人人在吃，隨時在吃，隨處可吃。」這是什麼時候的事啊！〈終也只是一瞥的彰化〉寫於二〇〇〇年。而一九八〇年施再滿來訪彰化後約二年，我家便北遷，至二〇〇〇年，十幾二十年過去，是我剛好缺席於彰化爌肉飯成為「市吃」的年代？

清早開賣的魚市爌肉飯，至今仍是許多在外工作的人的依靠，中午一碗爌肉飯下肚，又可以力氣十足地迎接下個半天的勞動。

這二、三年來，斷斷續續的回彰化，回味著彰化的種種。依稀記起高中或者更早的國中歲月，隔壁釣具行的老闆，一個經常帶人出海釣魚的胖胖老闆，早餐喜吃外頭的爌肉飯。那個年代，三餐都在家吃，說到爌肉，不過就是餐桌上媽媽也會煮的菜，心都被肉圓、肉包、肉羹等點心拉走的孩子，誰會去在意那樣一道吃粗飽的菜，在意那樣一碗正餐才吃的爌肉飯。只有像鄰居胖老闆這樣在外頭勞動或工作的人會吧！而它又常藏身在賣麵又賣飯的飲食攤裡，不像現在爌肉飯被當成招牌高高掛起。

一大清早開張的攤子，常一賣就到過午，一連服務了兩餐；接力的是，午後三、四點上場的攤子，有的持續到深夜，晚餐宵夜都有了。夜半擺在魚市場旁邊的攤子，有的甚至等到魚市場叫賣最高潮的時刻——凌晨兩三點才開賣。爌肉飯的出沒，在我生活所不及的地方，似乎勾勒了一幅不分日夜的勞動圖像。

一九六〇、七〇年代過去，刻苦耐勞、省吃儉用的台灣人迎來八〇年代的經濟起飛，日子不一樣了，是否就是因為像施再滿這樣記錄台灣美食的記者出動了，原本「吃飽」的爌肉飯變成一種「吃巧」的小吃？進入一九九〇年代，台灣解嚴後，台北街頭風起雲湧，離開彰化近十年的我，每天機械般的行走於其中，有人卻選擇出走，開始全島蕩遊起來，舒國治多次出入於彰化，那是一個我居住過近二十年也不曾見過的彰化，也許因為如此，爌肉飯，日夜不停的勞動滋味，越過小吃，在他的眼中成了一種神閒氣定的「市吃」。

施再滿說彰化爌肉飯一如嘉義雞肉飯，也是聞名全省。雞肉飯其他地方少見，但爌肉飯幾乎到處都有，而且家庭主婦也做得來，為何它可以突出，甚至扣住舒國治的心，讓作家為它著墨呢？做為「市吃」的爌肉飯到底有何魅力？施再滿認為彰化爌肉飯的特色，除了飯煮的好吃，就是「焢肉都被滷得爛爛的，沒有牙齒的人，也嚼得動。」但僅止於此嗎？

來自辦桌的封肉

有一年的過年，人多，肉不夠，我以三層肉爌肉，結果，客人一看就不要。天公壇旁飲食攤賣爌肉飯的老闆娘說，彰化人只愛吃起來ＱＱ的腳庫。不久前，帶著姪子姪女前往「泉」爌肉飯用餐，姪子點了一碗爌肉飯，記得當時老闆娘特別叮嚀了一句，現在只剩三層肉的喔！是啊！即使還有三層肉，也當不了彰化爌肉飯的主角。

用腳庫「爌」肉比起三層肉，麻煩又費工，魚市爌肉飯的老闆蔡素娥如此說，不過腳庫可以切出各種滿足不同人需求的部位，甚至以竹籤串起分離的皮與肉的模樣，還造就了彰化爌肉的與眾不同。到底誰率先採用腳庫爌肉，雖一時難有定論，不過蔡素娥一身爌腳庫手法傳自她的父親，而父親蔡允恭的爌肉又可能源自阿公蔡天賜時代，彰化的食堂或酒樓常見的一道辦桌菜——封肉。

根據一九三九年（昭和十四年）出版的《彰化商工人名錄》，蔡天賜經營的食堂「杏花村」，與當時彰化市有名的「醉鄉」和「高賓閣」等酒樓料亭同歸在台灣料理一類。一九三五年出版的《彰化商工人名錄》記載杏花村於一九二九年，由蔡天賜的父親蔡金盾所創。不過更早之前，一九二七年，由台灣物產協會出版的《台灣商工名錄》，收錄前一年向日本殖民政府納稅超過十五圓的店家，蔡金盾所創的杏花村也赫然在列。一九三六年，蔡金盾還一度被選為彰化市料理總會的評議員。

日本時代的杏花村，許多日本人皆愛來享用，服務於機關的台灣本地人，亦有不少來捧場。大嫂的爸爸，小時候因為母親是老師，杏花村離學校不遠，到學校找媽媽時，不乏肚子餓了去杏花村吃一碗麵的記憶，那是一家賣麵又賣飯的食堂。當時，蔡天賜四、五個兄弟一起在食堂幫父親的忙，可謂盛況當前。日本戰敗以後，台灣改朝換代，杏花村的榮景也不再，政府為了將民生物資集結於軍備，自一九四六年以來陸續頒布相關法令提倡節約生活，對飲食業課以筵席重稅，杏花村僅靠蔡天賜一人勉強支撐著，其他兄弟都另謀出路。一九三六年出生的蔡允恭，從十四歲小學畢業便留在父親身邊幫忙，一九六一年左右，當兵回來不久，杏花村終究還是難以為繼，面臨倒店的危機。此時已成家生子的蔡允恭，在苦無出路之際，便賣起了爌肉飯。

靠它度過困頓的年代

日子再苦還是要吃飯吧！比起食堂裡的其他料理，爌肉成本算低，煮起來也簡單多了，但除了一般熟知的三層肉，他忍不住借用了昔日的辦桌菜──封肉，用腳庫（即蹄膀）爌肉，只是為了應付較多的量，捨了辦桌用的前腿，而改用體積較大，切起來多塊些的後腿部位蹄膀。

每天凌晨三、四點，蔡允恭和他的老婆事先將肉爌好，然後用手推車將它推到離家不遠的魚市場販賣，天未亮，多少勞動者的胃從此得到了安撫，特別吃著有如大菜般的腳庫爌肉，心裡的滿足更是不可言喻。不久，「魚市爌肉飯」的名號便傳開來了，藉著鄰居那位經常海釣而出入於魚市場的釣具行老闆，在不識爌肉飯的一九七〇年代末，我似乎也耳聞過。

多少困頓的歲月過去，魚市爌肉飯不再是露天的飯擔，而有了店面，蔡允恭也收起刀鏟不再爌肉，代之忙碌於火爐與客人之間的是他的兩個女兒，不變的是，不像其他大部分的攤子又是飯又是麵的，魚市爌肉飯除了青菜、油豆腐、滷蛋和竹筍或菜頭湯等配菜配湯外，賣的主味始終只有爌肉飯。

啊！這是一碗有歷史淵源的爌肉飯。我想起鄰居釣具行老闆，也想起不久前在南門市場遇到的那個賣海鮮的老闆，六十多歲的阿伯仔說，全彰化市最好吃的爌肉飯，就在他們家的攤子旁，他從八、九歲在市場幫忙賣海鮮時開始吃，從白飯一碗一元，爌肉一塊一元，滷蛋一個五角的時代吃起。當然，在那個求飽肚的貧窮時代，只能吃淋了滷肉汁的白飯，一口氣連吃五碗，偶爾才來一塊爌肉。那是一個沒得挑的年代，不像現在坐在深夜開賣的魚市場爌肉飯攤上，如貴婦般的太太悠閒地喊聲，圈仔！要最接近豬腳的部分，然後說這膠質很多，對皮膚很好，當然更不可能像年輕怕胖的小姐說不要肥的，只要瘦的，只吃腳庫裡的那團腱子肉。

全民小吃時代的來臨

爌肉飯列名彰化的三寶，確實當之無愧。而舒國治眼裡的「市吃」，今天看來更像「全民小吃」。魚市爌肉飯不再像蔡允恭的時代，摸黑就出擔開賣，而是等到天光魚肚大白才開賣。約一九七五年才在附近開張的魚市場爌肉飯，原先也是為魚市場的工人或魚販服務，誰知，它的營業時間一年早過一年，從昔日凌晨二、三點往前推至現在的晚上九點四十左右，等不及魚市場的工作人員來食用，老闆精心爌的肉早就被許多從外地來的慕名者一掃而空，如今成了彰化街頭宵夜場有名的爌肉飯擔。至於賣爌肉飯也有五十年歷史、原本位在永樂夜市裡被叫做「夜市爌肉飯」者，隨著夜市整頓後搬了家，午後三點多上場，夜幕尚未低垂，鍋裡的爌肉也早已通通進了眾老饕的肚子。

舒國治筆下、曾經讓我吃驚的「市吃」，到底是什樣的滋味？很想悠閒的嚐之，但我得先通過網路時代黑壓壓人群的考驗。

魚市場爌肉飯，彰化有名的宵夜場熱門飯擔，每天還不到開賣的九點四十分，場外就圍滿不分男女老幼的人群。

【延伸風景】

「爌」腳庫才是王道

那一碗爌肉飯，往桌上一擺，氣勢好驚人，爌肉塊不大，寬厚的皮卻張力十足，油光閃閃帶動白色柔軟的脂層，一種無法停止的彈跳在眼前，沒想到一入口即化為烏有。這是一天賣二、三個鐘頭即賣光的「夜市爌肉」。賣罄速度與之不相上下的「魚市場爌肉」，入口之柔軟亦難分軒輊。在我覺得其強勁不可摧時，那層皮、那層油脂竟瞬間鬆開，鬆得無影無蹤。不過，「魚市爌肉」咬起來帶著柔柔尾勁，一口又一口，實實在在，更讓我回味。「泉」爌肉，雖無瞬間化開，但就像綿裡掌，一種綿延不絕的力道，使得剛剛好，是另一種境界。

「爌」出大菜的氣勢

二〇〇二年出版的《彰化縣飲食文化》記錄到數家彰化市以外的爌肉飯，都以三層

火候的拿捏，讓濃郁的爌汁深入肌理，澈底激發這一鍋爌肉的美味。

肉（豬的腹脇肉）做為爌肉的主角，員林的即是；伸港鄉新港路上一家有四、五十年歷史的攤子，更強調他們的爌肉不同於彰化地區所用的豬後腿肉；溪湖的阿讚爌肉飯儘管也採用豬的腿肉，但他們稱此種「爌肉」為「腳庫肉」，只有用三層肉「爌」的才會叫「爌肉」。過去，這些地方的辦桌菜也常出現爌肉，根據幾位老師傅的回憶，他們用的也是三層肉。在他們心中，三層肉爌肉才是王道吧！一般人提到爌肉，確實以三層肉為首選，有名的東坡肉即是三層肉的傑作，但彰化市的爌肉卻獨尊豬後腿的腳庫肉。而後腿肉的油脂較少，比起肥滋滋的三層肉，吃來明明澀多了，為何仍可以創造出如此變化多端的柔勁？其中的訣竅全在爌肉飯的那個「爌」字吧！

「爌」字取自台語發音的「khòng」，一九四三年，王瑞成發表於《民俗台灣》的〈煮食、炊粿、捕粽、醃豆油〉提到台灣日常三餐的料理方法，他以「炕」字，表示一種叫做「kon」的烹調法，比起「滷（音ro）」，它的時間更久，加入一起「爌」的汁液也更濃、更重，此法多用來煮大塊的肉。這不就是「爌肉」的意思。有人認為「爌肉」宜寫做「焢肉」，焢，燜煮的意思，比「爌」字表示的明亮貼切。不過，焢的字義，原為火氣貌，由此才引申為燜煮，而「爌」的明亮來自於火光。長時間火光「kon」出來的肉塊，帶著油亮誘人的光澤，說是「爌肉」也頗能彰顯它的美味氣勢。

《彰化縣飲食文化》裡有二位鹿港老廚師現身說法，「魚翅蹄膀」或「什錦蹄膀」交織在他們的辦桌菜回憶，蹄膀，腳庫肉，大大一個，滷之前，總是先燙過、炸過，上桌前再扣上以魚翅為主或以白菜做底的什錦羹。彰化街頭的爌肉來自蹄膀的切塊，其中應蘊含著讓吃不起山珍海味的人們也能嚐到辦桌大菜的用心吧！而沒有白菜滷或魚翅烘托，彰化的腳庫爌肉要展現它的大菜氣勢，只能在「爌」的功夫加把勁。

「老爌汁」的靈魂奧祕

雖說彰化爌肉店家為了切出較多的肉塊，以體積較大的後腿蹄膀取代辦桌裡的前腿，但也只有後腿肉的澀勁，才耐得起「爌」，而且爌越久越好吃，是名符其實的爌肉首選。對爌肉的處理，彰化的店家大多略過辦桌師傅會先入鍋油炸的程序，汆燙之後，講究的是「爌汁」與「爌」的火候。有人爌汁裡放了甘蔗或獨家特調的香料，也有人只簡單用了醬油、蔥和糖，當然醬油要挑選過，畢竟它是爌汁味道的靈魂所在。而讓靈魂越活越沉越深越有味，靠的就是每天留下的爌汁，隔天添新汁再使用，日復一日而成的「老爌汁」。

至於要「爌」多久？每家各有門道，有人一口氣給了二、三小時；也有人分段給予，二段或三段，熱了放冷，冷了又加溫，在忽冷忽熱的過程中，撐握火光的力道，讓吸飽歲月精華的「老爌汁」，深入肌理，澈底激發爌肉的美味。夜市爌肉飯的第二代老闆特別強調，這可是不堪久爌，大約一個鐘頭就爛了的三層肉所達不到的境界。

近三年來，斷斷續續吃了好幾家彰化的爌肉飯，總以為已經掌握了那「爌」字的奧妙滋味，沒想到不久前在南門市場旁的林家菜麵攤，與第三代老闆林江香談及彰化街頭飲食的種種時，她說小時候出入市場，聽到一些老擔的爌肉祕方，在一般常用的醬油、蔥、蒜頭之外，以麥芽糖取代一般的糖，取代甘蔗，更添加了超乎想像的花蛤。那一刻我的腦海突然閃出彰化街頭的切仔麵，肉燥與蛤仔煉出的湯汁，一種彰化特別的山海滋味，居然也曾存在腳庫慢慢爌成的彰化爌肉飯裡。

之前於南門市場偶遇的賣海鮮阿伯，他兒時回憶裡最好吃的爌肉飯擔，竟然出現在林江香細數的老擔行列中。阿伯曾經說那時候的爌肉飯好吃，乃在於豬不是吃飼料而是吃「ㄆㄨㄣ」（台語廚餘之意）長大，顯然當中除了他提到的「原味」以外，還有一種地方風味的烘托，可惜老擔都收了。

那不是一個富裕的年代，在體現那個「爌」字的同時，為了營生而存在的老擔也善用了土地賜予的資源。在老擔消失，那樣的爌肉老滋味尚未於彰化街頭尋著的今天，心中倒有了自己回家下廚一試的衝動。

夜市爌肉飯

魚市爌肉飯

永福爌肉飯

天公壇爌肉飯

泉爌肉飯

魚市場爌肉飯

幾家吃過的彰化爌肉飯，夜市、魚市場的都屬於入口即化型，魚市則仍帶有柔柔的彈勁，泉則在兩者之間，有一種適中的力道。永福算得上中規中矩，至於天公壇爌肉飯為了體貼老人家，老闆娘特意將腳庫爌肉切成家常般的小塊，味道也帶著樸實的原味，是一種令人難忘的媽媽味道。

【延伸滋味】

搶食排骨飯

記得剛搬離彰化時，有機會回去，到了黑肉麵那裡，心裡想的雖是它的麵，但最後總是被那碗排骨飯打敗。「黑肉麵」與「貓鼠麵」，儘管都以麵點聞名，但各自有一道豬肉料理令老饕垂涎。貓鼠麵豬腳的誕生，可追溯至一九五〇年代，我卻一直到最近幾年才知道它的存在。至於黑肉麵的排骨飯，則自小便知曉，它的名聲有時還勝過於麵。

小時候，在彰化孔廟玩耍時，常見遊覽車載來一車又一車的遊客，許多人蜂擁至一旁違建裡的黑肉麵。那時，我以為他們跟我一樣，為的是那一碗夢寐以求的黑肉麵。誰知前陣子，偶與黑肉麵的第二代老闆談及往事，他說那些人搶食的是排骨飯。

彰化八卦山，曾是日本接收台灣時遭逢最激烈反抗之地，為了扭轉其所烙印的戰爭記憶，日人設公園，將八卦山經營成台灣十二勝之一。台灣光復以後，山上公園裡昔日率領軍團接收台灣的北白川宮能久親王紀念碑遭到拆除，一九六〇年，大佛原地巍巍而坐，八卦山再度成為台灣有名的「風景區」，八卦山一遊，站在大佛前留影，幾成觀光客必做的

炸過再滷的「黑肉麵」排骨，「滷汁滷得粉嫩，皮肉依然相連」，有一種熟悉的彰化味。

功課。

那時，高速公路尚未開通，鐵路除外，南來北往靠的是台一縱貫線，台一線穿過彰化市，一邊就是八卦山，遊覽車下了山來到另一邊，孔廟在望，它的前庭成了最佳的停車場，旁邊違建的小吃攤自然成了遊客填飽肚子的地方。黑肉麵就在那裡，不過，麵再好吃，終究只是點心，也許就是為了應付這不斷湧來的遊客，黑肉麵的排骨飯才誕生，想來距今也有將近五十年的歷史。

好吃的排骨飯！是遊客將它的名聲帶到台灣各地吧！在黑肉麵第二代老闆的回憶裡，他們的排骨飯因而一年做的比一年好吃。一九九五年左右，高速公路開通已十多年，台一線上的遊覽車稀疏了，還好黑肉麵「排骨飯」的好名聲早已傳得穩如泰山，美食家朱振藩和胡天蘭分別在《台灣美食通》與《台灣小吃100點》對其讚譽不絕。「其麵雖與『貓鼠麵』齊名，但滷排方面，則一枝獨秀，廣受歡迎」，是「禁得起南北過客試吃的王牌排骨店」，「滷汁滷得粉嫩，皮肉依然相連」。

黑肉麵的排骨飯好吃，就在於它的排骨炸過再滷。當然肉也經過嚴選，「新鮮帶骨里肌肉，冷凍後以機器切片，退冰後，拍平再沾粉，下油鍋炸，約七分熟，起鍋瀝乾熱油，放入滷鍋滷約一小時左右，味道透盡後，肉鬆軟甘爽。」二〇〇二年出版的《彰化縣飲食文化》詳細記載它的作法。

炸過再滷，是我自小認知的排骨作法，媽媽總如此做著。當時老家就在台一線旁，隔壁一家名為「三美飯店」的飲食店，為往來於縱貫線的旅人端出的排骨飯便是這般模樣。由於與老闆一家熟識，大人聊天，小孩穿梭其間，每每看著老闆端出排骨飯給來客吃，而自己吃不得，總是飢腸轆轆十分難耐。偶爾家裡來了客人，母親應急叫了三美的排骨飯招待之，我們小孩才得順便一嚐。也許為了滿足孩子的渴望，家裡餐桌後來也出現了媽媽做的這道排骨飯。好多年以後，遷居台北，總難以適應異地炸得酥酥乾乾的排骨。

吃著媽媽做的排骨，常想起兒時彰化街頭的排骨飯，三美飯店早已不知去向，只有黑肉麵的排骨飯歷久彌香。我的童年，那一九六〇、七〇年代，比起餐桌上常見的爌肉，排骨飯更吸引人，是當時街頭飲食店的王牌，難怪在爌肉飯成為「市吃」的今日，黑肉麵的排骨飯有著更多讓我懷念的滋味。

【延伸滋味】

愛爌肉更愛豬腳！

那天回彰化，在成功路「夜市爌肉飯」的斜對面看到「豬腳大王」的招牌，這比讓我吃到要大排長龍才能吃到的夜市爌肉飯還興奮，它是以前陳稜路上的豬腳大王嗎？小時候，從家裡通往火車站必經之處，每次看到豬腳大王的招牌，它的滋味就會被想像一次，結果，直到我們搬離彰化，都不曾讓想像化為真實。

前一陣子，翻閱施再滿寫於一九八〇年的〈彰化小吃〉，「大箍豬腳大王」也出現在陳稜路的小吃行列，施再滿的書寫年代，家還在彰化，陳稜路仍有我想像豬腳美味的身影，好令人懷念。這回，我應該可以讓想像成真吧！誰知，陳稜路走了幾回，就是不見豬腳大王，原來，它搬到了這裡？

你們是以前陳稜路上的豬腳大王嗎？是啊！我忍不住問了，那你們什麼時候搬來這？我們民國七十四年（一九八五）開始賣，十多年前搬過來。不對啊！創業的年代怎麼比施再滿到來的時刻，還晚了幾年？記得小時候我就看到豬腳大王的招牌！幾番探詢下，終於得知施再滿筆下的「大箍」老闆，兒女成家立業後，便將店家轉移給現今的老闆經營，一晃二十幾年又過去。

味道還一樣嗎？當然，不信你問問這位。一位從大箍老闆時代吃到現在的客人，年輕到老的追隨，似乎說明了一切。只是除了豬腳，以前同樣炙手可熱的意麵與雞捲等，已成消失的古早味，今日的豬腳大王是一家便當店。剛被夜市爌肉飯填飽的肚子，容不下豬腳便當，我只好打包兩塊豬腳回去。

「……以土製的缸，如此燒起來的熱度會慢慢滲透整條豬腳，味道容易芬芳，其次，在缸底內再舖以削半的甘蔗，這是防止因火太旺而讓豬腳燒焦，何況甘蔗本身的甜味，也會滲入豬腳內，增加豬腳一股清香。」三十年前，施再滿曾詳細描述了大箍的豬腳「何以賺人胃口的原因」，不知那土製的缸，是否就是現今店裡老闆所謂年代久遠的狗母鍋，可以確定的是輾轉傳承之間，那滷得油光烏亮的豬腳仍保有「賺人胃口」的力道，夠滑彈，夠有味。

彰化市雖以爌肉揚名，但於我居住彰化，不識爌肉是彰化三寶之一的時代，豬腳已有它的地位。「貓鼠麵」以麵聞名，它的豬腳卻也博得一些饕客的讚賞。跟豬腳大王一樣，鍋子的底層鋪有甘蔗，以蔥、蒜、醬油、黑糖滷煮三小時的豬腳，是台灣光復沒多久，從第二代手中誕生的。比起豬腳大王的濃郁，貓鼠麵的豬腳展現另一種清爽的風格。

朱振藩寫於一九九五年的《台灣美食通》稱貓鼠麵的豬腳真好吃。更早之前，一九八八年，民生報記者應致德採訪貓鼠麵時，亦稱豬腳是其特色。而令我大吃一驚的是，一九九〇年代以來，從台中紅到台北的「阿水獅豬腳大王」創始人郭德意，在二〇〇六年出版的《台中飲食風華》，稱其最愛貓鼠麵的豬腳。彰化出身的郭德意原本從事紡織業，一九七六年受石油危機波及，難以為繼，便於一九八一年離開彰化，轉赴台中，改行賣豬腳，而這全拜他居住彰化時愛吃貓鼠麵豬腳，不斷向老闆討教的結果。

晚《台灣美食通》一年出版的《台灣小吃100點》，美食家胡天蘭曾點名彰化市內一家叫做「屘嬸婆」的豬腳，該店先祖為一武舉人，熱中習武又愛吃豬腳，常「將豬腳熬製的香味四溢」，從此一傳三代。至今屘嬸婆的豬腳仍在彰化街頭傳

貓鼠麵的豬腳，也頗獲饕客的讚賞，是台灣光復沒多久，從第二代手中誕生的。

香。

彰化人愛爌肉，其實更愛豬腳吧！一九七九年九月，已逝古蹟專家林衡道走遍台灣，來到彰化時，在古蹟調查之餘，還留下一篇〈彰化市的傳統飲食〉紀錄，透過攝影高而恭的鏡頭，靠近車站的長安街、中正路、和平路，和夜市附近永樂街、中華路和民生路一帶的飲食攤俱現，當歸豬腳、花生豬腳和豬腳麵的店家紛紛入鏡，爌肉飯則僅有「永成」一家。而在鏡頭未帶到或文字沒有說明的地方，永成其實也賣豬腳。一直到今天，彰化街頭賣爌肉的，大多像永成這般，同時也賣豬腳……

1979年林衡道記錄的長安街花生豬腳，今仍佇立彰化街頭。爌肉飯還未受封「三寶」前，豬腳在彰化街頭已有一定的地位。

切仔麵
彰化縣城圖

全台「最好」的黑白切

乾炒花生米、煎魚、筍湯、糯米大腸，再平常不過的鄉野小食，讓人難忘的是深藏在其中代代相傳的烹調滋味；麵攤飯擔的雞捲、丸子、香腸和滷蛋也莫不是如此，雖每家都有，卻存在著無法複製的味道。回味著彰化街頭小食各家的手路菜，還有老闆與客人，客人與客人之間的情分不時來調味！

廟埕前的「古早味居酒屋」，蘊藏濃厚的人情滋味。

終於讓我吃到了，原本以為這是不可能吃到的滋味了。

「全台灣最好的小吃，在彰化。」大約二年前，看舒國治在《台灣重遊》的〈台式小吃〉裡如此說。而所謂最好的，讓他最想一提的，不是人們耳熟能詳的肉圓或貓鼠麵，是一家夜晚小攤，位在民族路的「關帝廟前的老頭子」攤。

〈台式小吃〉的書寫年代，一九九七。再翻，書中寫於二〇〇〇年的〈終也只是一瞥的彰化〉，關帝廟前的老頭子又出現了。只是這回他的攤子沒開，雖然近年開少休多，舒國治早已知，並不驚訝，竟又忍不住重提了老頭子做的菜，「糯米大腸、煮炒芥菜、乾炒花生米、筍湯、煎魚、水滷大腸等皆烹調極細膩清淡有味。」

全台最好的小吃在彰化，又「彰化市的台式小吃應可稱全台第一」。看到一個遊遍台灣、嚐過台灣各地小吃、在文壇享有盛名的文人，不斷的來回於彰化，讚譽家鄉的小吃，自覺與有榮焉，對老頭子做的菜，更是充滿想像。那種夜晚賣著小菜的攤子，於我居住彰化的一九六〇、七〇年代，小孩是幾乎不可能涉足的，甚至到了我家即將搬離彰化的一九八〇年代，都與我的生活絕緣。

乾炒花生米、煎魚、煮炒芥菜、筍湯，糯米大腸、水滷大腸，這些日常飲食，摻雜著一些媽媽也做不來的鄉野小食，在一九九〇，一個越來越浮華的年代，從舒國治輕描淡寫的筆調裡，搬上夜晚廟前小攤，成為老頭子做的菜，到底有多細膩？多清淡？多有味？試它一回的想像，總在翻書的過程浮現。

只是距離舒國治的書寫近十年，當時艱辛維持的小攤仍在嗎？老頭子安然否？這一兩年幾次回彰化，想到了，就去找，總是不見。就在想說它應已消失之時，幾個月前，竟在電視節目「食尚玩家」裡瞥見一個夜間擺在彰化關帝廟埕前昏黃燈籠下的小攤，說是古早味的居酒屋，會是老頭子的攤子嗎？

一個週六，找機會去一探究竟，晚上七點多，關帝廟前冷冷清清，忍不住問一旁店家的婆婆。會來開啊！不過今天是禮拜幾啊？它只開一、三、五、六喔！還好今天是週六，以前是不是日子不對，沒遇上。廟前終於有了動靜，有人掀起塑膠布包著的攤車。婆婆向他喊道，少年仔，人客要來吃了！八點半才開賣。我只好跟著姪子姪女先到夜市逛逛。誰知，八點半過了一會兒，與兄嫂會合，再度到來，廟埕五、六張或七、八張的簡易桌椅竟然座無虛席，一旁還站著許多候位的人。這是電視宣傳力量造成的，還是它本來就有如此的魅力？

太晚了，孩子的肚子無法等待了，只好忍痛放棄！到底它是不是舒國治念念不忘的老頭子攤子呢？只見幾位青壯男子攤前忙碌著，不敢打擾，卻瞥見一旁寫著菜色的小白板，出現「清湯請自取」的字眼，自取的清湯，莫非就是舒國治筆下，免費，亦做得極道地極

一旁的白板上寫著各式黑白切，以及免費的清湯。那鍋清湯納有攤上各種新鮮豬內臟的精華，是一鍋濃得不能再濃的清湯。

好的清湯？

孩子放暑假了，跟著姪子、姪女到了彰化的外婆家。這次學乖了，不敢跑遠。八點一刻，還沒開始賣，幾張桌子已坐了人，可以先坐下來，有人熱心的提醒，樹下一張空桌，趕緊坐下，攤前準備工作持續著。可以先點菜，寫在空白小紙上，小白板上黑白切的菜單，沒價錢也不知分量，正不知所措，還好一旁又有人出聲指點，也是等著老闆上菜的客人，看樣子是熟客！

湯免費，自己舀！湯在哪裡？就是攤前那一鍋燙麵燙各式食材的高湯。熱心的熟客又出現了。這陣子，一定有許多跟著電視節目慕名而來，像我這般的菜鳥客人吧！還好他們不覺得煩，還幫正忙得不可開交的老闆招呼新客人。

香腸搭滴了黑醋的青蒜絲。

手工自製的糯米花生灌腸。

雖說是酒攤，
但清淡有味的
菜餔，可說是
老少咸宜，

土豆、米腸、大腸、香腸、乾麵、花枝、豬舌、青菜、筍子，一份一份陸續上了！白板上其他的菜色原也很想試試，但只有一個大人、二個孩子，會不會叫太多了？先這樣吧！樹二都上了！樹二，樹下第二桌，剛剛點菜不知如何寫桌號時，有人這麼說，原來如此，總之隨興！這種隨興又親切的氣氛，讓人還沒有吃，就愛上了這裡，菜未上，免費的清湯先一口一口喝下肚，果真是碗讓人欲罷不能的好湯！今年小學畢業的姪女一口氣就喝了二、三碗。

一向挑嘴的姪女，這回不僅對免費的清湯俯首稱臣，還大讚米腸，大腸更是吃個不停。清湯，是煮過攤上各式豬內臟——豬心、豬舌、豬腸、豬肝等的高湯，一點也「不清」，姪女說它「五味雜陳」，其實是精華盡收，在台北街頭，說不定就被用來煮成一鍋米粉湯，而不是免費的湯。至於米腸，糯米花生灌腸，適口。大腸，水滷的大腸，滷得透徹，吃來無半點腥味，難怪孩子的胃服貼。而大腸拌薑絲，豬舌配醃菜頭薄片，花枝搭醃小黃瓜，香腸佐滴了醋的青蒜絲，各自展現一種恰如其分的味道。

這就是老頭子的菜？其實老頭子應已不在了！這回，趁著幾個男人拆布棚、搬桌擺椅，準備食材的當下，我開口問了一位可能是上回被鄰家婆婆喊為「少年仔」的男子，你們的店開了多久？五、六十年應該有了。從你爸爸開始賣？不是，還更早，阿公就開始了！想起舒國治寫的「近來開少而休多」、「老闆太老了，常感到有些做不動」，我問，你們曾休息沒賣嗎？沒啊！一直有賣，有的話就是爸爸過世後，有段時間休息。多久以前的事？想起舒國治到來的二〇〇〇年左右，我說，有十年了嗎？差不多！

有個年紀稍長的男子來叫那個「少年仔」，開伙前的準備工作正熾，我不好再打擾。做不動的老頭子走了，爐火卻沒有滅，是兄弟聯手接下父親的攤子，讓滋味留了下來？

舒國治吃過的煎魚和炒煮芥菜沒有出現在小白板的菜單上，是季節或貨源的關係吧！剛剛那個「少年仔」不是說找不到新鮮的食材就不賣。而做一天，休一天，恐怕也與食材的準備不易與費工有關。筍子，水煮筍上桌，沒擠上美奶滋，真少見，那是一種對食材的自信。而土豆，我原本以為是水煮的花生，沒想到吃來卻脆脆的，鹹鹹又淡淡，說不出來的獨特口味，直到翻出舒國治所記的「脆米花生」與「乾炒花生」，才知，老闆「用心」將土豆炒過。

我無法百分之百肯定攤前忙碌的那幾個男子就是老頭子的兒子，但眼前這一盤又一盤的菜，透過舒國治的文字牽連，讓我不得不將他們與老頭子緊密連結在一起。老頭子所煮的菜有多道地、有多細膩、多清淡、多有味，就是如此吧！

旁邊有兩桌客人正在小酌，這一盤盤的小菜，正是喝酒時少不了的下酒菜。那個「少年仔」說，他們這是酒攤，莫怪節目介紹上說它是「居酒屋」。以前，如果知道這是一攤酒攤，我大概不會來，更不會帶小孩來。但此刻，我正帶著兩個孩子在這裡盡情的吃著，如此清淡有味的菜，其實極合孩子的胃口，可說是老少咸宜。而我尤其愛那切得厚厚的香腸，有種從小就熟悉的鹹香，似帶點高粱酒香，不像南部的香腸過甜過膩，特別是搭上淋了醋的青蒜絲，微微的酸，淡淡的辣，讓我一片接一片的吃下肚。

夏夜，關帝廟前，像我們這樣用餐不喝酒的客人也不少。廟埕，連串燈籠如廟會般高掛，人來人往，微光中，我們吃得很盡興，一碗乾麵、二份米腸當主食，其餘各色小菜七盤，還有喝不盡的好湯，所費三百元多一些，真是令人滿意。

舒國治說，全台最好的小吃，在彰化，老頭子做的菜是代表吧！好高興，這樣的菜，今天還可以在這個小攤吃到。對我而言，它的「最好」不僅是菜好吃又經濟，還有可以在有二百多年歷史的老廟前，吃到以為已經不存在的滋味，而且能夠將之與姪子姪女共享的感動。當然，我也希望日後可以與更多家人和朋友在此共餐，更盼繼續得到那些有緣相遇的老客人的熱心招呼，或者，我也來告訴頭一回造訪的新客人，免費的湯在哪又是怎樣舀……

【延伸故事】

無法複製的傳承味——手工小菜的堅持

「泉爌肉飯」，雖以爌肉飯做為招牌，它的味道與口感也真的沒話說，但攤上最令我念念不忘的是蝦丸，從沒吃過一咬下去，蝦子彷彿從口中彈起的蝦丸，汁液噴出，讓人不忍一口就吞下肚。為什麼有這麼好吃的蝦丸？

二〇〇二年出版的《彰化縣飲食文化》記載，「泉爌肉飯」第一代老闆謝萬枝以擅做魚丸出名，人稱魚丸水。那天，忍不住問了在攤前忙碌的老闆娘。謝萬枝有八個子女，老闆娘是最小兒子的老婆，與先生從大伯手中接下公公的擔子，聊起公公的往事不是那麼具體。大約一九二七年左右開始挑擔賣魚丸湯嗎？應該是！如此話題，勾起在場一位客人的回憶，老人說他今年八十多歲，謝萬枝的魚丸，十來歲就開始吃，就在太平街的市場旁！

你吃時，我公公已沒有擔著到處賣？沒了！在老闆娘與老人的對話裡，「魚丸水」的魚丸浮了出來，完全手工打出來的魚丸，人稱脆丸，小小一顆，掉到地上可會彈起來。這丸子現在還有嗎？我好奇的問，沒有了啦！七十多年前的丸子今已不見，但魚丸水的製丸功夫想是傳了下來，眼前才會出現讓我一吃難忘的蝦丸！

從做魚丸、賣魚丸湯開始，七、八十年來，又是麵，又是飯，到今天第二代，兄傳弟以「爌肉飯」蓋過父親「魚丸水」的名聲。不過泉爌肉飯擔上所用的食材，大多沿襲父親時代的手工自製，這不僅是泉爌肉飯一家的作法，也是彰化小吃店家的傳統。

創業年代可能比魚丸水賣魚丸湯早了幾年的貓鼠麵，除了那碗湯麵聞名外，蝦丸、香菇肉丸和雞捲也膾炙人口，它們都是店家自製，午間休息時刻，常見第三代老闆與老闆娘帶著員工埋頭做雞捲，連香腸也是自家灌的。離昔日舊家不遠的黑肉麵，也賣雞捲和肉丸子。媽媽回憶，當時人叫「黑肉」的老闆一家人，常一大早就出現在攤前，動手準備當天需要的各式食材配料；至今第三代接手，仍不改此作風，每每清晨四、五點開工，忙到夜晚店裡打烊才收工。

「彰化小吃中，各物俱維持傳統板眼，該有的手工猶有。只說一點，像台北上百上千攤自工廠批來的甜不辣店，在彰化見不到。」二〇〇〇年，舒國治在《台灣重遊》〈終也只是一瞥的彰化〉曾如此說。那時他即使飽了，還是在泉爌肉飯點了丸子米粉與蚵仔湯；到了彰化女中附近的「永福爌肉飯切仔麵」，忍不住又叫了一碗丸子湯，丸子二顆，貢丸與蝦色中纏有花枝條的丸子。不錯！在味道不錯的回憶

永福爌肉飯切仔麵擔。在彰化，丸子與雞捲雖到處吃得到，但幾乎攤攤都有獨家「手路」。

泉爌肉飯擔，回味指數絲毫不遜於爌肉飯的彈牙蝦丸。

貓鼠麵的三寶麵。在彰化吃麵，一碗湯麵，至少要配一粒丸子或一條雞捲，才算道地。

裡，舒國治吃到了彰化小吃傳承的手工味！

「以前的辦桌所使用的丸子都是師傅自己現場做，吃起來特別鮮甜美味！」有廚師在《彰化縣飲食文化》裡如此說。沒想到辦桌失去的堅持，卻一直存在彰化市街頭的小吃裡。

一九七〇年代，在永樂街與民族路附近賣麵、賣飯賣出名的「貓仔山」，「阿添蛤仔麵」的老闆黃傳添從他身上，學得一手煮蛤仔麵的技巧，也學會做蝦丸與雞捲的手藝。今天阿添蛤仔麵店裡還添了香菇肉丸子和燕丸，雖是常見的丸子，但卻是從貓仔山傳下的製丸術中自行摸索而成。至於雞捲，貓仔山或一般老店沿襲的作法，乃炸過後浸入湯中，或以雞捲湯的面貌出現，阿添卻採現點現炸現端上桌，以便讓客人嚐到雞捲的香酥。

記得小時候，偶爾抓到機會坐上外頭的攤子，叫一碗麵，老闆總問要配丸子或雞捲，又或者滷蛋？其實多數時候，因為經濟的考量都會回老闆說，都不要！儘管如此，我心裡始終認為在彰化吃麵，一碗湯麵，配一粒丸子或一條雞捲，才算得上道地。

雞捲，丸子——不管香菇肉丸子、油蔥肉丸子還是蝦丸子，在彰化小吃雖到處吃得到，但幾乎每家都有自己獨特的風味。而從一粒丸子或一條雞捲，我發現彰化小吃只有傳承的滋味，沒有複製的味道。

鹹香的古早味香腸

接近農曆過年，走在彰化街頭，繞著南門市場，晒香腸的場景不時可見，彰化賣香腸的店家還真不少，彰化賣麵賣飯的小吃攤也少不放上一盤香噴噴的香腸。小時候隨大人返回祖父母的家鄉台南，當地的香腸一入口，特別是有名的黑橋牌香腸，總是甜過頭，怎麼吃都吃不來，長大後來到台北，吃香腸就怕吃到甜味過重的香腸，偏偏常常如此。是啊！從小吃慣的彰化香腸，鹹鹹香香，有種無法形容的氣味。這回，在「新香珍」老闆指引下前往太平街巷弄間的「協成肉鋪」，才明白那是高粱酒與肉桂粉交織渲染出的氣味，因著它的存在，讓單純的鹹變得韻味無窮，店裡的老阿嬤說那就是古早味。

那天翻閱《楊守愚日記》，一九三七年一月二十四日，快過年了吧，楊守愚提到姪婿來催問灌胭腸，便買了三元的豬腿託他代製，楊守愚的姪婿善於灌胭腸，不知可是否沿用古早味的手法？胭腸即香腸，彰化人對香腸味道必有講究之處，才會讓楊守愚在日記裡記它一筆。一九八〇年，《野外雜誌》的記者施再滿到訪彰化，對彰化的香腸也有所著墨，有別於南部的黑橋牌和北部的新東陽，以鹹味為主的太平街春榮香腸是中部的代表，春榮，陳春榮也，曾以南門市場的飲食業者出現在日本時代的彰化工商名錄，在母親的記憶，春仔榮的香腸確實是名氣響叮噹的。

春榮香腸至今仍矗立彰化街頭，一吃酒香撲鼻，香料味幾無，突出的是單純的鹹甘味。這是最早的「古早味」吧！

彰化香腸，鹹味中散發著高粱酒與肉桂粉的香氣。

晒香腸已成彰化街頭少不了的一景。

【延伸風景】

不是多出來的「雞管」？——雞捲的多變面貌

彰化街頭的飲食攤，在麵飯之間，常少不了雞捲，特別是一些老店。這種小時候到外頭吃不起，只有辦桌時才嚐得到的食物，過年時，母親會想盡辦法讓它上桌。豬肉剁碎，加入少許魚漿，當然還有荸薺，筍子和蔥等青蔬為伴，最後用網西（豬網油）包捲起來，裹上番薯粉炸之，如此的雞捲，我自小熟悉，便以為雞捲定是這副模樣。誰知一九八〇年代中，從彰化北遷後，發現市場或飲食攤端出的雞捲，竟以腐皮代替網西，內餡也沒了荸薺——它是雞捲的靈魂，怎可少了它！而仔細一吃，發現只剩豬肉塊與洋蔥。嘴裡吃著，心裡百般難以接受，這怎會是雞捲呢？沒想到，多年以後，竟也有北部人質疑我的彰化雞捲，到底雞捲應該有怎樣的面貌？我不禁問著。

彰化雞捲雖然作法與材料大致相同，但各家的口味與長相還是有別：左上永福爌肉飯、左下鎮溪粿仔湯，右上阿添蛤仔麵、右下彰化蛤仔麵。

捲網西還是腐皮

翻開日本時代的文獻，一九〇三年一月，《台灣慣習記事》有一篇新樹寫的〈宴席及料理に関する雜話（續）〉，介紹台灣酒樓的料理時，出現了「雞管」。幾年後，擔任總督府翻譯的林久三，於一九一二年出版《台灣料理之栞》，介紹台灣料理的作法，也有一道「雞管」，一九三一至三二年間，總督府出版，由小川尚義主編的兩大巨冊《日台大辭典》，「雞管」一詞也列在其中。「雞管」與雞捲的台語發音相似，這三筆介紹都提到其以網西捲成。

一九四二年，《民俗台灣》一篇〈油烹と熬油（上）〉的文章，作者王瑞成談到台灣人善於利用散布於豬身上的各種不同油脂，其中腹部張開如網狀的網西油主要用於料理的捲物，炸肝捲、炸蝦捲以外，當然也用於炸雞捲，作者還特別提到，因為數量有限，坊間露店（露天攤販）賣的炸雞捲常以薄如湯

彰化雞捲的內餡由絞肉、筍子或荸薺和魚漿等組成。

台北永樂雞捲大王的雞捲以腐皮捲成，肉餡由紅糟肉、洋蔥和番薯粉組成。

葉的腐皮代替。一九四〇年《台灣鐵道旅行案內》街頭珍味裡的雞捲，也是以豆類製成的薄皮捲成。

從日本時代初期，出現在殖民政府為了掌握民情而展開的台灣慣習調查項目，到日本時代末期的殖民地街頭風味，雞捲從高檔酒樓料理成了一般平民吃得起的露店炸物，也因此讓它的捲皮從網西變成腐皮嗎？

原鄉的雞捲與五香

台北雞捲老店，永樂雞捲大王，媒體報導其開賣於一九〇七年，腐皮包洋蔥末與紅糟肉炸成的雞捲，據說由一位來自「福建石碼地區」的人所傳授，而把目光眺向對岸，是福州的石馬還是漳州的石碼？現今老闆也說不清，紅糟肉的紅色印記似乎說著與福州的牽連，不過漳洲龍海地區的石碼鎮確實有腐皮包餡的炸物，只是當地人稱之為「五香」或「五香條」，原來他們的舌尖被捲裡的五香粉所迷惑，如此的「五香」廣泛流行在大陸的閩南地區，逢年過節，人們常以它搭滷麵上桌。對岸二〇〇八年出版的《三寶九品百味》一書，介紹廈門翔安地區的小吃時，提到「炸五香」，說它自清朝末年以來，便廣為流傳，今日翔安馬巷的街道，仍到處炸著五香。五香出現在較北的泉州，終於有人也叫它雞捲，再往北，到了莆田，「五香」之名消失了，「雞捲」取而代之，仔細一瞧，它仍披著腐皮外衣，並非我喜歡的彰化雞捲，不過，它的內餡沒了洋蔥，反而出現了令我念念不忘的荸薺，還有我想像不到的興化米粉。

綜觀閩南地區的雞捲或者炸五香，似乎只有漳洲石碼地區鍾情於洋蔥，其餘都喜用荸薺做餡。而在廈門與漳州各地齊以腐皮當捲皮時，泉州一地，腐皮以外，似還有用網西者，而雞捲如源自閩南語的ke，多之意，有剩即可納入，當然不限只能放豬肉。難道泉州以網西包豬肉、雞肉、荸薺等餡的雞捲是最古老的作法，在變化成以腐皮做捲皮之後，雞肉消失了，往南到了廈門，到了漳洲石碼，荸薺換成洋蔥；朝北到莆田甚至包進了附近盛產的興化米粉，然後各取了可以寄託其想像的名稱。

荸薺與洋蔥的台灣風土改造

那台灣呢？一九三〇年代以前三筆用網西捲成的「雞管ke-kńg」文獻，由新樹與林久三於一九〇三和一九一二年所記的兩筆，內餡的材料，分別出現蔥頭（玉蔥）與英國蔥，指都是洋蔥，只有一九三一年的《日台大辭典》用了黑慈姑，荸薺的別名；而且林久三記載的材料，是當中唯一除了豬肉之外，還有放入雞肉的。

跨進一九四〇年，出現在《台灣鐵道旅行案內》的雞捲，以腐皮包豬肉和蔬菜油炸而成，作者還特別在豬肉之下標記雞只是掛名，可見那時的雞捲已普遍只採用豬肉一味，而將雞肉擱一邊。其間的消長是否就像一九四二年，王瑞成解釋以腐皮取代網西，乃拜材料不足之賜？也許是，也許不是，因為台北永樂雞捲大王的源起，說的是來自福建的傳承。

不管是網西還是腐皮，豬肉抑或雞肉，它們之間的更替，可能也像洋蔥與荸薺一般，交織著原鄉的想像與台灣風土的改造。

荸薺與洋蔥，在一九三九年的《熱帶園藝》〈台灣の蔬菜種類解說〉中，都還是剛要在台灣這塊土地大力推廣種植的作物。遍尋清代台灣志書的物產篇，幾無它們的蹤影。荸薺原產於中國，自古以來就是漢人熟悉的食材，日本時代台灣酒樓料理常以它入菜，連橫在《台灣通史》提到台灣自古以來就有豆薯時，也借荸薺形容豆薯的口感。台南百年餅店「萬川」的水晶餃以豆薯為餡，或許便是荸薺取得不易而造就的；今日南部有的肉圓餡裡出現豆薯，可能也是同樣思維下的產物。如此背景，致使荸薺在台灣中南部找到一片可以生根的土地後，更加廣泛出現在當地的台灣料理裡，並成為中南部雞捲裡不可少的支柱。而北部的雞捲或許因無意中學了福建漳州地區五香捲的手法，用了當時也屬稀少食材的洋蔥，後來又不像中南部有容易取得的荸薺，結果一路沿襲下來，雖捨了五香捲的名稱，保

中南部的雞捲大多有口感爽脆的荸薺藏身其中。

留了雞捲之名，但終究還是與中南部的雞捲有了分別。

也是捲仔、八寶丸與蝦捲

二〇〇九年末，我家餐桌上的菜色集結成《島嶼的餐桌》出版，書中〈多出來的雞捲〉，勾起一些中南部讀者的回憶，不過，有人說他們並不叫雞捲，而叫捲仔，kńg。我的腦海隨之隱約出現了kián，卻似繭仔的發音，求教於母親，原來這是出身台南的祖母的叫法，用網西包的捲仔，切小段小段，確實形似蠶繭。就像閩南地區的人叫五香，對南部人來說，不管捲仔或繭仔，應該都不是指運用剩餘食材所做的「多出來的一捲」吧！於是將捲仔端上辦桌的筵席就成了八寶丸。剁碎的五花肉，切碎的荸薺、蝦米、蒜頭、蔥等，並以少量的魚漿黏緊，用網西包裹，捲成長條，切成小塊，沾番薯粉，再下油鍋炸之。八寶丸出現在黃婉玲記錄台南地區辦桌菜的《總鋪師辦

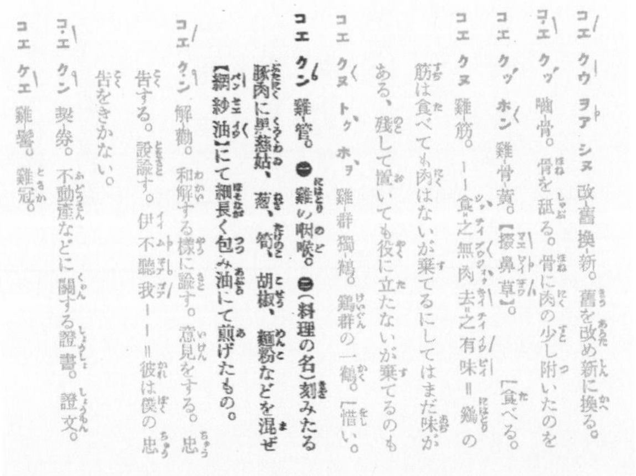
コエ クウ ヲア シヌ 改舊換新。舊を改め新に換る。
コエ クッ 嚙骨。骨を舐る。骨に肉の少し附いたのを
コエ クッ ホン 雞骨黃。【擦鼻草】。〔食べる。
コエ クヌ 雞筋。――食之無肉去之有味＝鷄の筋は食べても肉はないが棄てるにしてはまだ味がある、殘して置いても役に立たないが棄てるのも
コエ クヌ トク ホヲ 雞群獨鶴。鷄群の一鶴。〔惜い。
コエ クン 雞管。㊀雞の咽喉。㊁(料理の名)刻みたる豚肉に與慈姑、葱、筍、胡椒、麵粉などを混ぜ【網紗油】にて細長く包み油にて煎げたもの。
コエ クン 解勸。和解する樣に諭す。意見をする。忠告する。說諭す。伊不聽我――＝彼は僕の忠告をきかない。
コエ クン 契劵。不動產などに關する證書。證文。
コエ ケエ 雞髻。雞冠。

《日台大辭典》對「雞管」的描述。

桌》書中，講究者，一口咬下，還有新鮮的蝦仁現身。一百年前《台灣日日新報》報導彰化支廳落成禮的盛宴，十二道菜，不是也有一道「八寶蝦捲」，莫非它就是多了蝦味的雞捲。

一位鹿港的老總鋪師在《彰化縣飲食文化》現身說法，回憶辦桌的十道菜，第三道菜，蝦捲。小時候，在彰化吃辦桌，第三道菜必上的則是雞捲，是不是彰化市離海較遠，不像鹿港那麼容易取得蝦子，所以少了蝦味的雞捲便取而代之了，如此一來，彰化的雞捲也不是「多出來的一捲」。雞捲的雞與蝦捲的蝦，閩南語發音近似，說不定雞捲是從蝦捲轉化而來？那天，無意中發現鹿港人也叫在街頭小吃店裡似雞捲的炸物為捲仔，而一九〇五年五月《台灣慣習記事》收集的台灣酒樓料理菜單，台北的酒樓聚英樓竟也有八寶丸，雞捲脫離「多出來的一捲」的軌道，似乎有著更多的想像。

最愛從小吃到大的「雞管」

穿梭在一筆又一筆的文獻，腦海中既定的雞捲形象一再受到挑戰。「豬肉裡混黑慈姑（荸薺）、筍、蔥、胡椒、麵粉，用網西油包起來油煎」，還是讀到《日台大辭典》這段對「雞管」的描述時，最感窩心，畢竟這是我從小吃到大的雞捲啊！而且仔細一讀，辭典對「雞管」還有另一種解釋，即雞的咽喉，不就是雞脖子，會不會這特別捲出來的一捲，形似雞脖子而得名，至少在一九三〇年代以前，文獻皆以「雞管」記之，之後才出現「雞捲」。

不管如何，我還是愛《日台大辭典》裡的「雞管」，記得不久前翻閱《彰化市小西特色街巷》時，小西居民蘇英漢回憶童年溜進住家對面，當時中部聞名的大酒家醉鄉的廚房時，廚師給他的雞捲，一口咬下，滋的一聲，荸薺在肉塊的汁液中脆碰而出，那是他生平第一次吃到，也是最好吃的食物！啊！那一聲「滋——」多麼美妙，讓我讀《日台大辭典》時的窩心，化成一種想吃的心動——管它是不是一九五〇、六〇年代台灣酒家最高檔的料理，管它作法古不古、有沒有蝦子——我的雞捲就是不能沒有荸薺與豬肉的碰撞，不能沒有網西裹粉炸出的那一聲令人酥醉的滋聲……

彰化縣城圖

燉露是盅怎樣的湯？

一小盅、一小盅，好似辦桌時封在甕中的湯，小時候只會遠遠望之的燉露，今日已是彰化街頭的平民湯品。而揭開燉露的「昂貴」記憶，還有一碗吃肉圓時老闆免費奉送的湯；或碗粿上桌時，也會點它一碗的肉皮湯，沉浸在這些貧困歲月的美好滋味想像裡，各式各樣飽含歷史底蘊的湯，也隨之現身在彰化街頭。

小食攤上那一小盅、一小盅的燉露，做起來費工又費時，是再現辦桌菜的古早味湯品。

扁魚白菜以費工的燉露方式處理，更能保留香氣與鮮味。

最近，姪女回彰化，迷上了燉露，尤其喜歡「阿三肉圓」的燉露。當大家吃肉圓時，她一口也不吃，只顧喝著她最愛的燉露，尤其獨鍾其中的豬肚湯。回家以後，她的爸爸——我的大哥——知道了，對於小女兒的行為直呼不可思議！

是啊！小時候，居住彰化的時代，吃肉圓，誰還會花錢點湯，不是有免費的湯可喝嗎？也許因為那時吃了肉圓，口袋就掏不出多餘的錢了，店家貼心的為大家準備免費的湯，誰知，免費的湯一喝成習慣，後來，口袋不缺錢了，也動不了念去點一碗要錢的湯，尤其是「昂貴」的燉露。

其實，彰化的肉圓擔賣燉露的並不多，所知只有「阿璋肉圓」和「北門口肉圓」以及其相關分店，阿三肉圓即是。兒時印象深刻，賣燉露的，就數離家不遠的「黑肉麵」，那一小盅、一小盅的湯，熱氣騰騰，好似辦桌時，總鋪師掀開蒸籠，端上桌，封在瓷甕的熱湯。那是一碗盛宴裡的湯，只適合遠遠望著。

前些時日，翻閱《彰化縣飲食文化》，看到一位鹿港老廚師細數的辦桌菜裡，有道「豬肚鮑魚」。大片香菇鋪底，豬肚、蝦仁、鮑魚等材料依序平放碗中，上面放筍片，一起放入蒸籠蒸三十分鐘，取出扣在大碗中，再澆上筍仔湯。印證更早之前，在天公壇旁邊那家小食攤聽到的燉露方式，彰化燉露果然是辦桌菜的再現。

那天，我是為了爌肉飯而去，但看到攤上也賣各式燉露，忍不住點一碗來吃。扁魚白菜，一上桌，扁魚的香氣撲鼻，湯雖清，喝起來卻加倍的鮮美，有別我認知的扁魚白菜滷。確實它不是滷的，而是燉成的。

老闆娘說燉露的食材要依性質事先準備處理過，如扁魚先以小火逼出香氣、排骨要醃過炸過，豬肚要先煮熟，再搭配其他適當的食材，入碗一起蒸，蒸好到客人點用的保溫時間更要控制得當，是一道費工又費時的料理。一九四三年，王瑞成發表於《民俗台灣》的〈煮食、炊粿、捕粽、醃豆油〉，提到各種台灣料理法，其中之一的「燖」，將食材裝入有蓋的碗中蒸，烹調高貴品時為防止養分與鮮味流失，大多採此法。「燖」的台語發音同「燉露」的「燉」。出現在彰化街頭飲食攤、小吃攤上的燉露，確實不可小看。

幾個月前，帶姪子姪女到阿三肉圓，想一嚐那酥炸有名的肉圓，挑嘴的姪女不想吃，只好點一碗湯安撫她，沒想到，那碗燉出來的豬肚湯，燉露，讓她一喝就愛上。阿三肉圓淵源於北門口肉圓。湯尊伍，北門口肉圓的創始者，原為彰化「醉鄉」酒家的廚師，醉鄉創立於日本時代的一九一六年，一直到一九六九年，民國五十八年才結束營業。在長達半個世紀的風花歲月裡，醉鄉一直以台灣料理聞名，於是湯尊五決定自立門戶賣肉圓時，會有燉露這種帶著盛宴高貴氣味的湯品出現在攤上，也就不難想像。湯尊五之後，分出的兒子讓北門口肉圓在彰化市多了二家分店，女兒也以阿三肉圓傳承父親的滋味，當然也少不了燉露。湯尊五傳下的燉露，吸收醉鄉時代的輝煌滋味，自是令人回味。

自從姪女愛上了燉露，我吃湯尊五傳下的肉圓時，偶爾也會點一碗，有時在阿三肉圓，有時在北門口肉圓的民生路分店。豬肚湯，鹹菜、汆熟的豬肚片和蛋汁一起放入蒸籠，成了鹹菜豬肚蒸蛋後，上桌前，扣入碗中，再加入熱騰騰的高湯，綿綿蒸蛋襯得豬肚更加柔軟有味，如此「厚工」的菜，不好吃也難。苦瓜湯，豬絞肉調味後塞入苦瓜中，淋上蛋汁蒸成，如此的苦瓜吃來一點也不苦，稱得上是工夫菜了。至於龍骨髓，可是燉露的招牌，幾乎彰化每家賣燉露的，都將它列首位。記得小時候吃辦桌，很害怕一道燉豬腦，而年幼的我誤把軟綿

北門口肉圓開店前，將小盅小盅事先蒸好的鹹菜豬肚蒸蛋放入蒸箱保溫，客人點用後，只要取出淋上高湯即可上桌。

綿的龍骨髓——豬大骨裡的骨髓——想成豬腦，也不敢碰它，因此讓彰化街頭的燉露在童年記憶裡多了一份恐怖的神祕想像。在神祕感褪去的今日，吃著同樣加入蛋汁做成蒸蛋狀上桌的龍骨髓，入口即化。

這樣的一碗湯，三十五元，衡量它的工夫，實不昂貴，下回，有機會，我要到「黑肉麵」那裡嚐嚐兒時只能遠望的神祕燉露。「阿璋肉圓」的燉露滋味應也不錯，它是一九四〇年出生，九歲就到食堂當學徒的第一代老闆施永鐘，一路輾轉摸索，在一九八五年決定專賣肉圓時，挑上的古早味湯品。

比起以往，彰化街頭賣燉露的，似乎越來越多，也許不久，我也會迷上它！

軟綿綿的龍骨髓，是彰化燉露的招牌。

已臻工夫菜等級的苦瓜鑲肉燉露。

【延伸故事】

一碗有誠意的湯——彰化街頭湯品的歷史底蘊

明天有時間要再來喝！以前雜誌社同事尤加莉遠嫁澳洲多年，這回帶著八歲的台澳混血兒子回台長住，那天，母子倆跟著我到彰化，出乎意料的，彰化街頭小吃攤端出來的湯，竟輕易虜獲了他們的心，尤其是那位長久以來偏重西方飲食的小男生，不僅折服於長安街上第五信用合作社旁小吃攤上的古早味燉露，到了關帝廟的夜晚小食攤，不用錢的清湯，也一碗又一碗的喝著。

提起彰化小吃，台北女兒尤加莉說，她吃過「貓鼠麵」，很不一樣的湯麵。尤加莉八十歲的父親，是已退休的鐵路局工程師，年輕時，有段時間派駐彰化，在領略過貓鼠麵的美味後，自然而然也與來探望他的妻小分享。如今，多少年過去，不一樣的貓鼠麵沉澱在尤加莉記憶的，是令人回味無窮的與眾不同的湯。這回一碗又一碗的湯，穿透尤加莉的青春歲月，或許也會從此長駐在她兒子的童年記憶。貫穿二代，甚至三代的美味記憶，彰化街頭的湯有這樣的力道啊？

回味無窮的免費清湯

過去，好長一段時間，彰化小吃的湯，我總是執著於吃肉圓時的那一碗湯。調皮的孩子，過年拿到壓歲錢，大年初一衝到肉圓擔，有時不耐久等，舀了湯，喝了就跑，好多年後，都還讓我們津津樂道的這一碗湯，是碗免錢的湯，雖說免錢，但味道一點也不馬虎。豬大骨、香菇頭、菜頭或筍子熬成的湯，現身仍在貧困中力爭上游的一九七〇年代，可說是豐盛。將吃完肉圓留下的醬汁，淋上一大湯瓢免費的湯，頓時一碗獨一無二的湯便誕生，我的童年，我的彰化歲月因它而滋味無窮。至今，回彰化，坐上肉圓擔，我仍喜歡如法炮製。即使到了沒有供應清湯的公園「燒肉圓」，有時，點一碗十塊錢的魚丸湯，四顆小魚丸下肚後，我也會將清湯倒

肉圓擔的免費附湯，看似清簡卻有味。吃完肉圓，將免費的湯淋在留有肉圓沾醬的碗裡，這樣喝起來味道更足。

入殘留肉圓醬汁的碗中，一碗童年「免費的濃湯」便再現。

一九八〇年代中，搬離彰化後，放不下對彰化滋味的懷念，每次返回彰化，國中同學常相偕至小吃攤報到。吃碗粿，我們總去「杉行碗粿」，就在那兒，我開始掏錢點湯，一碗肉皮湯或者有肉皮、丸子或油豆腐的綜合湯。那時，社會富裕了，我的口袋終於有點自己掙來的錢，所費不多的肉皮，剎時就豐富了那一碗看來清貧的湯，雖已不記得當時的價格，但對照今日的十五、二十元，可知它對如我這般平民百姓所具有的魅力。於是往後到了彰化的碗粿擔，就會想來一碗肉皮湯。

肉圓攤上免費的湯，還有碗粿擔的肉皮湯，占去我太久的歲月，讓我對彰化街頭其他的湯視而不見。這一、二年往返彰化，記錄兒時的滋味，才慢慢發現它們其實如此多樣。免費的湯不只在肉圓攤，菜頭粿，潤餅捲的攤子也有，當然最特別的，當數夜晚關帝廟前那個「黑白切」小攤，那鍋濃縮各種豬內臟精華的免費「清湯」，喝來一點也不清，事實上是一碗「濃湯」，才能讓來自澳洲的小男生說好喝。

百年辦桌滋味再現

彰化的湯好似有歷史底蘊。且不說各式常見的手工蝦丸、魚丸或肉丸仔湯，肉絲冬粉湯，以前從未注意過，「夜市爌肉飯」第二代老闆說此湯自父親時代便存在，人稱阿福師的第一代老闆，辦桌師傅出身，一九六一年左右退伍，苦於外燴工作不安定，便開始在永樂街的夜市擺攤，又是麵又是飯的賣了起來，油湯沸騰間，大廚的架勢擺了出來，肉絲、筍干絲、木耳絲，搭上冬粉絲，一碗考驗刀功的肉絲冬粉湯便上桌了。一九三五年，《台灣日日新報》「おいしい（好吃）台灣料理」專欄，出現用香菇絲、筍絲、雞肉絲煮成的「清湯三絲」，似乎與它相呼應著。

而為了體貼吃飯的客人，有湯可喝，又可沉浸盛宴的風華，以前彰化辦桌第三道必上、炸得香酥的雞捲，也以雞捲湯的面貌上場。還有魷魚湯，過去只知有蚵仔湯、蝦仁湯等，提到魷魚，也只會想到魷魚肉羹，誰知它還能以清湯出現。原來，一九七二年以前，台灣遠洋捕魷業尚未興起，魷魚都是來自日韓的舶來品，價格昂貴，自是非尋常人家餐桌可見的食物，只能在酒席盛宴上品味之，在《總鋪師辦桌》一書中，作者黃婉玲採訪台南鄉間的辦桌師傅時，便提到了將發泡過的魷魚汆燙，與肉絲、香菇等煮成的「芹菜魷魚湯」，或許，彰化小吃攤上的魷魚湯也是辦桌菜平民化之後的滋味。一九八四年以後，台灣遠洋釣魷業從日本海、紐西蘭海域、西北太平洋到西南大西洋，一路縱橫，讓台灣從魷魚進口國變成出口國，儘管現在隨著海洋資源的耗盡，魷魚的價格再度受到挑戰，那一碗魷魚湯還是繼續流傳在彰化街頭。

百年前，一九一二年，為了慶祝彰化支廳官舍落成，免不了擺出盛宴，讓日本官方與台灣中部地區的士紳共享之，當年六月五日《台灣日日新報》列舉了盛宴的十二道菜，稱讚彰化的台灣料理全島第一。做為台灣中部地區最早的開發地區，縣治所在的彰化市，自古以來，無數官員來去，又有多少富豪周旋其間，觥籌交錯，酒樓興味，必然也在市井街肆間渲染成一種風格。

細細的肉絲、木耳和筍子等，彰化一些老牌的飯擔麵攤大多有這道講求刀功的肉絲冬粉湯。

一個銅板就能享用到的魚丸湯。

被他們養刁了的嘴

永成與永福，兩兄弟分別以己名為招牌在彰化街頭經營小吃，至今也有四、五十年，雖然隨著流行的風潮，爌肉飯成了攤上耀眼的主角，但撥去那鍋爌肉的油光，麵，湯麵，還有各式各樣的湯，在攤上的分量更重。魷魚湯、雞捲湯和肉絲湯，甚至冬粉湯，都是自他們的父親鄧傳錦時代便存在。鄧傳錦如果活著，該有一百一十歲了，日本時代，一九三九年出版的《彰化商工人名錄》，鄧傳錦便以南門消費市場飲食業者的身分現身其中（名錄為「鄭傳錦」，「鄭」應為「鄧」的誤植），而如此的油湯事業，源自他父親鄧潤嘴挑擔賣麵的歲月，那是《台灣日日新報》記者稱讚彰化的台灣料理的時代吧！

泉爌肉飯，同樣雖以爌肉飯聞名，但也賣麵又賣湯。謝壬癸在一九七〇年代繼承父業，將父親謝萬枝小吃攤上的一小鍋爌肉飯發揚光大，以自己的別名「泉」打響爌肉飯的招牌，但泉爌肉飯的名號再響，也掩蓋不了攤上那一碗湯麵，以及各式古老湯品的光芒，那些光一點一點琢磨自謝萬枝的時代，謝萬枝十七歲，一九二七年便開始挑擔賣魚丸湯，行走於有著「台灣料理全島第一」的彰化市街，最後能博得「魚丸水」的美名，自是手藝不凡，從他手中調成而傳下的湯品，自然也禁得起考驗。

一九二〇年代，謝萬枝的時代，永成、永福兩兄弟父親鄧傳錦的時代，也是「貓鼠麵」崛起的年代。一九五〇年代，貓鼠麵一度以分店遠征台中與台北，折服當地人的胃，聲名全台遠播，甚至到了今天都還讓尤加莉這樣的外地人記憶深刻，而這全拜那一手以瘦肉炒成肉燥，加扁魚、加蛤仔煉湯的絕技。第三代老闆陳汝權，一九八〇年代從父親手中接下這個傳自叔公陳木榮的麵攤，陳汝權的阿公陳帳，一九三九年《彰化商工人名錄》記載他於北門開設活版印刷「明華」一店，原就講究飲食的陳帳，經營事業之間，不乏酒樓交際，久了，嘴也挑了，忍不住自己下廚露一手。生肖屬鼠，動作敏捷而有「貓鼠」綽號的陳木榮，小哥哥十二歲，自幼耳濡目染，一鍋好湯便在兄弟切磋中誕生了，最後弟弟還將它挑上街去賣。

彰化街頭的人，嘴被養刁了。儘管「台灣料理全島第一」的報導早已湮沒在歷史的灰燼裡，而日子也一度貧窮，但小吃攤的湯自始都不敢怠忽，隨便一碗湯麵的湯都得講究，即使免費的清湯也得誠心誠意的奉上，我就這樣被它捆綁了好幾十年。

一九七九年，古蹟專家林衡道造訪彰化時，曾在長安路的飲食攤拍下一張花生豬腳的照片。那天，帶著尤加莉母子來到長安路，就是為了尋訪那個攤子，沒想到它不僅存在，而且除了那鍋飄著中藥香氣的豬腳伴著一大盤的花生，還有一個鐵製蒸籠，一拉開就

以前辦桌常見的魷魚湯，也是彰化飲食老店少不了的湯品。

是古早味的燉露。六十元一碗，比我之前在肉圓擔或一些麵攤吃到的三十五元一碗的燉露，貴了快一倍，不過一端上來，我馬上釋懷了，分量大了快一倍不說，味道也更濃更厚，莫怪尤加莉母子一喝就愛上。

彰化街頭的湯，真是深奧！變化著各式的湯料，可濃可淡，可便宜可昂貴，甚至免費，都有它迷人的力道！

【延伸風景】

炸豬皮的世界傳奇

誰是世界第一號的豬皮製造商？去年秋天，無意中在《今周刊》，看到一篇摘譯自美國《彭博商業周刊》（Bloomberg Businessweek）的文章，對於豬皮成為兩家美國食品業者龍頭之爭的主角，感到相當驚訝，那種心情，與從前發現西方國家的餐桌上亦有自己童年常吃的油粕仔時如出一轍。

不可思議的兩億美元身價

三年來，斷斷續續回彰化，在小吃攤叫個肉圓或碗粿吃吃，有時忍不住也會點碗肉皮湯（也有稱楦皮湯，炸過的豬皮用水泡軟後，煮成的湯）。肉皮雖常出現在我家餐桌的白菜滷

吸飽了湯汁的肉皮，彷彿施了魔法般，瞬間就讓清清的菜頭湯變得豐盛。

裡，但彰化小吃攤上的肉皮湯吃來就是不一樣。那是一九八〇年代初，北上讀大學返鄉後，到街頭覓小吃時，口袋裡的錢付得起的一碗湯。好神奇的一碗湯，只要看見幾片肉皮，浮在筍子或菜頭湯上，瞬間簡單變豐盛，滿足便在心裡湧現，如此一碗湯，可是我在北部街頭從不曾吃過，肉皮在我心裡不知不覺形塑成彰化特有的物產。

沒想到，美國南方的人也喜歡吃豬皮，並將它當零嘴，且不僅於此，西班牙人亦愛此味，隨著他們移民的足跡，中、南美洲和墨西哥皆成為豬皮的版圖，與美國境內西班牙裔社區，及南方的土地連成一氣，形成一個豬皮愛好者的龐大帝國。不過，新世界，甚至部分歐洲的人，嗜吃的是炸得香酥的豬皮，這是業者沿襲昔日農村的作法，進一步將豬皮透過煙燻、醃製、去脂等步驟之後，油炸、冷卻、加味而成。今天隨著美國南方非洲裔居民往外遷移，這一袋袋添加不同味道的豬皮零嘴，廣泛流行於全美各地，莫怪兩家相爭的業者所製造的炸豬皮，可以為美國創造超過兩億美元的產值。

西方人喜酥脆，我們愛柔軟

以前，市場裡豬皮剛炸好時，也有人直接拿來吃，不過，對台灣人來說，炸好的豬皮只是半成品，還要再煮。白菜滷一定要放這個肉皮，沒有魚翅、豬腳筋的時代，這一味尤其重要。白菜滷，香菇、扁魚、蝦米、白菜與肉皮，加入高湯，蒸熟，倒扣，一個爌蹄放上面，煮到很爛的爌蹄，湯匙一碰觸，就散開了，連著白菜舀來吃，柔軟之間，包藏著煮至有如豬腳筋口感的肉皮，還有什麼菜比這更澎湃！從前如有這個可吃就很「搖擺」（台語神氣之意）。彰化南門市場裡唯一肉皮專賣攤的潘姓老闆，一九三五年出生的他，回憶著二十二歲當兵以前彰化街頭風行的這道辦桌菜，也道出了台灣人所鍾愛的肉皮口感，有別於美洲大陸的酥脆。

二年多前，在「肉圓南」攤上，明明沒有賣肉皮湯，屋裡桌上卻擺著一包肉皮，老闆娘說，那是家裡要煮來吃的，並說彰化肉皮，數南門市場的最好。抱著對肉皮湯的懷念，循線而來，沒想到肉皮也有專賣。七十多歲的潘姓老闆，說他的父親原本是做大麵，賣大麵的。果然在日治的工商文獻，依職業別，找得到其父的姓名。台灣改朝換代後，老闆的父親與平日往來於市場的辦桌師傅喝酒聊天，一套炸豬皮的技術也從中學得。

台灣的炸豬皮，一般採新鮮豬皮刮去油脂後，經水煮（有的會在此過程加入鹼，讓後來的膨發更好）、晒乾，再放入冷油中，緩緩加溫，慢慢的熬，讓其油脂釋出至肉皮膨起，撈出，油滴乾後，再進行第二次較高溫的油炸，即大功告成。美國業者的炸豬皮大致採煙燻、去脂、油炸等幾個步驟，煙燻猶如台灣的水煮，都具有讓生皮變熟皮的功能，去脂以去脂機進行，則似台灣的低溫熬油。潘家保留二次不同溫度的油炸，但捨去水煮，改採生皮晒乾，熬冷油再油炸。這套辦桌師傅借用處理豬腳筋的手法，炸出的豬皮，無非希望能完全複製豬腳筋的口感，以便讓肉皮可以在物質匱乏的年代，作為豬腳筋的替代品。從此，潘父一邊在市場裡賣大麵，一邊炸豬皮，賣肉皮。只是他從沒有想過，一向吃飽就流連美軍俱樂部跳舞的兒子，當完兵回來，會接下他的炸豬皮擔子，並將它經營成一個專賣的攤子。

來自新竹客庄的靈感

那是一個因緣巧合，潘姓老闆服空軍役時，派駐新竹，有一回放假，他騎著腳踏車到處逛逛，逛進了那一帶的客庄，眼前一片又一片吊掛著的豬皮吸引了他的目光，一問才知，原本有位鹿港人會來收購回去炸豬皮，但不知為何久未來了，潘姓老闆想起之前幫父親到處收購豬皮的不易，靈機一動，這些豬皮就被送到了彰化。客家人的食用油以豬油為主，割去了可炸油的肥肉，留下的豬皮相當可觀，從此他們家所賣的豬皮，都來自新竹一帶的客庄，至今未變。

豬皮源源不絕的炸著，也要想辦法將它們推銷出去，只有家庭主婦或辦桌師傅的光顧是不夠的，腦筋動得快的潘姓老闆，開始向一些大型工廠的員工廚房推銷，也努力遊說眾小吃攤的老闆，剛開始大家怕怕，不知如何煮，他便擺出總鋪師的架勢，端出了煮法。如夏天筍子盛出，筍仔湯好吃，加肉皮更好吃。先熬高湯，粗骨（大骨）放下去，再來一些粉蟯（蛤仔），膨酥的肉皮泡了水，柔軟的孔洞變得更好吸收高湯，一入口滿嘴鮮美的湯汁，怎會不好吃呢！從前居住彰化時，家裡白菜滷裡的肉皮，不知是否出自潘家的攤子，不過，至今我在碗粿或肉圓攤上點的、吃來充滿懷念滋味的肉皮湯，有的應是用潘家的肉皮煮出來的吧？

炸豬皮，過去養豬的農家，不分西方或東方，

炸得膨酥的豬皮，是許多台灣街頭飲食的重要美味支撐。

用水泡軟的炸豬皮一入鍋，就是最佳「替身演員」，當「假豬腳筋」不說，還能變成「假魚肚」登場。

在惜物的思維下，大多會為之。即使到了潘姓老闆父親從辦桌師傅那裡，學會將豬皮炸成「假豬腳筋」的時代，還是如此。以前到豬肉攤收肉皮，得連同豬頭殼、豬肺管等殺豬過程中形同垃圾的部分，論斤一起買回來。一收一貨車，回來後再撿（整理），很辛苦，豬頭殼和殘留豬毛黑點的肉皮，就攪成粉當魚飼料。油脂，特別從肉皮刮下來的肥肉，榨油賣給餅店；熬過或炸過肉皮的油，最後可賣給做肥皂的。在潘姓老闆的回憶裡，沒有半點是廢物，而炸豬皮便從中誕生了，最後更成為許多台灣街頭飲食的美味支撐。

以假亂真的美味

至今四代傳承的鹿港亞永食堂，自第一代「麵擔永」，便以炸肉皮為材料做肉燥淋在麵上。魯飯，淋著肉皮肉燥，更是今日店家的招牌。有著百年歷史的萬華進財切仔麵，聞名的肉燥切仔麵，亦見炸肉皮的身影。一九四三年，集金融經濟學家與詩人於一身的陳逢源，回憶兒時家鄉台南洪芋頭擔仔麵，佐料出現了豬肉皮，佐料是指淋在麵上的肉燥吧！那豬肉皮想必也是炸過的。

今天的豬皮更搶手了，除了皮革業者，化妝品和製藥等業者也看上它的膠質爭著要，以美國兩家互爭龍頭的豬皮零嘴業者為例，他們只能搶到北美地區三成左右的豬皮，豬皮早已伸入我們想像不到的生活角落。不過，無論如何，我還是想念彰化街頭的肉皮湯，那是多少民間辦桌師傅費盡心思揣摩出來的美味！巧手一揮將炸過的肉皮煮成「豬腳筋」。喔！還不只於此，我突然想起去年在北港朝天宮旁的小吃攤看到的「假魚肚」招牌，所謂的假魚肚竟然也是炸豬皮煮成的，而且它要頂替的，也不是真的魚肚，而是鮸魚的浮膘，俗語說：「有錢吃鮸，沒錢免吃」，鮸魚昂貴，它的「肚」自然也不是一般人吃得起，此時只能勞煩炸豬皮上場。

二〇〇八年廈門翔安區政府出版的《三寶九品百味》，記載了一道當地有名的宴客菜，發酵、炸過的豬肉皮，輔以香菇絲、冬筍絲、荸薺絲和青豆，一起放進加了水的鍋中共煮，然後倒入調了蝦仁泥、肉泥以及澱粉的蛋汁，最後紅蘿蔔絲和荷蘭豆絲也進場，煮沸後即可端上桌。這樣一道以肉皮為主角的勾芡菜餚，雖然也是從窮人料理演變而來，但他們還是直截了當喚它為「肉皮魯」。而美國人稱炸豬皮為Crackling，劈哩叭啦，也只是如實反應了炸豬皮的酥脆口感。在台灣，卻不僅假豬腳筋叫上口，連假魚肚的招牌也大方的掛了出來，台灣的炸豬皮，以假亂真，承載了多少貧困歲月的美好滋味想像。下回到北港，我也要來一碗「假魚肚」！

※南門市場炸肉皮專賣店，高齡八十的潘姓老闆，二〇一五年年初不幸車禍往生，在後繼無人的狀況下，傳了近半個世紀的美味也只能收攤成了絕響。

彰化縣城圖

麵線糊 大王的平凡魅力

在彰化，麵線糊常與肉羹在一起；人們可以點肉羹、麵線糊或者加了肉羹的麵線糊。簡單但濃郁的麵線糊，常是童年的零用錢無法負荷一碗肉羹或者肉羹麵線糊時的最佳選擇；還有那碗有竹筍、白菜、高麗菜、蘿蔔等各式蔬菜，不見肉羹不見魷魚的魷魚肉羹湯，那是一碗充滿人情味的魷魚肉羹湯，有著老闆對我們這些口袋掏不出足夠錢的小孩的體貼。

這是隔了多少年以後，才再次嚐到的味道，出乎意料的，竟是這般的平淡。

那天，與國中同學老徐相偕前去，一個不起眼的攤子，面向大馬路，倚著傳統市場一角，桌椅攤前攤後的擺著，從亭仔腳延伸至臨市場的通道上，場面可說簡陋，若非有黑壓壓的人群圍著，可能會忽略它的存在。而大家競相找位置，呼嚕嚕吃著，或忙著大袋小袋打包的，原來是這番滋味？

這是我在台北街頭吃蚵仔麵線時，常會想起的麵線糊。一九八〇年代初，北上念大學，乍見蚵仔麵線，我訝異得不得了，怎會有這種加了蚵仔、加了大腸或小腸的麵線糊呢？麵線糊不是頂多只會加肉羹嘛！隨著時光的消磨，就在我已把有著豐富配料的蚵仔麵線視為理所當然時，再次吃起昔日彰化的麵線糊，它的單純味道卻顯得如此平淡。

麵線糊之於我的彰化歲月，雖不是常吃的食物，但總帶著一種親切感。那時，比起位在中正路的這家，我更熟悉的，是從家裡往市場途中會遇到的一家，就在離媽媽常去的南門市場不遠，成功路轉太平街的街口，記憶裡用竹子搭的小棚，陰陰暗暗，碗盤鏗鏗鏘鏘的不歇聲卻是那麼清晰。到底吃過它幾何？模糊難記。再回頭尋它，更不知去向。

前陣子，在一九八〇年出刊的《野外雜誌》〈彰化小吃〉，意外發現了它的蹤影。

「三十幾年了，黃奇典就靠一道麵線糊的小吃，撐起了他的招牌，也樹立了他在彰化市民

不是加蚵仔加大腸的彰化麵線，頂多加個肉羹，
口味清淡，卻有一種難忘的樸實美味。

心中的麵線糊大王，每當早上九點開始營業，他就必須攤子前一直忙到晚上九點才收攤，也許你無法體會他的魅力何在，只要吃一碗他的麵線糊，就知道原因所在了。」是老闆的名字，讓作者施再滿稱它「奇典麵線糊」吧！那時，我家尚未搬離彰化，卻不曾聽過此名，只會說太平街的麵線糊，就像中正路這家，同樣沒有招牌，人們以其所在地「車路口」之名叫之。只是「車路口麵線糊」一叫，叫成名了，太平街的麵線糊卻消失了。

午後三、四點，車路口麵線糊開賣了，以前住彰化時不曾遇見的情景出現了，摩肩擦踵的人們，宛如三十年前施再滿筆下太平街「麵線糊大王」魅力的重現。而更令我訝異的是，車路口麵線糊的口味確實傳承自奇典麵線糊。根據二〇〇二年出版的《彰化縣飲食文化》，一九四七年出生的林炳，十三歲便跟著太平街的黃奇典師傅學習，三年後出師，在車路口擺攤，從此開啟車路口麵線糊的歷史。

數十年來，車路口麵線糊只有三味，麵線糊、肉羹與綜合，來此的人，大多點綜合的，即麵線糊加肉羹的麵線羹。雖然也有人叫它「車路口肉羹」，但無論如何主角還是麵線糊吧！麵線糊的滋味樸素，大骨高湯加入竹筍或菜頭，雖有小蝦米點綴，仍清清淡淡，突出的是麵線的本味。肉羹，赤肉裹魚漿，配菜頭或高麗菜等鮮蔬，再以大骨高湯勾芡而成，講求的亦是單純的味道，頂多一小匙薑汁或黑醋提味，不見台北蚵仔麵線桌上又麻又

一小匙黑醋與薑汁提味的肉羹麵線糊。最近一、二年原本無名的車路口麵線糊掛起了「車路口肉羹」的招牌，不過在我心中，主角還是麵線糊。

辣的調味品。麵線羹，一口肉羹，一匙麵線，唏哩呼嚕之間，還是那糊而不爛的麵線牽人腸肚。

「他的麵線糊，糊稠而不膩嘴，吮吸之間，味道自在其中，而且一碗只賣五元，有很多人都會在工作之餘，來這裡吃一碗再走，經濟而實惠！」施再滿曾如此描述奇典麵線糊，而這應也是車路口麵線糊的寫照！在這裡，不管麵線糊、肉羹或麵線羹，大大一碗端上桌，通

不管麵線糊、肉羹或麵線羹，大大一碗通通25元，如此親民的價格讓老闆的手停不下來，這是傳承兩代的待客之道。

通二十五元，比諸台北街頭的蚵仔麵線，一碗四、五十元跑不掉。昔日，林炳三年學藝，學到的不僅是技藝，還有實惠的待客之道吧！如今接手的第二代，顯然也傳承了此道。

吃慣台北街頭氣味濃厚的蚵仔麵線，乍吃彰化「車路口」的麵線糊，不免覺得平淡，但一回、二回吃下來，平平淡淡，卻實實在在，那是一種在我心裡消失已久的樸素滋味！

白麵線與紅麵線

以前剛搬來北部，吃著蚵仔麵線，總覺得它明明像麵線糊，為何不叫麵線糊？納悶著吃，不知不覺卻也習慣了，後來，聽聞大陸閩南地區有麵線糊，親切之感，不禁油然而生。不過，彰化的麵線糊還延續遙遠原鄉的滋味嗎？

閩南一帶，無論泉州、漳洲或廈門，人們喜歡以麵線糊當早餐，麵線糊一舀上來，配料五花八門，有菜脯、蝦米、豬肝、瘦肉、大腸、鹹菜等等，任君挑選，不像彰化只有肉羹一味，或者北部所見頂多二味的蚵仔或腸子（大腸或小腸）。再看閩南麵線糊湯頭的作法，以蝦殼小火煨燉，沒有蝦殼時，可用魚肉、蟹肉、豬肉或蝦皮等代替，最後再加入大骨熬的高湯而成。

這套普遍存在閩南地區調和山海之味的煉湯手法，隨著移民來到台灣，也許出現在台南擔仔麵的湯裡，或者轉化成彰化街頭湯麵裡以蛤仔與大骨熬成的湯頭裡，但似乎沒有出現在以大骨和蔬菜熬湯煮成的彰化麵線糊裡。北部或其他地區的蚵仔麵線喝來多是柴魚味，飄著和風，好像也沒有繼承原鄉的手法。看來雖還保留著原鄉的稱呼，彰化的麵線糊實已脫離原鄉的路線，創造出屬於自已的風格。當閩南地區堅持說好吃的麵線糊，麵線要細，要均勻以外，也要白時，彰化的麵線糊，或者說台灣大部分的麵線糊端上桌時，卻不要白，只要黃色，甚至紅色。

「麵線要經過六至八個小時蒸煮，由白轉紅轉黃，輕軟如絲，香Q可口。」彰化「車路口麵線糊」第一代老闆林炳在《彰化縣飲食文化》曾如此說。原來，彰化的麵線糊或者說台灣的麵線糊使用的麵線，多了一道蒸煮的手續，人稱「炊仔」，這是移民將原鄉的白麵線帶到台灣，落地生根後的一個新發明。

早到的閩南漳泉移民所做出的麵線，相

白麵線蒸煮過再晒乾即成紅麵線。

一般家庭烹調大多使用白麵線。

對於後到的福州人所製的麵線，人稱本地麵線，台灣福州麵線的製作集中在嘉義以南，本地麵線幾乎散布西部各地，製作本地麵線時，麵粉加鹽加水揉成麵團後，在各種搓、捏、擠、壓、拉、甩等連串動作中，為了避免沾黏，常撒上米糠。

麵線煮久了，本來就會釋放出澱粉質而成糊狀，加上本地麵線，也就是漳泉一帶麵線，特有的這層米糠，一煮可說糊上加糊，麵線糊之名是不是因此被喊了出來？雖說「糊而不爛，清而不濁」，是自古以來閩南當地人對麵線糊的要求，但麵線煮久了，終究還是會爛，當中訣竅到底要怎樣掌握？也許就在這樣的苦惱中，讓炊仔誕生了。比起尚未蒸煮的白麵線，炊仔的彈性少了，卻更耐煮，煮起麵線糊要糊而不爛，容易多了。有些蚵仔麵線的麵線比起彰化黃色的麵線糊，偏紅，不是也有所謂的「迪化街紅麵線」，會不會是蒸煮時間較短之故，紅麵線煮成的蚵仔麵線吃來還保有嚼勁，不像彰化麵線糊總是呼嚕一口就下肚。

倒是雲林北港一帶的麵線糊還是以白麵線煮成，糊糊爛爛的一鍋，好像粥一般，淋上滷肉汁、加上滷蛋白，更講究者打上一顆生蛋黃，是許多北港人喜愛的早點，雖說同樣取用白麵線，但滋味早已與大陸閩南的麵線糊大不同了。

【延伸滋味】

一碗體貼的「魷魚肉羹」

啊！這就是小時候的味道！在南門市場西南角出口處的麵攤上，當這一碗肉羹上桌，湯匙一舀，入口的瞬間，我忍不住脫口而出。

三、四月間，在彰化市民族路上，我走進一家掛著「老牌香菇肉羹」的店家，肉羹來了，扁魚的香氣撲鼻，我興奮著，這是家裡媽媽煮肉羹時也會放的一味，條狀的香菇給得一點也不吝嗇，不過，眼前的肉羹怎會是這模樣呢？記憶中，彰化的肉羹不是應該鮮肉裹魚漿，而不是這般僅穿著一層薄薄的透明粉衣？什麼時候，它有了這樣的改變？這是一碗料多而實在的肉羹，但我就是無法衷心的接受它。

隔天，我不死心，在民族路與太平街口，看到另一家，夜晚才開賣的肉羹攤，人聲鼎沸，我也湊上去，叫了一碗，沒想到，它還是同樣的德性，薄粉裸身的肉片。終於忍不住問了老闆，你們賣了多久？從我婆婆那一代至今，二十五年有了吧！一旁老闆娘給的答案，出乎意料，幾乎就是從我家搬離彰化後沒幾年開始，原來已經過了這麼久，久到足於

一撈有魷魚有肉羹，還有各式菜蔬的國珍肉羹，讓我想起小時候吃的那一碗沒有肉羹，也沒有魷魚的「魷魚肉羹」。

改變一個地方的口味？

華山路的小易牙九頭羹，《彰化縣飲食文化》記載它是傳承多代的飲食老店。後來從自小熟知的黑肉麵老闆處得知，它的前身「九頭肉羹」一度與他們為鄰，擺攤於彰化孔廟前的違建，原來它所淵源的肉羹也曾出沒在我兒時的活動空間裡，只是如此貼近回憶的一家店，小易牙九頭羹的肉羹也不是我所期待的那一碗，難道我的記憶有誤？對啦！以前父親時代九頭肉羹的肉羹也是裹魚漿的，後來我將它改了。老闆的回答終於解了我的惑。

彰化人的口味改了，還是變多元了？我始終放不下兒時的那碗肉羹，那天，抱著姑且一試的心情，與國中同學來到南門市場的這家小吃店。其實對它我並不陌生，以前往彰化時，跟著媽媽到市場，常常從攤前經過，雖不曾坐下來吃，但熱氣騰騰、黃澄澄的大麵，高高的映入眼簾，是如此的深刻，那時，我只知它賣著「拉仔麵」（乾麵），不知肉羹是它的招牌，此刻一抬頭，店頭正掛著「國珍肉羹」招牌。

裹著魚漿的肉羹浮在勾芡的濃湯裡，更討人歡心的是幾片魷魚也梭巡其間。說是肉羹，不如說是魷魚肉羹。這陣子，陷在裹不裹魚漿的肉羹執著裡，讓我忘了自己找的其實是一碗魷魚肉羹，說得更確切的是，一碗有著各色菜蔬，襯得那些魷魚與肉羹更誘人的魷魚肉羹。這是一碗兒時夢想的肉羹。

記得，孔廟旁衛生所的圍牆邊，每到黃昏時刻，會有一位矮矮胖胖的男人用兩輪手推車，推來一鼎滾燙的肉羹。推車斜斜的被石頭頂住，胖老闆的大湯瓢一傾一舀一扣，大鍋裡肉羹如大浪翻滾，車子似要往前衝，讓人看得驚心動魄，動得正值放學、肚子餓扁了的孩子的飢腸更加難耐。吃不起肉羹，沒有關係，可以來一碗沒有魷魚的肉羹，再者沒有魷魚亦無肉羹的「肉羹湯」也行。老闆俐落地挑著，舀出一碗只有豐盛菜蔬的羹湯，而這樣一碗大哥記憶裡只有五角錢的「肉羹」，一直是我國中時代的美味記憶。

那美味映照著，斜陽裡，從八卦山上的學校狂奔而下的青春身影，更沉澱著一份深深的期待，希望哪天可以吃得起一碗有肉羹又有魷魚的肉羹。誰知那天到來，揮湯瓢的男人卻不知去向，連衛生所那棟建築都連根鏟除，只留下一片空蕩蕩的草地，倚著孔廟的牆邊。

一年多前，在彰化西門以肉圓仔湯聞名的飲食攤上，其實我已遇見了一碗很像童年時光的魷魚肉羹，包裹著魚漿的肉羹、爽口的魷魚片、新鮮的菜蔬，搭配大骨與蛤蜊煉出的湯頭，湯裡還旋著蛋花，一吃，果然也沒讓人失望，美味十足，但不知為何就是沒有將它與兒時的肉羹連結在一起，彷彿它是一種新創的口味。前陣子，再度前往，因為魷魚漲價，不同以往賣魷魚肉羹一味，價目表上出現「肉羹」與「魷魚肉羹」的差別，後者多了十元，是童年的景象再現嗎？不，它終究不若在南門市場裡的國珍肉羹，點了一碗肉羹，上來的卻是一碗魷魚肉羹那樣令人想起童年，想起青少年時代的滋味！

「國珍肉羹」的肉羹就是那麼神奇，味道宛如小時候那碗「肉羹」的重現，連同行的國中同學也直說喜歡。過了中午，市場已收市，往裡望去，幽幽暗暗，空空蕩蕩，只有這個小小的飲食攤還亮著，熱絡著，老闆娘還不得休息。南門市場是日本時代彰化市最早建設的一個市場，老闆娘從父親手上接下傳自阿公阿媽的攤子，悠悠一甲子早過，吃著這碗有歷史的肉羹，有魷魚，有鮮肉羹，我恍然大悟，原來昔日那碗蔬菜羹，雖少了魷魚，也沒有肉羹，但魚漿包裹著鮮肉交織出的山海滋味，早已滲入紅、白蘿蔔、白菜等蔬菜的味道中，我吃的其實是一碗精華盡納的「肉羹湯」！那是胖老闆對我們這些零用錢少得可憐的小孩的體貼吧！就像國珍肉羹他們一代又一代盡力安撫著來往於市場的人的肚子；「西門圓仔湯」也是三代傳承，第二代開始賣魷魚肉羹，至今，又有肉羹與魷魚肉羹之分，也是對不同時代客人的一種體貼吧！而今彰化街頭肉羹的變貌，想必也有屬於它們各自的體貼故事。

西門圓仔湯賣的魷魚肉羹，傳統彰化口味，以魚漿裹肉做羹，不僅有筍絲和蘿蔔等菜蔬，還打了蛋花。

【延伸風景】

街角的肉羹、拉仔麵與米糕

賣肉羹又賣麵線糊，對我而言，天經地義，它們恆常出現在少時的彰化街景中。回憶高中歲月，甚至更早的國中時代，彰化說是市，但對我們孩子來說，是個少了聲光的寂靜小鎮，有著大型百貨公司、書店與電影院的台中，成了我們的夢想地。那時假日，幾個同學拿著好不容易存下的錢，相偕搭火車到台中，以朝聖的心情進了當時中部最大的書店「中央書局」，也逛了遠東百貨，或看一場首輪洋片，最後當然得吃過繁華都市的美食再回家，第一市場的肉羹飯是我們的選擇之一。有別於彰化不是一碗單純的肉羹，就是肉羹與麵線糊綜合成一碗的吃法，香菇肉羹淋在其上的台中肉羹飯或麵，伴隨著年少難得的「奢華」行徑，也存在得理所當然。

還好拉仔麵一直在

前陣子，回彰化，突然發現這種台中風格的肉羹吃法出現在彰化街頭。肉羹飯與肉羹麵，聽說，它們現身彰化街頭至少一、二十年，也許從我缺席於彰化的年代開始吧！還好，它們只是若隱若現，因為總有一大盆出現在肉羹旁，黃澄澄的「拉仔麵」搶去了它們的風頭。

拉仔麵，「拉la'k」，台語，抓的意思。拉仔麵就是乾的大麵。加鹼製成的大麵耐煮，相對的，煮起來也較耗時。彰化麵攤，賣湯麵者，都備有事先煠過（水煮過）、撒上花生油的大麵，等客人點了，再下鍋泐一泐，熱了，瀝去水分，扣在碗中，加高湯即成。至於拉仔麵，則將煠好的大麵置於蒸鍋中，保持熱度，等客人一來，一把抓上來，淋上肉燥便是。一九四〇年《台灣鐵道旅行案內》台灣街頭珍味裡的大麵，是這副模樣吧。

小學，上整天課，午飯都是母親煮好熱騰騰的飯菜包便當，親自送來。母親分身乏術時，正午，手裡握著母親給的餐費，幾塊錢的銅板，獨自一人，常不知不覺來到學校旁的民生市場，摩肩擦踵之間，不知所措的心，總讓氤氳熱氣裡現身的黃澄大麵給安撫了，一碗拉仔麵就下肚了。至今回想那是一個難得外食年代的小探險，對於媽媽平日不會端出來的食物充滿了好奇與期待。記憶裡的拉仔麵，並沒有肉羹相伴，只有一碗菜頭或筍片之類的湯依偎，不過，即使這樣也好吃得很。這回，叫一碗拉仔麵，又來一碗肉羹，在彰化街頭普遍起來了，不，應該說，點了一碗肉羹，肚子還有餘力，可來一碗拉仔麵，前陣子，到南門市場「國珍肉羹」的攤上，我不就這樣吃著。

讓人元氣百倍的組合

有次，吃著吃著，抬頭一望，國珍肉羹招牌上出現的字眼竟不是「拉仔麵」，而是「魯（滷）肉麵」。乾的大麵淋上肉滷（肉燥），形似白飯淋肉燥的魯肉飯，說它是魯肉麵也傳神，而這樣一碗魯肉麵，吃到最後似還暗藏著一種時代的力氣。國珍肉羹擺攤於市場，三代傳承，超過一甲子的歲月，賣麵賣肉羹，就是沒有賣飯，在昔日大多仰賴勞力謀生的時代，羹與麵，雖說帶給人們超脫日常飲食的盛宴想像，但似乎少了點「飯」所賦予的力氣，拉仔麵變身為像魯肉飯的魯肉麵，似乎瞬間元氣百倍。無論如何，拉仔麵比起湯麵總是多了一份扎實的力道，突然之間，我明白小學時期待的午間小探險，為何最後總是依賴那一碗拉仔麵，因為它會帶給我一頓充滿豐盛想像的飽食。

國珍肉羹不賣飯，只賣麵賣米粉，而且只有乾式，麵就是拉仔麵，但抬頭一看招牌，拉仔麵成了魯肉麵，一碗魯肉麵配肉羹，餵飽了多少來回於市場間的人們。

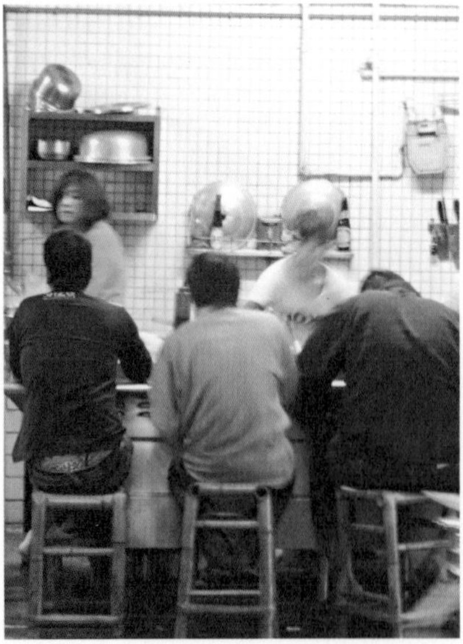

拉仔麵與肉羹，吃飽又吃巧，是國珍肉羹上一代老闆為市井小民努力端出的。那肉羹配米糕，也藏著這樣的心意吧！華山路上的小易牙九頭肉羹，一九七〇年代以前，好長一段時間，它曾以「九頭肉羹」之名，與我自小熟悉的黑肉麵為鄰，出現在孔廟旁的違建裡，明明離舊家很近，明明存在我的彰化歲月，記憶卻沒有它，儘管如此，它的肉羹歷史悠久。

大約八十年前，因為賣肉圓維生的父親，沉迷於彰化南瑤宮媽祖廟所屬、人稱「大媽館」的梨春園曲館演出，收入盡為它而捐獻，常置家人的生活於不顧，萬森，一個九歲的孩子為了從不安的生活中走出來，不斷向出入於南門市場的辦桌師傅討教，終於在十三歲時，獨當一面於南門市場口，挑擔擺攤賣起肉羹，而一賣就賣成了今日兒子萬富明接掌並改名的「小易牙九頭羹」。

求生的傳奇滋味

九歲，還有著一張天真稚嫩的臉孔，大人不由卸下心防，所有的辦桌絕竅都藏不了。日本人走了，政權交替之間，生活動盪，原本高檔食材的價格一度大跌，盡得辦桌師傅

拉仔麵搭肉羹流行於彰化街頭，而小易牙九頭羹的筒仔米糕配肉羹，同樣吃飽又吃巧，背後更有一則傳奇故事，為它添加風味。

真傳的萬森抓準時機，趁勢大展身手，端出了一碗尋常人家想像不到的肉羹——一舀，干貝、魚翅、鮑魚和豬肚等富貴食材盡出，好像干貝魚翅羹、鮑魚豬肚湯等盛宴大菜擺了一桌。比諸當時一碗五角的切仔麵，這一碗宛如吃辦桌的肉羹，也只要一元，讓萬森三個鐘頭就賺盡一兩金子。萬森的肉羹出名了，台灣的社會平穩下來，但進入一個緊縮的時代，那碗如夢似幻的肉羹難以為繼，望著「尋常」的肉羹，總要有些突圍，不久，萬森又端出了米糕，這也是從辦桌師傅那裡學來的，筒仔米糕，燉米糕。末了，亦是辦桌菜的燉露也一起端上桌了。

筒仔米糕雖沒有辦桌菜——紅蟳米糕的豪氣，但保留了它的手工感。蒸熟的糯米，炒香的肉燥，加上滷蛋，依續放入筒仔中，再進蒸籠蒸之，做工繁複，就像燉露一樣。沒有魚翅等高級食材支撐場面的肉羹或許尋常，但濃稠滑腴的羹湯入口，也有一種豐盛滋味流轉其間。肉羹配筒仔米糕，正是吃飽又吃巧。在我生活於彰化的歲月，一九六〇、七〇年代，它們也算是一種高檔的小吃吧！那時，我只吃得起孔廟旁邊胖老闆賣的只有蔬菜的「肉羹」，以致並不識孔廟另一邊、靠中華路違建裡，以當時老闆萬森生肖屬狗，九與狗，台語發音相似而得名的「九頭肉羹」。

今日彰化街上賣肉羹的後起者，除了搭拉仔麵，也常賣米糕，只是它們大多以糯米蒸熟，淋上肉燥的方式出現，甚至一些以米糕做主商品的店家亦是如此，不像小易牙九頭羹還保留傳統的筒仔米糕，倒是一些賣有燉露的店家找得到筒仔米糕的蹤影，像以爌肉飯吸引老饕，位在縣政府旁邊夜間才營業的飲食攤。據黑肉麵第二代老闆的回憶，以前他們也賣筒仔米糕，是啊！黑肉麵的燉露，不就是我從小一直想嚐卻不得者嗎？原來，揭開燉露的迷霧還有筒仔米糕，而筒仔米糕的盡頭，有一碗我不曾嚐過，充滿傳奇滋味的肉羹……

彰化肉圓
樹木
粒15元
彰化縣城圖
名點
彰化
焢肉飯
泉

彰化小吃

追著碗粿長大

童年記憶裡，碗粿、粿仔和菜頭粿等這類在來米製成的「村家簡吃」，十分可親，但也尋常得很。如今多少年過去，彰化的碗粿竟讓美食生活家舒國治記它一筆，是因為那白白的粿身，還是那好大一團似彰化標記的肉餡？

還有那昔日叫「鼎邊趖」的粿仔湯，有人竟單靠它的好名聲，便闖蕩彰化街頭超過半個世紀，怎能不去一探究竟！

彰化街頭充滿不同世代童年記憶的眾家碗粿，阿城碗粿（上）、杉行碗粿（下左）和民權市場碗粿（下右）。

提起彰化小吃，人們的話題似乎總不離肉圓、爌肉飯與貓鼠麵構成的鐵三角，頂多再來個肉包、肉羹或麵線糊等二、三味。碗粿實在太平常了，什麼地方都有，好像不大有人會為它著墨。

姪子與姪女隨大嫂到彰化的外婆家，我常聽他們以碗粿當早點。早年，北上念大學，家尚未北遷時，回家，跟著國中同學，也常不由自主跑去吃碗粿。回首彰化歲月，碗粿其實緊追著我的成長。

小時候，家門前，有個歐巴桑會推著碗粿來賣，大約十點多鐘吧！這個時候，吃過早點，又未到午餐時刻，大人偶爾才會買給嘴饞的孩子當點心吃。漸漸的，碗粿好像不來了，歐巴桑把推車停在離家不遠、陳稜路與永福街交叉口一間木材廠旁，還好，我已經大到可以自己跑到那去吃。後來，歐巴桑連那裡都不停，不知她將碗粿推到哪裡去？約莫高中的時候，往外婆家的途中，民生市場附近，遇到有人推車賣著碗粿，好似以前的歐巴桑，忍不住也吃了它好多回。

北上念大學以後，返家，沒有再吃過「歐巴桑」的碗粿，也沒有去找尋「歐巴桑」的蹤影，喜歡去的是，國中同學阿香上班附近的一家碗粿擔，民生國小附近，現在總是門庭若市的「杉行碗粿」。一對從嘉義來到彰化的夫婦，初抵異鄉，人生地不熟，便以在家鄉學會製作的碗粿謀生，剛開始兩人各自推著車大街小巷到處叫賣，一九七三年，得到成功路與長壽街路口一間木材行老闆的協助，於一旁設攤，「杉行碗粿」因而得名。夫妻推著車叫賣，不知是否經過我的家門前，我追逐的賣碗粿歐巴桑是那個太太嗎？我想不起來了，只記得一九八〇年代，跟著同學阿香去吃杉行碗粿時，它似乎還沒有招牌，更沒有如此多的外地慕名者，木材行旁搭起的簡陋小攤，留給我更多回憶的是，已經失去連絡多年的同學阿香，當年，她留在中部，念完台中商專後回鄉工作，在地的生活，讓她理所當然領著幾個離家念家的同學，大街小巷吃起家鄉味。

沒有國中同學阿香的相伴，也失去了再吃杉行碗粿的動力。這些年回彰化，不知不覺隨著姪子吃起了離他外婆家不遠的「民權市場碗粿」，在我所不知道的市場角落，這是一家賣了兩代的碗粿老擔，為往來於市場的人群服務超過五十年了。偶爾也吃永興街上的「阿城碗粿」。一九五〇年，第一代老闆開始挑擔販賣於昔日萬芳戲院一帶，定點之後又幾經換址，如今由女兒夫妻接手經營。由於祖父與父親皆任職鐵路局，阿城碗粿搬來搬去總離以前祖母看病的鐵路醫院不遠，或許在我追逐歐巴歐的碗粿推車時，它的碗粿也曾入我肚，所以今日搭火車回彰化，走出火車站，轉入永興街，經過它的攤前，忍不住就想坐下來，吃它一碗，那味道是如此的熟悉。當然要這麼做，還得趕在它關門以前：清晨六點多開賣，通常過了十點就賣光的這家碗粿擔，就只為了趕早的彰化人服務。

那天翻閱舒國治的《台灣重遊》，讀到寫於二〇〇〇年的〈終也只是一瞥的彰化〉，「杉行碗粿」躍然紙上，而「阿城碗粿」的名字雖沒有出現，但深夜他與投宿旅店的服務生的對話，的確也提到了永興街的這家碗粿。服務生告訴他，有這麼一家碗粿，可是這麼晚不賣了時，舒國治回了一聲，我知道。舒國治知道。原來早在十年前，或者更早之前，碗粿這款被作家稱為「又古老又偏窄的村家簡吃」，就是外人盛稱的彰化名食之一，只是我不知道而已。

回首以往，從無名的「歐巴桑」到今日喊得出名號的擔子，比起其他街頭小吃，碗粿確實更貼近我的彰化歲月。我想不起歐巴桑的長相，卻記得在那些曲折路徑上從她手中接過來吃的碗粿，那是一碗怎麼吃都「好吃」的碗粿。不見的青春玩伴阿香喜歡的碗粿，長大的姪子回外婆家要吃的碗粿，我中年

雖是村家簡吃，碗粿的餡料並不馬虎，如民權市場的有包肉也有包蛋者。

回鄉趕早吃的碗粿，多少的碗粿被吃下肚，它們接力於我的人生，存在許多彰化人清早的作息裡，其實不用外人稱讚，它們早就是一碗又一碗好吃得不得了的碗粿。

碗粿是彰化市人的早餐之一，各家都有各家的講究，阿城碗粿（上）有包滷蛋，杉行（下左）則強調香菇。醬料也有變化，如民權市場的（下右）加了菜脯，杉行則帶芝麻香。

跨時空的菜頭粿與碗粿

回味兒時的彰化小吃，麵和肉圓雖占去大多的篇幅，但仔細回想，大人更常買給孩子吃的街頭食物其實是碗粿、鼎邊趖，還有菜頭粿之類的米食。煎得「赤赤」的菜頭粿，淋上帶著濃濃油蔥味的豆油膏。這幾年來回於彰化，走到永樂街的盡頭，接近中華路的地方，每每看到古早味菜頭粿與碗粿的招牌立在一旁，就會想起孩提時代吃的菜頭粿。碗粿在彰化至今到處可見，但菜頭粿幾乎不見了，難得還有人賣，哪天也來試試好了。終於等到那一天，把早晨的肚子留給了它，煎好的菜頭粿上桌了，沒想到淋在其上的豆油膏，油蔥以外，竟還有肉燥。新鮮豬皮切丁熬成的肉燥，於今看來平常，但如果回到童年的「古早時代」，可就珍貴了，我滿足的享受跨越時代的「古早味菜頭粿」。

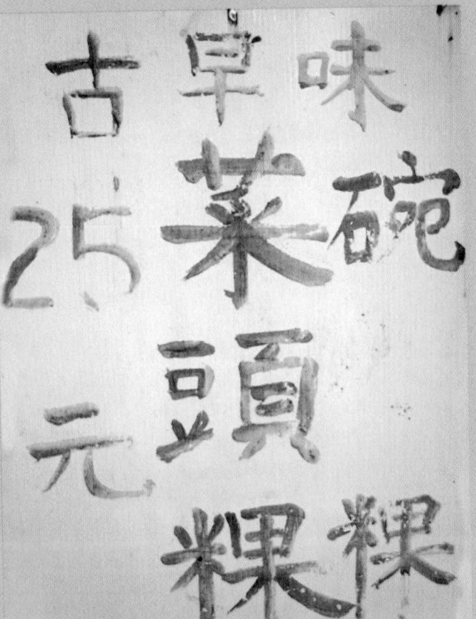

何時開始如此的改變？從婆婆那一代

開始賣，後來由先生挑出去賣，轉折之間，老闆娘也說不清。只知用純在來米做菜頭粿的方式，從來沒變過。攤上賣的碗粿也是堅持純米製作，內餡則完全不理會周遭店家變化，只守著那團單純的肉餡。這些年來，彰化市的碗粿內餡出現了肉絲、滷蛋或香菇等不同變化，更早還經歷過鮑魚、魷魚和鹹鴨蛋等入餡的風華時代。不提肉燥淋醬，這裡的碗粿確實是古早味的碗粿。沒有用蒸籠或蒸箱保溫，保留昔日挑擔或推車賣碗粿的模樣，更是古早味的重現。

淋上肉燥醬汁的古早味菜頭粿與碗粿，在此，有過去沒有的味道，也有現在找不到的滋味，果真讓人回味無窮。

古早味的菜頭粿與碗粿擔以現煎的菜頭粿吸引人，一吃，新鮮豬皮切丁熬成的肉醬淋在菜頭粿和碗粿上更令人難忘。

【延伸風景】

碗粿的祕密——彰化碗粿與台南碗粿的同與異

彰化的碗粿，一副白白嫩嫩的模樣。以前，到祖父母的家鄉台南，見到那兒的碗粿，土土的咖啡色迎人，入口還硬梆梆，怎會有這種碗粿！心裡比較的原點，是自小在彰化吃慣了的碗粿。一九八〇年代舉家北遷，發現台南碗粿的招牌在台北依然顯眼，但彰化碗粿在哪裡啊？台北也有長得白淨的碗粿，但叉子一劃下去，就是少了那團飽滿的肉餡。

米漿濃稠度不同，口感色澤有別

剛採收的米，煮起飯來特別好吃，不過，製作碗粿卻要選用過季的米，而且不能用蓬萊米，只能用在來米。不分彰化與台南，這是所有碗粿店家的堅持，但為何最後端上桌的碗粿會有如此大的差別？提起台南碗粿，許多會想到「富盛號」，堂姑是這家超過六十年老店的媳婦，去年再訪時，忍不住詢問，原來關鍵可能在於在來米磨成米漿後的濃稠度，以及糊化的程度，即所謂的生熟度。一般米漿隨著溫度升高會越攪越糊。富盛號的米漿磨成後，以熱水沖成，也許溫度不夠高，糊化度不夠。當這樣還具備著流動性的米漿倒進碗裡，原本放在碗底帶著肉燥醬汁的餡料隨之散開，再加上放入蒸鍋蓋上鍋蓋之前，用小竹片往碗裡一攪，濃色的醬汁均勻溶進白色米漿裡，便蒸出了一個色澤深褐的碗粿。

彰化碗粿內餡不像台南的碗粿散在粿身裡，而以成團的肉塊或絞肉出現，它需要糊化度較高的米漿將肉餡團團護住，相對來說，這種接近固狀的米漿也不易受肉餡的汁液浸染，蒸熟時得以保留白色的粿身。

一九九六年出版的《府城小吃》，一九八一年始創立的「森茂碗粿」現身其中，老闆談到開店之初，試作過無數的碗粿，他發現半成品的米漿製作出來的碗粿，吃來會太軟。所謂半成品的米漿，指的應是糊化程度較高，距離蒸熟而凝固的碗粿不遠吧。彰化碗粿吃來較台南碗粿柔軟不知是否緣於此？而也是去年的台南行，我始發現富盛號攤前看不到蒸籠，碗粿從蓋著白棉布、似鉛桶的桶子拿出，淋醬後便端上桌。

記得不久前彰化「八卦山腳燒肉圓」的老闆，聊起小時候家裡賣肉圓也賣碗粿時，碗粿蒸熟出爐後，不會保溫，就冷冷的賣，他說，碗粿放涼才好吃呀！涼了，粿會變硬，那種硬其實是一種讓粿身變扎實的力道。不過可能由於水分含量與米漿操作的差異，彰化碗粿的硬與台南碗粿的硬吃進嘴裡還是有別，小時候不懂，硬是給台南碗粿冠上一個「硬梆梆」的字眼。

熱不熱、純不純都有文章

到底不熱的彰化碗粿怎麼個好吃？兒時的我，吃的也是這樣的碗粿嗎？二年多前回彰化，去了將近十多年未吃的杉行碗粿，上桌的碗粿一吃，卻非期待中的口感。肉餡一如想像中飽滿有味，但白白的粿身比想像中的還溼還軟，當時還納悶這是怎會一回事？

二〇〇二年出版的《彰化縣飲食文化》，來自嘉義的杉行碗粿創始者郭清標、楊碧緞夫婦稱他們於在來米漿中加入少許地瓜粉（番薯粉），讓碗粿變得更具彈性，這是彰化本地的作法？還是源自老闆對家鄉的某種堅持？比諸這幾年吃過的民權市場碗粿、阿城碗粿，或者永樂街古早味的碗粿，他們都一再強調只用純米磨米漿，絕沒有用番薯粉，而吃這幾家的碗粿確實給我更多的熟悉感。仔細回想，永樂街古早味碗粿好像沒有留下熱氣騰騰的蒸籠意象；阿城碗粿與民權市場碗粿有個蒸箱，但僅是微溫吧！杉行碗粿呢？是拉開

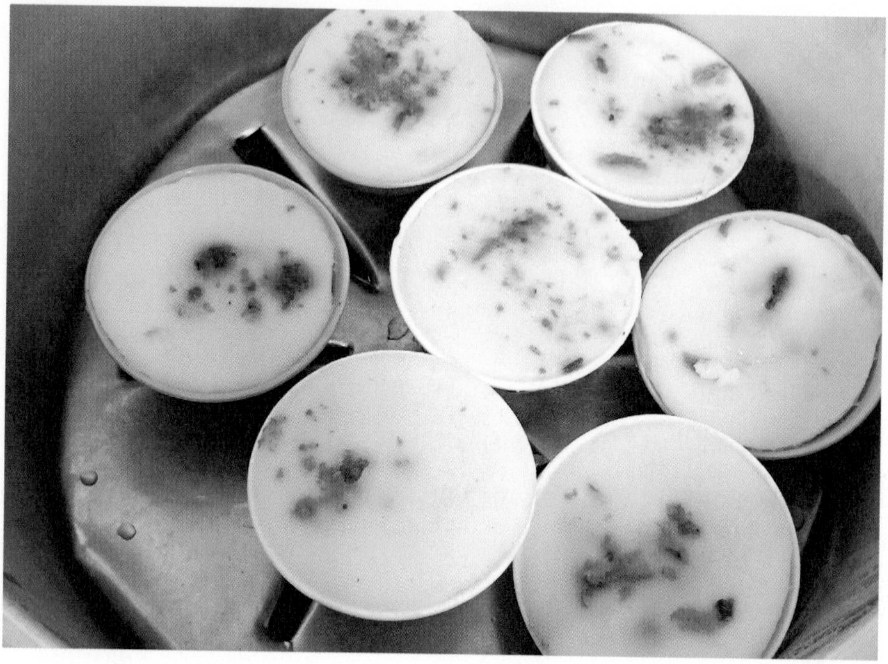

長相白白淨淨的彰化古早味碗粿，沒有用蒸箱保溫，放涼了吃別有一種扎實的口感。

嘉義碗粿粿身白色，但餡料散在米漿內。

台南富盛號碗粿，肉燥與蝦仁、豬肉塊、香菇等餡料摻入在米漿內，蒸好後色澤偏土土的咖啡色，

來冒著熱氣的蒸箱，還是因為加了番薯粉的關係，讓它的口感變得與眾不同？

小時候，我吃的碗粿，蒸熟離火後，放在一個白布覆蓋的籃裡，便跟著推車的歐巴桑大街小巷穿梭著，經風吹日晒，又歷披霜冒露，吃在嘴裡，我卻從不覺得它涼，只有滿嘴的白嫩可口。那是時間沉澱的美味，一種永恆的滋味！不過時間可以創造永恆，也會改變一切，以前覺得台南碗粿硬梆梆難以入口，現在我卻愛上它的扎實勁道，偶爾也會換換口味，嚐嚐上頭撒了菜脯米，剖開除了白色粿身還是白色粿身的客家碗粿，一口一口欣賞它的單純。彰化大街小巷從蒸箱裡拿出來涼溫的碗粿，更吃得不亦樂乎，杉行碗粿的招牌樹立在彰化街頭近四十年了，那種溼潤感十足的碗粿想必已潛移默化成部分彰化人喜愛的口感，才能讓它的門庭總是若市……

彰化碗粿以一團飽滿不散的肉餡為特色。

【延伸滋味】
窄巷裡的粿仔湯

那是一條幾乎僅容兩人擦身而過的小巷，曲折之間，遠遠探頭，似掀鍋後的熱氣冒出，吱吱喳喳的人聲越浮越近，我心也放下，今天應該有營業吧！從年初聽新香珍餅鋪老闆提起這家賣粿仔湯的店，便一直想來嚐嚐，但幾次都落空。第一次，迷失在大馬路上，找不到這條曲巷。後來，幾次來彰化，猛一想撞上新香珍老闆說的店家休息日子，便放棄找尋。上一回，刻意避開店家沒有營業的週一至週三，一路問路人，知道「鎮溪粿仔湯」在哪裡？幾個歐吉桑熱心的指引位置，卻說今天沒賣喔！不死心的來到巷口，剛停下腳步來不及張望，大馬路邊店家一旁坐著的阿婆看了一下我們便說，十五過後才會賣！都已經大年初九了，還沒有開工，這到底是一家怎樣的店，可以一休半個月？而就在此時，我才發現巷口超乎想像的狹窄，走進一看不過就是一般的住家，前庭闢了一個擺放爐子的檯子，後頭的大門緊閉，沒有招牌，若不是當地人新香珍老闆的介紹，我永遠不會知道如此幽靜的祕巷裡，藏著一家粿仔湯賣出名的麵店仔。

麵店仔以麵以飯聞名理所當然，粿仔湯通常夾雜在麵、米粉和飯之間，少見以它作主角。彰化縣政府附近，永樂街天后宮對面的「文卜粿仔湯」，以前，我一直以為它是彰化市唯一以粿仔湯為招牌而聞名的飲食店。文卜粿仔湯出現在彰化街頭已超過半個世紀，但一直到上了大學，快舉家搬離彰化時，我才識得它的味道。國中同學阿香的媽媽在縣政府工作，留在中部念書的她，經常出入於此，便讓周而復始於離鄉與返鄉之間而變得嘴更饞的我，分享了她生活裡的彰化美味，文卜粿仔湯也常列名在我們一夥思鄉遊子追逐的彰化小吃裡，以致後來有段時間，在北部的麵攤我也喜歡來一碗粿仔湯。

粿仔！越過文卜粿仔湯，存在兒時記憶的其實是鼎邊趖。那時家門前常有人邊推車邊喊著「鼎邊趖」，冒著熱氣的鍋裡，下的就是白色的粿仔條，那是一碗祖母或母親會買給我們吃的粿仔湯。而這一聲聲「鼎邊趖」不只回響在我的童年，更穿透母親那一代人的記憶，流傳在她們的青春歲月裡，大嫂的母親，說起她年輕時候印象最深刻的彰化街頭小吃，就是午後會響起的那一聲「鼎邊趖」，特別是那拖得長長尾音的「趖——」。

為什麼拉著長長尾音的鼎邊趖就是粿仔湯，來台北以前，從不曾質疑過，直到吃了基隆有名的小吃「鼎邊趖」。在來米漿沿著鍋邊慢慢滑入，即台語的趖，熟後一片一片鏟下，再和金針、肉羹、蝦仁羹、香菇、魷魚、筍片、高麗菜、油蔥酥及芹菜等煮成一碗配料豐富的鼎邊趖，聽說它傳承自福州師傅，至今在原鄉仍以「鼎邊糊」享有盛名。彰化街頭那一碗淋上高湯，再放上肉燥的「陽春」粿仔湯，怎可稱得上是「鼎邊趖」？但彰

隱身於狹窄巷弄間，讓我撲空了好幾回，好不容易才吃到的鎮溪粿仔湯。

招牌上的「趖」標示著彰化粿仔湯昔日的名稱。

化街上確實曾經到處有人賣著鼎邊趖。中華路上有名的阿趖鵝肉擔，阿趖之名，來自老闆以前是賣鼎邊趖的，一九七三年才轉行賣起鵝肉。三民路上的木樹爌肉飯，招牌上還掛著鼎邊趖，原來老闆亦是從一九六〇年左右挑擔賣鼎邊趖起家，即使今日轉以爌肉飯為主攻商品，仍不忘繼續賣粿仔湯。永興街的阿樹擔仔麵，高掛的招牌寫著創立於民國四十七年（一九五八），但據說在麵出現於攤子之前，老闆也是推車在南門市場，在三角公園一帶賣粿仔湯，一賣十年，才變成有粿仔有麵的麵店仔。

在來米磨成米漿，倒入方盤中，蒸成一大片薄薄的粿仔，再切成細條。這套粿仔條的作法或許淵源於鼎邊趖製粿片的手法，雖然端不出像基隆廟口那樣豐盛的鼎邊趖，但彰化街上叫做鼎邊趖的粿仔湯卻扎扎實實，陪著許多彰化市人走過一九六〇年代以前的艱辛歲月。比起彰化街頭吃巧的湯麵，粿仔湯更可親吧！文卜粿仔湯第一代老闆歷經一九五八年八二三砲戰的洗禮之後，選擇了賣粿仔湯營生。鎮溪粿仔湯第一代老闆姚鎮溪則早在一九五一年便開始挑擔在市仔尾賣粿仔湯，一晃一甲子的歲月過去，劃過彰化街頭拉著鼎邊趖的尾音早已無聲無息，粿仔湯不是消失了，便隱入麵攤中成為配角，難得文卜粿仔湯的招牌至今依然高掛，而更可貴的是鎮溪粿仔湯不用招牌，仍被人口耳相傳。

從姚鎮溪之手傳到第二代姚蘇勇，他們的粿仔仍不假他人手，每天一早自製。不像加了太白粉或番薯粉帶著彈勁的粿仔或粄條，純在來米製成的粿仔，吃來柔軟無比，要掌握到這般從筷子完整夾起到嘴裡才化開的「剛好」綿勁，想必添加了時光加持的魔法，在時間河流裡，店內烘托著粿仔湯的，還有雞捲、丸子和香腸，當然想來此吃飯吃麵的人，也一樣可以得到滿足。

週六，趁著回彰化掃墓之便，近午十一點多，我終於吃到鎮溪的粿仔湯，本來也想搭個香腸與雞捲，沒想到早已賣罄，連丸子也沒了，老闆說因為都是每天手工現做的，要十點以前來才吃得到，是啊，店的爐火從早上六點燃起，本就是為早起的人服務的。正盤算下回要早點來時，老闆說清明節前的週一與週二，他們會照常營業，不過，從清明節開始，會一連休七天。什麼？過年休了十五天，這回又要放長假，這是什麼店啊？正當心裡如此嘀咕時，想起老闆與老闆娘，每天清晨三、四點，人們仍在睡夢中，他們就要起床準備材料，從上一代到這一代，日子在堅持手工製作中度過，讓他們適時休息是應該的。

家裡客廳般的店面，幾張桌子，客人低頭吃著，有人不時抬頭與穿梭的老闆與老闆娘話家常，屋外廊下老闆娘與老闆大展身子的檯子，好像自家的廚房，大家進進出出，空氣中有一種習以為常的默契，在老闆從容應答的笑容

裡，我突然明白那默契裡飄著一種客人與老闆之間想要共同維持的味道，而所謂的味道盡在我剛剛吃過的那一碗粿仔湯裡！

鎮溪的粿仔，老闆每天大清早以純在來米做成，五十公斤的分量常不到十點就賣罄，想吃得趕早。

※因老闆夫婦相繼受傷，在體力難負荷下，鎮溪粿仔湯已於二〇一三年四月終止營業，感謝老闆過去數十年為大家提供難忘的美味。

彰化縣城圖
香
腸

24小時不打烊的菜麵城？

在素食尚不風行的年代，菜麵擔可以從飄滿豬肉香的眾家小吃攤中突圍，一擺就超過半個世紀，甚至百年，而且還不只一擔，也算是彰化市的傳奇。那有著冬菜香的菜麵或者豆包湯，是許多離鄉彰化人永遠的懷念，素食擔是彰化小吃風景中不可缺少的一景。

最近幾年提到彰化美食，人們總會想到爌肉飯，但三年多來，走在彰化街頭，穿梭巷弄之間，眼角隨意一瞟，佛教的「卍」字便若隱若現，賣菜麵的擔子幾乎無所不在。較之彰化三寶之一的爌肉飯，菜麵在我的彰化歲月雖是可親的，但也很訝異它可以創出如此的版圖。

記得剛北上念大學，每次回家，與國中同學相約吃小吃，吃到陳稜路的「正彰化肉圓」時，總不忘到與它只有幾步之遙的「彰化素食」，吃碗菜麵。後來舉家北遷，有機會返彰化，以肉圓解決對兒時家鄉滋味的思念時，也常順道打包一袋菜麵擔的豆包回北部的家。

用豆皮包料捲成的豆包，加水加菜麵擔老闆隨包附贈的冬菜，煮成的豆包湯，斷斷續續出現在我家的餐桌，從數月或半年一次慢慢變成數年一回，一晃二十幾年過去。這樣的豆包湯在大哥的童年回憶裡，竟也是想吃卻難得吃到的食物，原來在我記憶不到的彰化歲月裡，較便宜的油豆腐取代了豆包，成了媽媽使喚大哥到菜麵擔買回的食物。然而不管是油豆腐還是豆包，菜麵擔貫穿我們的童年記憶，雖不若肉圓擔或貓鼠麵與黑肉麵之類老牌麵擔突出於彰化街頭，卻扎扎實實地伴著我們走過童年，度過彰化的時光。

吃菜麵是兒時生活中理所當然的一件事。祖父在世時，常常出入一家叫做「慈濟寺」的佛堂，哥哥們經常是跟屁蟲，懵懂的記憶裡，我也曾跟上，那時人們都叫「佛堂」為

林家素食，彰化街頭歷史可考最悠久的菜麵擔，清晨六點多開始營業後，便一直忙碌到半夜兩點才打烊。

「菜堂」，到了菜堂自然要吃菜（素食），而最方便的料理，就是炒一鼎或煮一鍋大麵，因此到菜堂吃菜麵是再平常不過的事。

小學三、四年級時，祖父因病往生了，慈濟寺的出家人在家裡忙進忙出，誦經聲不斷，不懂死別的我，夜裡夢到祖父敲門回家，沒有悲傷，只有佛堂的美味記憶。祖父真的走了，我們也沒有機會再到慈濟寺，後來是跟著鄰居的「吃菜婆」到了八卦山上坑仔內的太極寺，繼續吃菜麵。

菜堂、吃菜婆、吃菜人猶如空氣般存在我的彰化歲月，祖父走後好長一段時間，他的摯友火生叔公，早上到八卦山大佛那邊禮完佛，下了山就來家裡小坐一番，陪著祖母，唸佛經或說說往事。火生叔公什麼時候沒來了，我不記得了，吃菜婆的容顏也早在記憶裡模糊了，但我卻記得太極寺，記得烈日下走一段遙遠的爬坡路，到坑仔內的太極寺吃菜麵的滋味，而念高中時，騎腳踏車到民生路「義華餅行」旁的菜麵擔，買菜麵回家當點心吃的情景更歷歷在目，當然它的豆包也令我難忘。在餐桌乏善可陳時，媽媽也常想到以它的豆包拯救之，更早之前，或許還有大哥買回來的油豆腐。

如今多少年過去要再尋它，卻不見它的蹤影，反倒是街上出現了許多我從未注意過的菜麵擔。南門市場邊的太平街一走，三、四家跑不掉，民生市場旁的永安街更驚人，

一碗熱呼呼的菜麵下肚，讓人元氣飽滿地迎接一天的開始。

六、七家有吧！這一路走來，我識得的竟只有太平街上的「福成素食」。小時候，福成就開在孔廟邊公共浴室旁的低矮房舍裡，後來才搬到太平街，記憶中它的擔前永遠有著我們突破不了的人群，和當時夜市另一家人氣十足的菜麵擔不相上下，也許因為這樣，讓義華餅行旁的菜麵擔在我的彰化歲月裡變得可親可近。

一九七九年，已逝的古蹟專家林衡道到訪彰化

彰化菜麵擔的乾麵，除了享受彰化大麵條特有的彈勁，還有澆在其上充滿變化的素料（素肉燥）。林家（上）加了帶著甜味的筍丁，福成（下左）帶著古早的鹹香最讓人回味，即使沒有招牌的也各有各的味道，如永安街上這一家（下右↑），當然也可來碗乾的粿仔條（下右↓）。

留下的〈彰化市的傳統飲食〉，曾出現兩攤菜麵擔——民生路「素切仔麵」，離我高中時代常光顧的菜麵擔似乎不遠；至於永樂街上掛著大大「卍」字的素食攤，應該就是在我心裡與福成相抗衡的夜市林家菜麵擔，而且在搬離彰化二十多年後的今天，我才知它是彰化街頭歷史可考、最悠久的菜麵擔。攤前忙碌的第三代，姐妹三四人還有她們的母親，七嘴八舌，追憶至今如活著一百二十歲左右的第一代老闆林木火，她們的阿公，說他十五歲時便挑擔賣杏仁茶，後來跟著茹素的曾祖父曾祖母「吃菜」，便賣起素圓仔和竹筍湯，慢慢的拉仔麵（乾麵）出現，等到她們的父親接手更讓湯麵上場，菜麵擔便形成。

林家菜麵擔從第一代吃菜的林木火開始，第二代林富源雖沒有吃菜，但八歲起便跟在父親身旁，繼承父業後將之發揚光大，至今輪到第三代上場。回顧近百年的歷史，雖不知當年彰化街頭是否也有人跟林木火一樣賣著菜麵，但像第一代老闆父母那樣的「吃菜人」應該不少吧！想起我的童年，我的那段菜麵、菜堂和吃菜人交織的彰化歲月，我的祖父如果仍在世，也是一百多歲的人，鄰居「吃菜婆」的年紀也不相下上，是他們這一群出入於菜堂之間的吃菜人百年接續存在，才造就今日彰化街頭走一回，到處可見菜麵擔的場面？

如今林家素食從早上六點多開始營業，直到凌晨二點才關門。而就在萬籟剛俱寂，天未及破曉的時刻，凌晨四點左右，民生市場中正路近永安街菜麵擔的爐火已被點燃，剛收班的計程車司機或下了夜班的人兒，咕咕叫的肚子得到安撫了。沒多久，清晨五點多，林家菜麵擔對面的趙記素食也開伙了，而才剛關爐不到四個鐘頭的林家素食接著在六點半又點火了，讓趕早要出門工作的人，可以元氣百倍地面對一天的開始。

有人近中午時收攤了，也有人此時才準備擺攤。當然更有人從早上七點開門一直賣到晚上八、九點才收攤，像我北上念大學返家常跟國中同學前去享用的彰化素食即是。太平街上靠近中山路的福成素食則到下午三四點才上場，同條街上的黃記素食又遲了一個多鐘頭才開門，福成在十一、二點多打烊，黃記則與林家作伴，堅持到半夜二點多始休息。

從林家素食開始，這些早就存在彰化街頭，或者還有更多超出我的彰化記憶，超出這三年來我的彰化覓食經驗的菜麵擔，日夜輪番為想要吃菜麵的人服務，讓彰化市人幾乎二十四小時都吃得到菜麵，至此，吃菜麵在彰化市已無關宗教信仰，而只是一種怎麼也少不了的尋常小吃。

齋教培育的「吃菜」人

一九九〇年代末，作家舒國治來到彰化，看到彰化市人隨時隨處吃著爌肉飯，而在二〇〇〇年寫成的〈終也只是一瞥的彰化〉稱爌肉飯為彰化市的「市吃」。然而那時也正值宗教學者對全台齋堂（菜堂）展開調查之際，彰化市依然有多間齋堂矗立街道，佛寺也林立其間，或許受長久以來吃齋信佛的宗教信仰薰陶，在旅人略去的角落，彰化的菜麵擔日夜受到捧場的局面，比起爌肉飯擔毫不遜色。

日本時代初期，殖民政府對於民間這些沒有出家而在家修行的「吃菜人」展開調查，儘管他們之間有派別之分，但最後官方統一以「齋教」稱之，而這些吃菜人聚會舉行儀式的佛堂或菜堂則成了「齋堂」。跨過日本時代來到一九九〇年代，在宗教學者的全面調查下，台灣各地齋堂竟有約四百間。

大多主祀釋迦牟尼佛或觀音的齋教，自清代由大陸傳入，二、三百年來已深入台灣民間，雖然沒有整天茹素，一般的家庭也會在初一、十五吃菜。一九四四年池田敏雄發表的〈台灣食習資料〉關於台北市艋舺地區的飲食紀錄，便稱「信仰觀音佛祖的人會在初一、十五或三、六、九日吃素，表示虔敬，稱為三六九菜」、「也有人每天早晨都吃素」。我的祖父母自是經歷過那個時代，即使到父母那一代，也仍然守著早上「吃菜」的習慣。

小時候祖父出入的慈濟寺，根據一九九五年出版的《台灣佛寺導遊（六）中部地區（下）》的記載，本是一家庭式佛堂，後來才成為正式的佛教比丘尼道場。而鄰居吃菜婆所屬的太極寺，則出現在中研院民族所研究員林美容於同年發表的〈台灣齋堂總表〉裡。自認為民間佛教一支的齋教，日本時代為官方承認以後，一度發展迅速，不過受到當時主流日本佛教的影響，許多在家修行的齋友削髮出家，或轉入日本僧人門下。日本時代結束，齋教更不為大陸來台正統佛教所接受，許多齋堂不得不轉變成佛寺，或者甚至任由其荒廢而消失。一九九〇年代以來，全台調查所得約四百間的齋堂，大多已非昔日傳統的原貌。

當時中部地區包括台中、彰化、苗栗、南投等地的齋堂，已從日本時代的八十間減為二十間，留存者都集中在台中、彰化兩縣市，不過，衰敗之勢雖驚人，在學者二〇〇〇年的報告裡指出這兩地至少是「齋教維持僅有命脈的集中區域」，而彰化市就還保留了五間傳統的齋堂。如今距離學者的報告又過了十多年，不知那些維持齋教命脈的齋堂安然否？無論如何，這傳承一、二百年的「吃菜」習慣，應已滲入彰化市人的脾胃吧！儘管近一、二十年來，佛教興盛，還有以吃素聞名的一貫道自一九八七年解禁成為合法宗教的力量匯入，但若沒有古城對齋教信仰的執著，很難讓彰化街頭的菜麵擔林立，菜麵成為場面不輸爌肉飯的尋常小吃吧！

【延伸風景】

守著傳統，藏著驚奇的菜麵擔

一碗乾麵、一碗豆包湯。不知多久了，每次坐上彰化的菜麵擔，我總是這樣點著，有時肚子不餓，就單來碗豆包湯。彰化的菜麵與豆包湯，是我在台北苦覓不著的滋味。

那天，在台北南門市場後方南昌路的巷弄裡，偶然看著一個賣素食的小攤，「豆包麵」的招牌高高掛，趕緊坐了下去，結果端上來，浮在麵上的是一片豆皮摺成的豆包，不是彰化豆皮包料捲成的豆包；麵條也不是彰化慣用的大麵，而是陽春寬麵；倒是湯頭喝起來清清爽爽，碗底一撈，榨菜現身，有別於彰化菜麵常見的冬菜。

台北街頭的素食多變化，常見菜色豐富的自助餐店，以麵店型態出現者不僅麵條種類繁多，更不時有一些超乎想像的味道出現，南昌路另一頭近羅斯福路口的素食坊，以拉麵為號召，紅燒、味噌、泰式酸辣、麻辣等等盡納天下味。

彰化街頭的素食，特別是幾家經營五十年以上的老店，大多一成不變守著傳統

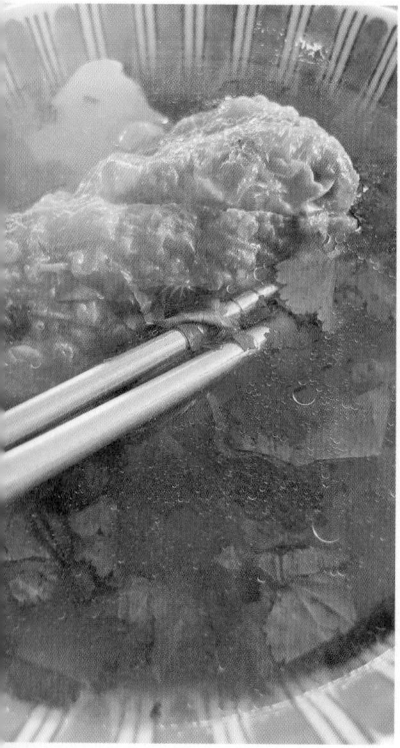

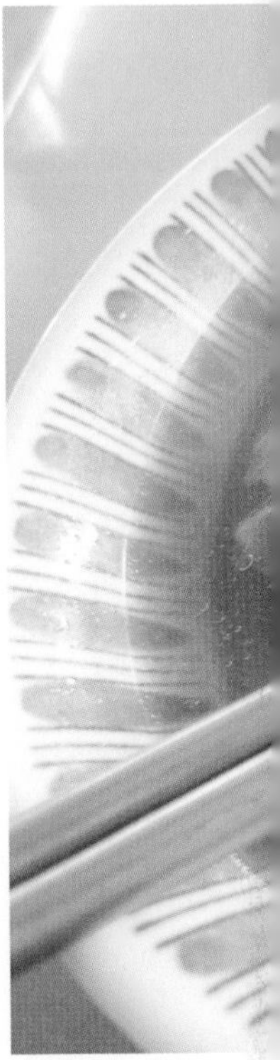

菜麵擔的模樣至今未變，雖然也有米粉和粿仔，甚至冬粉可選擇，但既叫菜麵擔，當然得以麵為主角，且非彰化傳統的大麵莫屬。而不管來碗大麵、米粉或粿仔，伴它們端上來的，千篇一律不是豆皮、豆包、豆腐、豆雞等豆製品的湯，就是金針之類乾貨煮成的湯。

從小吃彰化菜麵長大的我，落腳台北後，再回彰化，找不到童年常吃的民生路上的菜麵擔，取而代之是國中同學帶我去的，長安街上掛著「彰化素食」招牌的菜麵擔，而且不管怎麼吃總是一碗乾麵一碗豆包湯。彰化大麵「拉」成的「素拉仔麵」，帶有特殊彈勁的素乾麵，台北吃不到，豆包也是彰化特有的手工包餡豆包，但僅因為如此便讓我數十年對它們死心塌地嗎？素乾麵或許是，至於

彰化菜麵擔的豆包，猶如麵攤的雞捲，每家都有屬於自己的味道。除了豆料，各自變化著金針、筍子、香菇和紅蘿蔔等菜蔬。圖上排左至右，南門素食、中正路近永安街菜麵擔；下排左至右、南門（多種菜蔬）、中正路近永安街菜麵擔（筍丁）、林家（金針）。

豆包，在大哥的少年回憶，媽媽叫他到菜麵擔買的是油豆腐不是豆包，菜麵擔的豆包，猶如彰化街頭一般麵擔的雞捲，都是童年裡可望不可即的街頭小吃，也許兒時深植的渴望，讓我好不容易挨到口袋裡掏得出錢時，便從此對它忠心不二？

這些年來，「彰化素食」的豆包不知吃了多少回，筍丁混素滷料入餡捲成的豆包，讓我一度以為彰化菜麵擔的豆包都是這副模樣。三年前，開始彰化兒時小吃的紀錄，我迫不及待踏進離火車站較遠、兒時記憶裡名氣很大，卻甚少吃它的福成菜麵擔，一碗乾麵一碗豆包湯再度上場，豆包一咬下去，又鹹又香的素滷料裡金針露出，讓外裹的豆皮咬起來更加帶勁有味，啊！彰化歲月裡民生路菜麵擔的豆包似乎也有這一味，童年菜麵的想像滋味一湧而出。

穿透童年滋味，一家一家的嚐著，原來是這樣！每家都有獨家的口味，有的香菇、筍子、紅蘿蔔和各式素料盡收，也有的自信滿滿地只包了調了味的筍丁，永樂街上賣素食近百年的林家老擔，以及與它對街而開也有五十年以上歷史的趙記素食都只取金針一味……到底這一家會包什麼？會出現什麼滋味？二、三年來，有機會坐上彰化菜麵擔時，我總是滿懷好奇，讓彰化菜麵越吃越有味。

豆包可以暗藏玄機，那麼每家菜麵擔看來相去不遠的菜單，豆皮、豆腐、豆雞、素雞等豆製湯品呢？來到從第一代賣杏仁茶算起，至今超過百年的林家素食，一碗綜合湯上場，豆皮、豆雞、豆包等所有豆製品全員到齊，外加了一顆素丸子，豆腐一咬竟是油炸凍豆腐。永安街三民市場裡掛著三十年老店的三民素食，豆腐湯一點，揚著香油氣息的湯裡，幾大塊白色的板豆腐以外，還見蘿蔔和金針點綴其中。而即使豆皮就是豆皮，豆雞就是豆雞，一板一眼，不容多餘的店家，湯頭也各有各的表現。明明都以香菇頭或黃豆芽做湯底，卻有截然不同的風味，有人以獨家配方的中藥香料取勝，有人靠冬菜提味，也有人仰賴豆製品的豆香，或者蔬菜的清甜，再調出或鹹或甜的口味。

彰化素食與福成的湯頭皆帶著我自小熟悉的冬菜味，福成的更鹹更香，特別是淋在乾麵或湯上的素滷料，最能喚起我的記憶，而成為我私心的最愛。趙記素食的湯頭亦有冬菜提味，但喝來較清淡，也許與第一代老闆賣過日本

三民素食的豆腐湯（左）端上來還出現金針，林家的綜合湯（右）除了素丸子、油炸凍豆腐還有豆雞等。

料理的經歷有關，在他對外公開的湯頭材料便記有筍子一筆。

林家素食的湯頭明顯偏甜，素滷料裡的筍丁吃來甜甜的，特別是所謂藥膳湯，中藥濃香的盡頭是滿口甜味，第三代掌廚者竟謂這是吸收了北部紅燒牛肉麵的手法，以中藥包加甜麵醬煉製而成。是啊！台北街頭素食麵攤常見紅燒麵，不久之前，在台北南昌路的素食坊點過，端上來，不就是一碗「牛肉麵」的模樣，雖然「牛肉」是香菇頭之類食材製成的「仿牛肉」、「素牛肉」，乍見還是嚇了一跳，沒想到林家的藥膳湯，什錦藥膳麵與它有牽連。

在時間的長河裡，彰化的菜麵擔沒有停滯，不過在往前跨步的同時，卻各自走出自己的風格。林家菜麵擔將「素牛肉」藏起來了，也讓甜麵醬的滋味隱入更濃更重的中藥香氣中，創出獨特的藥膳口味。而往他們牆上的菜單梭巡一番，「素排骨麵」竟在一角出現，不要「牛肉」，卻可以要「排骨」？是因為排骨飯是彰化街頭歷史名食之故嗎？但為何不直接端出「素排骨飯」，而以麵的形態出現呢？台北街頭掛著素食招牌的飲食店裡，大多有麵有飯，南昌路上以素食拉麵聞名的素食坊亦賣有素肉燥飯，彰化街頭的菜麵擔，如林家，卻大多賣麵、賣米粉、賣粿仔，就是不賣飯，這是一種地方特有風格的展現吧！

彰化街頭的菜麵擔大多只賣麵類，中正路上靠近永安街口的這家，是少數菜單出現「素飯」的攤子。

林家素食的湯頭分成兩鍋，右為藥膳。

中正路上靠近永安街口的一家菜麵擔，清晨四點就開賣，攤前上方長形招牌列出的菜單赫然出現素飯，而叫一碗乾麵，上桌的竟是陽春麵條，而不是大麵條。但抬頭一望，攤外高掛著一個似燈籠的白色塑膠桶，上面一邊寫著「素食」，另一邊則出現「菜麵」的字眼。這是我第一次發現有「菜麵擔」如此自稱，其餘彰化店家，即使是五十年以上的老店，也都僅掛素食的招牌。老闆說他們已賣了二十五年，這是此家我們搬離彰化以後才出現的「新」菜麵擔，對傳統的一個告白嗎？儘管多了飯，多了陽春麵條，也多了所謂的燙青菜，更不乏一些新創的菜色如炸香菇等，他們仍沒有遺忘傳統，沒有忘記手工自製各種豆製品，更不能沒有代表彰化菜麵特色的包餡豆包！回想這段時間以來嚐過的彰化菜麵擔，有的還出現了台北素食麵店常見的海帶、豆干或豆雞等現切滷味，只是無論如何，他們都無法捨棄可以展現獨家口味的彰化豆包。

彰化市街頭的菜麵擔就是如此千篇一律守著傳統，但卻又處處藏著驚奇。那天，我的好奇心又被引發了，金針湯，幾乎每擔都有，會不會像豆包一樣攤攤不同呢？永安街三民素食的金針湯來了，湯匙一舀，除了金針，香菇、筍絲和金針菇齊現。正當我懷著金針湯就是如此豐盛面貌的想像，坐進林家菜麵擔，誰知他們家的金針湯，除了素滷料和幾絲木耳，整碗是舀不盡的金針。不知其他菜麵擔的金針湯，又是怎樣的面貌？我的彰化菜麵擔之旅，看來一時停不下了……

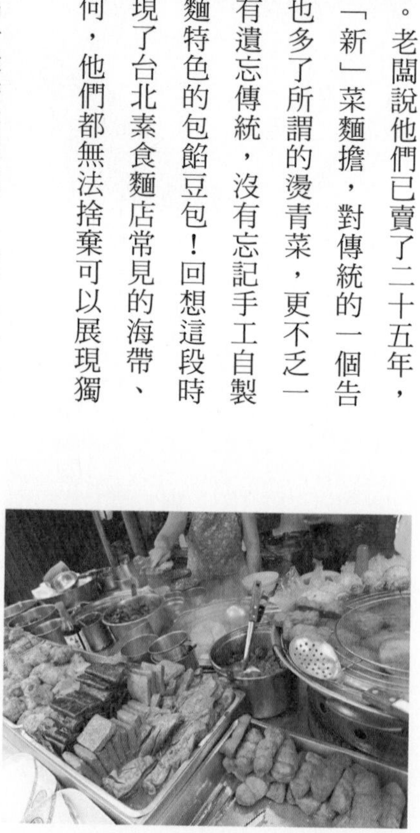

近一、二十年出現的素食攤雖賣起了滷味，也未捨棄傳統的豆包湯。

番姜仔醬，帶著甜味的辣椒醬，讓清簡的豆腐也滋味無窮。

以高麗菜揉鹽醃製而成的冬菜，與我的彰化菜麵味覺記憶不可分割。

冬菜與番姜仔醬

那是一種無法分割的味道，提到彰化菜麵，我的腦海裡便會浮現湯裡飄出的冬菜味，舌尖就會湧現沾在豆腐上或捲入麵中的番姜仔醬的滋味。而冬菜究竟是何種食材？麵攤飯擔的燉露有「冬菜鴨」，一九二一年《台灣風俗誌》〈台灣の宴席其他〉記載冬菜鴨的作法時，特別提到冬菜乃山東菜揉鹽醃製而成，山東菜即冬天盛產的山東大白菜。不過今天台灣的冬菜多以高麗菜取代山東大白菜，而早期冬菜的製作除了揉鹽，也得加蒜，但因佛教視蒜為葷食，後來便發展出不加蒜的冬菜。冬菜才得以成為彰化菜麵擔最重要的調味。

至於番姜仔醬其實就是辣椒醬，不過是一種加了甜味的辣椒醬，才得以讓菜麵擔的豆腐在我的童年滋味無窮。

【延伸滋味】從菜羹、菜圓仔到素食燉露

這是一碗讓我回到了北部仍忘不了的菜羹。八月底回了一趟彰化，趕了大早原為再嚐一次鎮溪粿仔湯，豈知又遇上老闆因親戚往生辦喪事而暫時歇業，失望之餘，從中正路這頭穿過鎮溪粿仔湯所在巷弄來到中山路這頭，古龍山寺在馬路的另一邊，我想起不久前在彰化市公所出版，介紹彰化市美食的書中，看到這附近有一賣菜羹和麵線糊的攤子，這陣子重溫了不少彰化的菜麵，對這樣的素食點心擔，難免充滿想像，只是書已出版多年，不知攤子安在否？且碰碰運氣找找看。

遠遠的看到一個攤子架在簡陋的三輪車上，是它嗎？旁邊的兩張桌子，各有一、二個男人霸坐著，我狐疑的走近，往攤子的熱鍋探頭，果然一鍋麵線糊，一鍋羹，會好吃？和隨行的姪子挑了其中一張桌子的角落坐下，心裡甚是不安。沒想到一碗羹，一碗混著羹與麵線糊的「綜合」上桌，和姪子兩人輪流交換著吃，竟不約而同驚呼好吃，而且是好吃得不得了！

小小的攤子只賣菜羹、麵線糊，以及同時加了菜羹與麵線糊的「綜合菜羹」。

彰化菜麵的湯頭多以黃豆芽或香菇頭打底，續放入各式將伴著麵上桌的油炸豆製品煉製，湯底吸足了豆製品的豆香與甜味，也納入油炸豆製品的油脂，終了還調以香菜或冬菜，讓彰化菜麵的湯喝來總帶著一股濃醇，而此刻從這個不起眼小攤端出的素羹湯，竟如此的清淡，清得妙，淡得好。豆輪雖也油炸過，但放入混著大把筍絲和金針菇的羹湯中，最後點綴醬炒過的香菇絲，滴上香油幾滴，撒上香菜末，沒有強出頭的突兀，只有各自按本分釋出的味道，那是一種充滿協調的原味重現。

與我們共桌的男人，吃完一碗，欲罷不能，又叫了一碗。而打包客，一副附近居民模樣，更是絡繹不絕，老闆的手停不來，還要應付我在一旁追問，老闆有什麼祕方嗎？我好想也打包回台北喔！沒有黃豆芽打底，更不用冬菜提味，真材實料而已。

中山路，台一線縱貫線上，小攤臨馬路一面罩著一層透明塑膠布，灰撲撲的，車聲隆隆不絕於耳，如果沒有當地美食書指引，我不會注意它的存在，更不會為它停留。然而今年七十二歲的老闆來回於這一帶擺攤已四十多年，可見他的刀下功夫了得，只是早年他賣的是葷食的肉羹與麵線糊，後來開始吃菜（素食），才於十多年前改賣菜羹、素的麵線糊。老闆的過往，讓我想起永樂街上的林家菜麵，約百年前，第一代老闆以賣杏仁茶起家，後來也是因為雙親吃菜，才開始於一九二〇年代左右賣素食，起初賣的是素圓仔和竹筍湯，以及各式的菜炸，慢慢的增加了乾麵，即拉仔麵，一九五〇年代，台灣改朝換代以後，才端出湯頭濃郁的菜麵，自此菜麵便在彰化街頭風行起來。

素圓仔，亦稱菜圓仔，是肉圓的素食翻版，就像這攤菜羹的老闆由葷轉素，將肉羹改造成菜羹，而菜麵不就是素的切仔麵？彰化街頭的小吃，為服務「吃菜人」，在葷食以外，自古以來也有各式素食呈現。在可溯及的近百年歲月，它們也算是有歷史的火候，禁得起考驗。

今天，林家早已不賣日本時代與肉圓相抗衡的菜圓仔，不過在三民與彰化素食的攤上都還見得著素圓仔的蹤影。三民的素圓仔一入口，有別於今日彰化市突顯番薯粉特色而吃來彈性十足的肉圓。雖然老闆娘一再說他們的素圓仔用的也是番薯粉，但我不禁懷疑它可能還保留著彰化肉圓的古老作法，成分中摻了在來米，才得以吃來多了一份柔軟。林家素食的第三代老闆回憶阿公的時代，便一再強調他們家的素圓仔，磨米漿滾

三民素食的素圓仔，不同於彈性十足的彰化肉圓，口感較柔軟，或許是摻了在來米漿的關係。

麋製成，才是真正的素圓仔。

長安街上彰化素食的第一代老闆原先與哥哥一起賣肉圓，一九六〇年代，彰化街頭的菜麵擔還不多見，他便自立門戶，在哥哥「阿章肉圓」擔對面賣起了菜麵，他的菜麵擔當然也少不了素食版的肉圓，即菜圓仔，後來索性加入素的「肉粽」、「米糕」，讓彰化街頭的「吃菜人」或想吃素的人有更多的選擇。

而同樣是有著五十年以上歷史的老店「黃記素食」，第一代老闆在三十多前也開始另闢蹊徑，像一些麵攤或飯擔般，將辦桌的燉露搬上了他的菜麵攤，一盅一盅的燉露以平民化的價格服務了市井小民，佛跳牆、枸杞鰻、當歸羊肉、當歸麵線、麻油雞、排骨芋、香菇竹笙、香菇髮菜、茶碗蒸等，繁複的菜色，讓人不知從何下手。

那天，我偕姪子又以好奇的心來品嚐，佛跳牆、枸杞鰻和香菇竹笙上桌，結果香菇竹笙最深得我心，香菇、竹笙、筍子、金針菇以燉露的方式蒸煮，保留了食材的原味，淋上以竹筍、蘿蔔煉成的高湯、再佐上薑絲，清上加清，自有一股原始的菜蔬甜味發散，繁複菜色裡有返璞歸真的味道，真是令人難忘。

彰化街頭傳統菜麵擔的滋味，承載著我的童年記憶，自有它不可挑戰的地位，但從今而後，我知道我對彰化素食的回憶又多了好幾味。從葷食翻版到素食，從繁複又回到樸實，一如彰化街頭各式小吃的發展路徑，在傳統中展現了一種不可複製的味道！

黃記素食的燉露口味繁多，有佛跳牆、枸杞鰻、當歸麵線、排骨芋等，其中以香菇竹笙（圖中央者）最獲我心，從蒸箱取出淋上高湯即可上桌。

彰化縣城圖
泉
焢肉飯

彰化小吃

壓不扁的豆標

一九六〇、七〇年代，或更早以前，山東伯伯沿街叫賣大餅，大餅叫啊叫的，被叫成「豆標」；在「豆標」的叫聲成為歷史的今天，大餅還在彰化街頭賣著。而穿過滿是台式閩味小吃的彰化街頭，現身的還有中國南方口味的蒸餃，以及包容大江南北口味被叫做外省麵的陽春攤。轉眼之間，半個世紀過去，它們都變成在地老店了。

豆標，山東伯伯口中的大餅，越嚼越香越溫柔，充滿童年的回憶。

好多年了，我一直以為那是夢中的名詞，那天與國中同學老徐回到彰化，經過一家高掛著「小時候大餅」招牌的店時，她竟然脫口而出：「豆標（台語發音tau pio）」，老徐的父親，浙江餘姚人，一九四九年才隨國民黨從中國大陸撤退來台，在我眼中，她是標準外省家庭長大的孩子，沒想到她也這樣叫那擺在檯上、一旁貼著大大「大餅」兩字的食物。

是的，小時候都這樣叫它。不過，好長一段時間，我總抱著疑惑的心情，不知能否將台北街頭所見的大餅，與兒時在彰化吃的「豆標」劃上等號。時間在疑惑中流逝，漸漸的疑惑淡了，「豆標」變得越來越不真實，終於成為一個如夢一般的名詞。沒想到，此刻豆標真實出現在眼前。在擺放大餅的檯上，除了大大的「大餅」兩字，另一邊還有「豆標」小小兩個字。原來，今日人們朗朗上口的「小時候大餅」，確實是我小時候吃的「豆標」。

對啦！我父親的時代都這樣叫！老闆在一旁出聲了。你的父親？他是哪裡人？山東人啊！怎麼會這樣？他的父親時代，就是我的小時候？一個山東人怎會叫「山東大餅」為「豆標」？明明是麵粉做的，為什麼會出現「豆」字，而「標」又是什麼？老闆，第二代老闆說著略帶台灣腔的國語，也講不出所以然來，反正那時大家都叫「豆標」。

為什麼叫「豆標」這個疑問，我沒找到答案，但眼前的豆標吃在嘴裡仍是昔日的味道。一斤六十元，價格在時光的河流裡難免有所調整，但販賣的方式依舊如昔，大刀一切，磅秤一放，重量出來了。它確實有這個分量，拿在手裡，手指壓一壓，竟不為所動的堅挺，我雙手一扒，大口吃了起來，越嚼越香越扎實也越溫柔，兒時的記憶似乎遠遠而來，那是一個踮起腳也看不見檯面的檯子，我隨著媽媽或者祖母擠在人龍裡，就等檯後的大鐵鍋散出誘人的香氣，甜甜的麵氣中，「豆標」上場了。老麵果然了得，從山東老父傳到老闆的手中，四、五十年過去，這番入我口中的豆標，所展現的力道似乎更沉更香，更叫人難忘。

好不容易又逮到機會回彰化，我忍不住再度朝那家店走去，為什麼叫「豆標」的疑問又來作祟。上回與一位高中同學聊起豆標的回憶，他說會不會是山東腔的「大餅」被講台語的台灣人叫成了「豆標」呢？老闆！你們山東話的「大餅」怎麼說？這回正在翻轉鐵鍋裡水煎包的老闆顯然煩了，熱氣騰騰間，不置可否，只聽見一旁他的兒子也好奇的問，老爸知道嗎？而後方和麵團的老闆娘則轉頭瞄著老闆對我冒出一句，他媽媽是台灣人。正當我不知所措之際，有人說話了，應該是以前的人乍見這山東大餅，圓圓一大塊，猶如農家養豬的豆餅（tau pia），轉換之間便叫成「豆標（tau pio）」。好親切的「豆標」，山東老兵做的好吃的「豆標」便在街肆傳開了，排隊買「豆標」的人龍也出現了，出現在我兒時的記憶裡！

這個熱心為我解釋的人，原來是這家店的客人，吃久了，客人成了朋友，索性拿起刀子，幫老闆秤豆標、賣豆標。土生土長於彰化的他說，這家是彰化市第一家賣豆標的店。不久前，與小時候常吃的「公園芋仔冰」的老闆聊天時，他也提到了這家店以前大排長龍的盛況。也許，我模模糊糊記憶裡曾置身的人龍就在這裡？

回家以後，我忍不住上網google一番，「豆標」兩個字打下去，還真的出現了，從網路浮現的「豆標」，據說是由山東腔的「大餅」直接轉化而來。台語的「豆標」真的來自山東話的「大餅」，那麼那位偶遇的熱心客人的「豆餅說」呢？從沒有見過圓圓大餅的台灣人，將它聯想成養豬的「豆餅」，但這「豆餅」吃在人的口裡卻又是稀奇的好吃，於是大餅在「豆餅」、「豆標」的叫喚聲間吃來吃去，終於吃成「豆標」，最後連做大餅的山東伯伯都心服了，一時之間，不管哪來的人都叫它「豆標」，我那長於外省浙江家庭的同學也不例外。如此一想，「豆餅說」也有它令人信服之處！

唉呀！不管叫它什麼，還是吃在嘴裡最實在。從彰化帶回來的豆標，隔了一夜仍保有它厚道的實力，越嚼越香越纏綿越讓人停不下來，也來吃一口的媽媽說，這才是「豆標（tau pio）」嘛！

圓圓的山東大餅，櫥窗下方可見「豆標」二字。

用老麵做成的豆標，散發著甜香的麵氣。

【延伸風景】

陽春麵是外省麵

從未留意過彰化市的陽春麵攤。一九八〇年代以前居住彰化時，我的生活範圍所認識的麵攤只有黑肉麵、貓鼠麵，或者市場裡的拉仔麵，追得更遠的，或許還有小時候推到家門前賣鼎邊趖又賣麵的攤車，我的彰化歲月，幾乎沒有所謂「陽春麵」的存在。

對陽春麵最深刻的記憶，烙印在北上念大學後，忠孝東路與敦化南路口頂好市場旁的一家麵攤。大二，一度寄居高中同學台北的家，與她的姐姐為伴。一九八〇年代中，台北東區的夜晚，敦化南路以東仍籠罩在寧靜的黑暗裡，我總在燈火明亮的這邊，讓麵攤上的一碗荷包蛋麵飽肚後，再返回處於黑暗中的住處。那碗麵，和我在彰化麵攤所識的黃色大麵大不相同，白色的麵條，加上一顆水煮荷包蛋，細細的麵裹上未熟的蛋黃，清湯變濃湯，是一碗加味的陽春麵。

涇渭分明的彰化麵攤

年初，在今日也以爌肉飯聞名的永福切仔麵擔，與老闆娘閒聊，追溯至上一代她公公，或者更早一代，永福在彰化賣麵超過百年，一直以來，賣的都是大麵，老闆娘說他們沒賣外省仔麵。外省仔麵？原來，在某些老一輩彰化人的心中，陽春麵被叫做「外省仔麵」。彰化街頭的麵攤這般涇渭分明，以前竟沒有發現，腦中不由閃過幾家傳統老店，永福、永成出自同門不說，貓鼠麵、黑肉麵、阿泉爌肉、夜市爌肉，以及一些蛤仔麵店家，甚至賣菜麵所用的麵條，除了大麵，還是大麵。而神奇的是，我所說的陽春麵攤，則都不用大麵，只用白色的外省仔麵，不像我在北部所遇的麵攤，不分是否陽春，常同時有白色的外省麵，也有像大麵的油麵可挑。

大麵，黃色的鹼麵，漳、泉與廈門閩南地區的人民慣常吃的麵條，自清代便隨移民的腳步來到台灣。白色的外省麵，沒有加鹼製成的麵條，一九四九年隨國民政府遷台，各省移民湧入而來，最著名的就是用它煮成的陽春麵。二〇〇三年，美食文學家逯耀東在〈餓與福州乾拌麵〉一文，從一九五六年的白色恐怖牢獄之災溯及一九四九年逃難至福州的戰亂記憶，一碗台北的福州乾拌麵，從流離的飢餓歲月中浮現。「福州乾拌麵用的是細麵，現在稱陽春麵，陽春麵名傳自江南，取陽春白雪之意，即所謂的光麵。」在逯耀東回憶中，陽春麵指的便是閩南以外地區，如福州、江南等地常用的麵條，不過，跳脫細白麵條所賦予陽春白雪的想像，更多時候，陽春麵的「陽春」，如光麵的「光」字，傳達的是一碗清清如也的清湯麵。

統合南北口味的新時代產物

過去江南或閩粵地區的人們，視麵食為點心，不僅湯頭講究，配料更用心，常不是來碗三鮮湯麵，就是雞絲湯麵。逯耀東逃難至福州時所吃的麵，不也是「有鴨、蚵仔

彰化麵攤壁壘分明，阿輝陽春麵攤的麵條只用白色的寬陽春麵，不見黃色大麵。

（蚵仔是現剝的）、黃（瓜）魚、螃蟹等等」不同配料可選擇嗎？人在北京卻總想著南方家鄉麵食的周作人，於《知堂談吃》〈再談南北的點心〉時，便言「抗戰以後，上海也有陽春麵，可以當飯了。但那是新時代的產物，在老輩看來，是不大可以為訓的。」

不過再難以接受，遇到非常時期，還是得默默承擔下來，從大陸逃難到台灣，逯耀東在福州吃的配料豐富的麵，再現於麵攤時，便成了簡單但可以止飢的乾拌麵。而陽春麵攤開張了，如陽春白雪的麵條不僅煮成陽春麵，連麻醬麵和炸醬麵也給端上了。出身浙江紹興的周作人，在北京生活了近四十年，見北京人吃麵，「用芝麻醬拌，最好也只是炸醬」，便於〈再談南北的點心〉中說「本來是代飯用的，只要吃飽就好，所以並不求精。」不過，從「老北平人」的角度看來，北方人喜歡吃的炸醬麵雖是最普通的麵食，醬料還是得講究的，美食家唐魯孫便無法忍受肉丁炸醬裡出現花生米或豆腐干，在〈請您試一試新法炸醬麵〉文中，他曾不以為然的寫道：「對於這種非驢非馬的炸醬，深感實在無法欣賞。可是武漢三鎮，上溯皖南蘇北，炸醬麵裡還真有不少加豆腐干，還楞說是北平做法，那真是天曉得了。」

而即使配料簡單，炸醬麵的麵條也不是可以隨便用上。北京的孩子，梁實秋在

《雅舍談吃》中回憶〈麵條〉，說他從小吃炸醬麵長大，麵一定是自家廚子抻的，抻，拉也。這一回，來到台灣，可真的講究不了拉的功夫，就直接下了用機器切出來的陽春麵條，連讓唐魯孫難以入口的武漢豆干炸醬麵也端上了，反正，這是求溫飽的。湊合中國南北各地口味的陽春麵攤，便如此一攤又一攤出現在台灣的角落，說它是外省麵攤也滿貼切的，彰化當然不例外，也找得到它們的影子。

存在每個角落

陳稜路與永興街口的一家麵攤，這幾年回彰化，經過，總見簡陋棚下座無虛席，平日下班下課的黃昏時刻，盛況比起不遠處的貓鼠麵，可說更甚。據說第一代老闆早年也是推著攤車到處叫賣，一九七三年才落腳在這個轉角。二〇〇九年剛注意到它時，好像還沒有招牌，去年猛一看，掛上了「阿輝陽春麵」的布條，原來是第二代老闆的名字。

華山路走了幾回，「榕樹下陽春麵」與「原榕樹下陽春麵」的招牌，總將我搞糊塗，後來才知是哥哥和妹妹的分別，而這對兄妹的父親，是以前在中正路與華山路口的榕樹下賣外省仔麵的老伯，對曾在那一帶出入的老彰化人可能更熟悉，高中同學施便是，只是自從北上念書，後來成為半個台北人，她就不知老伯的去向。沒想到，他的麵還藉著子女的手繼續煮著。

不知榕樹下賣外省仔麵的老伯是哪一省人？其實，哪一省人都沒有關係，重要的是，他的麵讓人吃得飽。阿輝陽春麵的第一代老闆來自離福州不遠的霞蒲，與福州人一樣操不同於閩南話的閩東話，一度被當成福州人，在還沒有掛上招牌時代，人們也總是以外省仔麵稱呼攤上的麻醬麵、炸醬麵、餛飩麵等，總之那是可以餵飽肚子的麵。

一九八〇年代初，我在台北頂好市場旁吃的那碗加了水煮嫩荷包的陽春麵，就是這樣的一碗麵。孤獨的黑夜，形單影隻的思鄉遊子，蛋黃裹上細白陽春麵條，肚子飽了，心也暖了，確實是一碗加了味的陽春麵，一碗有魔力的外省仔麵，才能至今深刻我的腦海。

從飽食開始，原榕樹下陽春麵的麻醬麵，歷經時光考驗，香氣十足。

不只是點心

一九八〇年代以前，我的彰化歲月，有如一九五〇年周作人在北京回憶的紹興鄉間，麵食是一種點心，一種閒食。他說母親如果還活著已一百歲了，生前絕對不承認點心可以當飯吃，有時生點小病，不想吃大米飯，叫人煮點麵或餛飩來充飢，明明一天已吃過三回，老人家卻直說今天胃口不佳，因為吃不下飯，可見麵食不能算作是飯啊。記得小時候生病，吃不下飯，母親也會問要不要吃麵？外頭買來的，當然不是吃飽的外省仔麵，而是離家不遠便可買到、吃巧的黑肉麵。那個時代，手頭總是拮据，討小孩歡心，偶爾閒食還可以，吃飽則家裡的飯菜就夠了，根本沒有外省仔麵上場的餘地，是因為這樣才讓它消失於我的彰化記憶？或者家裡附近沒人賣外省仔麵之故呢？

無論如何，於眾多賣著傳統大麵的店家環伺下，彰化的外省仔麵還是存活下來，並扎了根。從無名的流動攤販或路邊攤，到今日喊得出名號的陽春麵店，歷經多少風霜，它們必然曾在某個幽微的角落，帶給需要的人溫暖，就像一九八〇年代初，我在台北吃到的那一碗加味的陽春麵。

【延伸滋味】

想了三十年的蒸餃

「大原蒸餃」存在彰化街頭已將近半個世紀，但我卻一直到去年才嚐到它的滋味。

一九八〇年代，北上念大學以後，初時，患了嚴重的思鄉病，只要一放假，必定直奔回彰化，而能療癒者，除了爬上八卦山，回憶山上快樂的國中生涯，竟是彰化街頭的小吃。那時，國中同學阿香與老徐常陪著我，一條街覓過一條街的尋吃，「大原蒸餃」的招牌不時迎面而來，映入我的眼簾。依稀記得它就在太平街上，只是，不管走了幾回，就是走不進它的店裡。肉圓、碗粿、菜麵、粿仔湯，甚至紅豆牛奶冰，吃它們幾回都不厭倦，就是從未有人提起蒸餃，願意把肚子的空間留些給它，我不知阿香與老徐是否曾將蒸餃擺在心裡過，只知自己瞥見大原的招牌時，暗地裡常憧憬著蒸餃的滋味。

兒時，家中少見麵食，頂多逢年過節必然出現的炒大麵，或者母親一時興起，用大麵加肉、加青菜煮成的一鍋家常大麵羹；豐富者，學街頭小販，母親端出一鍋肉羹，讓我們加麵成肉羹麵。不過，那是少之又少的事。從小，看著閩南街坊中，一戶唯一的山東人家，擀麵做包子，蒸饅頭，下水餃，看得驚心動魄，翻騰之間，壓不下的是心中想吃的慾望，母親最多就只是學人家包包水餃，安撫一下孩子不安於吃米飯的心。吃米飯長大的我，對麵食有著無限的想像，以致母親常說我可以在同儕之中鶴立雞群，把身高拉到近一米七，乃拜愛吃麵食所賜，麵食之於我，可謂神奇，高中家政課煎餃子的興奮，至今難忘。大學時代返鄉看見的大原蒸餃，比起水餃，比起煎餃，那想像可是一山還有一山高。

從年輕到中年，家早搬離了彰化，而落腳北部多年，好多歲月過去了，人生的路走走停停，我始終沒有越過那一座山。沒了家的彰化，變成一個匆匆之地，來去匆匆之間，一如年輕時，我還是吃著肉圓，吃著碗粿，就是沒有走進大原蒸餃吃它一回，或者說我根本忘記它的存在？

二、三年前，翻閱《彰化縣飲食文化》，大原蒸餃才又從字裡行間悠悠走來，沒想到這回我看到的竟是一個台灣女子的奮鬥史。一九五〇年代，家貧，丈夫流浪出走至台北，一去十二年，為了活下去，曾蜜花新婚不久便出來擺攤做生意，起初擺在永樂市場，賣的是菱角酥與玉米，不久，她發現當時彰化街頭，到處有人賣麵，就是沒人賣水餃，是山東人的姐夫為她拉開的視野吧！於是求教於姐夫後，便賣起了水餃。為此，她還與相依的婆婆遠征台中各地的店家，希望透過試吃，摸索出一顆令客人滿意的水餃，後來還真的得到

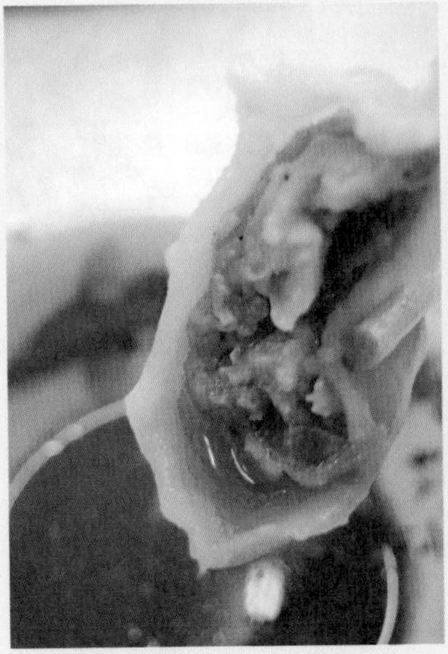

近半個世紀前，大原蒸餃摸索以熱水燙麵製作蒸餃皮的訣竅時，竟是憑藉了調番薯粉漿做肉圓的經驗。後來又開發出蔬菜口味的蒸餃。

一位潮洲師傅教導，學會了加高湯調餡的祕訣，麵皮的精進則由一位她視為貴人的北方人傾囊相授。

眼看生意就要一帆風順時，街上竟有人賣起了蒸餃，吃來又軟又有彈性的蒸餃，讓曾蜜花備受打擊，沒想到婆婆年輕時製肉圓，以熱水沖在來米漿或番薯粉漿的經驗拯救了她；有別於水餃皮的冷水燙麵，得熱水燙麵的蒸餃皮製作訣竅，竟神奇的讓她摸索出來，大原蒸餃的招牌終於掛了起來。一九八〇年代，我看到的「大原蒸餃」招牌，是已掛了多久？那時，我想像的蒸餃不脫鄰居山東人家的麵食味，一種北方的麵食想像，誰知這一輾轉，它摻雜更多的是南方滋味。北方人以麵食裹腹，常吃的是水餃，確實不時興吃南方人當點心的蒸餃。不過最令人難以想像的是，在某個時空，藉調番薯粉製肉圓的手也可以揉麵粉做出好吃蒸餃。

大原的蒸餃終於又爬上我的心頭。去年，我終於踏進店裡，飽滿的餡，軟柔有張力的皮，是一種「平常了」的滋味。蒸餃在我的日子裡平常了，在彰化更尋常了，不只大原蒸餃從一家變成四、五家，街頭走一回，賣蒸餃的店家還真不少，招牌到處可見。幾次黃昏，經過彰化三民市場，總被一圍著黑壓壓人群的攤子吸引，到底賣什麼啊？探頭一望，裊裊白霧裡的竟是蒸餃。那天，忍不住吃了。牆上的剪報，報導老闆當兵前曾在彰化火車站前的「遠東鴨子樓」待過，歷練過小籠包與蒸餃的製作，當兵時又是伙頭軍，跟在老兵身旁，學了不少麵食的手藝，這也就是為什麼老闆做出的蒸餃，能讓客人讚有「外省味」。做著小籠包與蒸餃的遠東鴨子樓是江浙館嗎？麵食手藝精湛的老兵又是哪裡人？而這樣的外省味蒸餃，創於一九七七年，那是我居住在彰化的年代！雖晚於大原蒸餃的一九六六年，但它佇立於彰化街頭也有三十多年！

道地彰化本地人做的三民市場的蒸餃，客人讚之有「外省味」。

三十年來，我將大原蒸餃想像成北方的蒸餃，然而從「外省味的蒸餃」，越過一重又一重的山，它卻是如假包換的南方的蒸餃，如今更是彰化在地人蒸出來的蒸餃，是彰化街頭少不了的尋常小吃——唯有這種歷經歲月磨練，滲入日常生活的美味，才能長長久久吧！而人生的路，起起伏伏，何嘗不需要以平常心待之，下回，我就以平常心吃大原蒸餃，吃彰化街頭的蒸餃！

彰化縣城圖
切仔麵

彰化小吃

城隍廟的鹹麻糬

小時候在彰化，吃辦桌最期待的就是席間的點心「鹹麻糬」，沒想到多年後它竟成了彰化的特產，而更令人訝異的是它的身世不凡，來自昔日省府時代的高官盛宴。

而肉包，兒時想吃卻很難吃到的食物，多年後我才知道它不僅是街頭點心，還曾出現在日本時代的宴席上。

搬離彰化才識得的苔條花生，原是彰化一家餐廳的開胃小菜，經前總統李登輝一嚐而成了彰化名物，從此改變了那家餐廳的命運……

除紅豆、花生等傳統甜口味外，大元特有的鹹麻糬，最初來自糕餅師傅與辦桌師傅的聯手創意，曾是只有辦桌才吃得到的點心。

「在廟裡的老人都有一張好臉孔。」一九四三年的春天，被日本人尊為民藝之父的柳宗悅，帶領民藝學會的成員來台考察，當一行人來到彰化的城隍廟時，柳宗悅對廟裡的老人發出了如此的讚嘆。這是不久前，我在《民俗台灣》〈台灣の民藝に就いて〉讀到金關丈夫的隨行紀錄。老人的臉，那一張張被歲月雕刻了的臉，近七十年後的今天，我只能憑藉著想像，想像它們如何打動柳宗悅的心。

而在想像的盡頭，依舊挺立的彰化城隍廟，讓我想起了鹹麻糬（也作「鹹蔴薯」），因為生產鹹麻糬的「大元」，至今還在城隍廟的廟埕旁。記得剛搬離彰化那幾年，有機會返彰，總會走一趟城隍廟，帶幾盒鹹麻糬回台北，雖然行囊可能也塞了幾顆肉圓，但當時我最想向北部朋友介紹的彰化特產，卻非大元的鹹麻糬莫屬。

甜甜軟軟的麻糬一口咬下去，迸開的卻是從蝦米與油蔥香氣中脫穎而出的肉餡。小時候吃辦桌，最期待的就是這道鹹麻糬的上場，記憶裡它的現身，預告著辦桌吃了一半，但也有人說它不是半筵而是終筵出現的點心，不管如何我就是愛它的半鹹甜滋味。到底是誰有如此能耐，讓甜、鹹兩味碰撞得這般完美？據大元第一代老闆許秋木的回憶，乃一九六〇年代一位人稱「炎興師」的鹿港名廚，與當地百年老餅鋪振味珍第七代傳人鄭振山聯手的傑作。

許秋木來自鹿港，曾在鄭振山的門下習藝，學得一手做麻糬的好手藝。在他的回憶裡，一九六〇年代，只有熟稔中國大江南北口味的外省籍大廚，治得了省府那群高高在上的外省權貴的胃。具備如此身分，在鹿港經營酒樓的「炎興師」，便經常為當時的省主席掌廚擺宴，有一年，為了變化口味，「炎興師」借用鹿港子弟許秋木做的麻糬，包裹一團精心調製的肉餡上桌，鹹麻糬成型了，滋味令賓主難忘，欲罷不能，便成了主人送客時的禮物。權貴歡宴上的點心，後來經許秋木的師傅鄭振山調整改良，成了徒弟許秋木所經營「大元」的主力商品鹹麻糬，從此普及於一般人家的辦桌。

「炎興師」到底是出身那一省的外省人？何以落腳鹿港？許秋木的回憶留下許多謎團。《彰化縣飲食文化》記載鄭振山經常與鹿港一位御廚施天興為伍，並拜他為師，而施天興廚藝精湛，也常令達官貴人為之折服讚歎不已，師徒兩人都曾奉召為蔣介石掌廚過。如此的施天興不知不覺讓人將他與許秋木記憶裡的「炎興師」疊合在一起，讓大元鹹麻糬的滋味，在撲朔迷離中更添無限的想像……

總是不免揣想，那首次在權貴觥籌交錯間亮相的鹹麻糬是何滋味？與我所憶所識的鹹麻糬有何不同？小時候，吃辦桌的機會不算太少，除了親戚間的喜慶，每年彰化街仔的「請媽祖」也令人期待，今天是我家，改天是外婆家，過一陣子是阿姨家。請完媽祖，不久又要迎王爺，熱鬧之間，最高潮的就是辦桌。記憶中，街坊鄰居常湊合請一位總鋪師，桌子就擺在大馬路邊的騎樓下，親友之間吃吃喝喝，一張堅固的人際網絡也建立了。有一回，我讀小學六年級時，還吃到了同學家。

流動在這些人情之間的辦桌菜餚，白菜滷和雞捲，固然至今難忘，但還是做為半筵點心的鹹麻糬，最能虜獲我心，每次都希望有人沒吃，可以讓我打包回家。白菜滷，家裡做得來；雞捲，外頭麵攤有賣，儘管平時吃不起，但過年時母親會自己動手做；唯獨鹹麻糬，只有辦桌才吃得到。

不過一九七〇年代中以後，請媽祖的日子被統一，政府認為輪流辦桌，不符合社會節約的要求，吃到鹹麻糬的機會變少了，所以後來當我知道，原先辦桌才吃得到的鹹麻糬平日也買得到、吃得到時，真是又驚又喜。那應該是我北上念大學以後的事吧！起初，看到人們將它當成伴手禮帶到台北，直覺不可思議，但最終仍臣服於它的滋味，難得送人自用兩相宜，吃著吃著，歡喜請

鹹麻糬的外皮撒上了椰子粉，鬆軟不失Q度的微甜糯米皮，搭配拌炒過的蝦米、瘦肉等內餡，甜皮鹹餡的巧妙組合，成為台灣中部遊子難忘的家鄉味。

媽祖、快樂吃辦桌的童年時光重現，那是無可取代的半鹹甜，也是一九六〇年代那場官宴裡首次誕生的鹹麻糬所沒有的滋味吧！

我總是自豪地向朋友介紹著鹹麻糬，哪個地方的辦桌會有這樣的半筵點心，又有哪一種辦桌點心可以發展成一個地方的特產，而且還獨一無二。走過彰化市街，賣鹹麻糬者，只有大元一家；想吃鹹麻糬，就得走一趟城隍廟。數十年來，大元一直開在城隍廟的廟埕旁。

一九四三年，日本民藝之父柳宗悅的台灣行，為的是考察台灣各地民間的生活用具，到了彰化城隍廟，他卻為坐在廟裡的老人的臉所吸引，是老人有如雕刻般的臉，剛好扣住了柳宗悅透過民藝所要傳達的日常美的精神吧！有別於過去日本所尊崇屬於上層社會的傳統美，老人的臉，一張張真實存在的臉，庶民生活的感動，縷縷刻劃其中。再次翻閱《民俗台灣》，追尋柳宗悅的足跡，咀嚼著他的話語，大元的鹹麻糬，也好似柳宗悅眼中，彰化城隍廟裡的老人……

【延伸風景】

辦桌的半筵與終筵

點心端出來了，辦桌已經吃到一半了；甜點和甜湯來了，散場的時刻終於到了。翻閱日本時代，日本旅行協會台灣支部出版的《台灣鐵道旅行案內》，兒時吃辦桌的記憶，竟重現在他們介紹的台灣宴席裡。

近百年前的半筵

這本《台灣鐵道旅行案內》出版於一九四〇年，往前翻一九二一年出版的《台灣風俗誌》，片岡巖於（台灣の宴席其他）所談論者，甚至更早一九〇二年十月，新樹發表於《台灣慣習記事》的（宴席及料理に関する雜話），間或閱讀為數不少報端有關台灣料理的介紹，日本時代台灣宴席的面貌越來越清楚，但卻漸漸超出我的記憶所能承載。

原來，對那個時代的人而言，半筵點心的出現，不只是象徵而已，是真的暫告一個段落，吃完點心，客人可離席稍事休息，或躺、或抽菸、或吸食那個時代流行的鴉片，有時藝妲的表演也會上場。穿梭其間的是傭人端熱水，遞熱毛巾給客人擦拭的場面，等主人招呼客人再度入座，始展開下半場的宴席，爾後，勸菜，勸酒聲不斷，直到上了甜點或甜湯，才告終筵。當然也像兒時吃辦桌，會上一碗熱水，讓大家先將湯匙洗乾淨，再享用甜食。不過，末了，主人不忘差傭人再端盆熱水來，讓吃飽喝足的客人用熱毛巾擦拭後始送客的這番待遇，可不見於我的時代記憶，那是上層階級一場又一場的豪宴。

當時的宴席，雖也如今日般以十或十二道菜最常見，卻也不乏更多者，且因忌諱奇數，常以十四、十六甚至十八道的偶數往上增加。出十二道菜時，第六道為半筵，出十四道時，半筵則為第七道，以此類推，半筵的點心一般以鹹口味為主，但也有說是甜點。鹹麻糬是我的彰化歲月裡記憶鮮明的半筵點心，那麼出現在七、八十年前，甚至一百多年前的盛宴，滿足那些上流賓客的半筵點心又有哪些呢？

水餃、肉包也是半筵點心

一九〇二年，《台灣慣習記事》的學會日誌記載為了新年的宴會，學會請艋舺醉花

彰化老店肉包李的肉包與燒賣，這兩樣都是日本時代喜用的半筵點心。

台灣一些傳統包子店少不了的燒賣，也是過去酒席最常出現的點心。

園酒樓送來菜單，半筵點心有四方餃與水晶包。隔年，該學會又有餐會，出現的菜單，半筵點心為肖邁，即燒賣。一九一二年，彰化支廳落成，四方餃再度成為落成宴的半筵料理。開幕於一九二一年的台北江山樓大酒樓，一九二三與一九二五年承辦日本皇太子的賜宴以及皇室來台的料理，兩場宴席的半筵點心分別為炸春餅與莿瓜餅。莿瓜餅和艋舺醉花園的水晶包少見，但炸春餅、燒賣和餃類幾乎都見於往後的菜單中。一九四〇年《台灣鐵道旅行案內》列出的兩場宴席料理菜單，半筵點心為蝦餃與炸春餅，行文還直接點名燒賣、肉饅頭（肉包）、菱角餃和春餅等為常見的半筵點心。是的，當時半筵點心也喜用肉包。一九三六年，《台灣婦人界》雜誌十一月號的結婚專題，刊載台北市兩家有名酒樓江山樓與蓬萊閣的婚宴菜單，前者的半筵點心為炸春餅，後者則為白炊包，即肉包。

當時，一般人難享宴席，席上的半筵點心，自也無緣嚐之，只有肉包出現在街頭。《台灣鐵道旅行案內》台灣街頭珍味便有它的身影。一九二七年十二月十日江山樓老闆吳江山以「江山樓主人」之名，開始在《台灣日日新報》連續寫了二十三篇文章，介紹台灣料理。十二月十二日談論到半筵點心，舉了炸春餅、肖邁（燒賣），以及蓮花餃、龍角餃（菱角餃）、榭榴餃和水餃等。江山樓主人說，餃類，除了水餃以湯餃之姿出現，其餘都是沒有湯汁的蒸物，而且這些餃類的名稱雖不同，其實都是麥粉，即麵粉製品，差別只在餡料或形狀的不同。

南方麵點為主流

事實上，不只餃類，炸春餅、燒賣，還有肉包都是麵粉製品，這些麵點雖興起於北方，最後卻在南方發展成特色小點。以明代的北方當作故事舞台的《金瓶梅》，寫盡酒色之徒西門慶，藉著欺壓良善，從一個地痞惡霸發跡成一個富商巨賈的故事，而食、色，性也，隨著主角將事業版圖從山東延伸到江浙，作者也以飲食場面渲染主題，二百多種食物，從市井之食到官宦飲饌，味道更從北到南，包子、燒賣與餃子連番登場，以糯米飯做餡的大飯燒賣及扇籠蒸出的餃兒等，標舉著南方點心的旗幟羅列其中。

袁枚的《隨園食單》反應清代整體烹飪風格，雖涵蓋中國南北菜品，但「點心單」多江南味，顛不棱，袁枚到廣東官鎮台吃到甚佳的肉餃，「糊面攤開，裹肉為餡蒸之」，不正是蒸餃的再現。其中，「肉皮煨膏為餡」，軟美令袁枚為之下筆。而充滿江南綺思的《紅樓夢》，不也有「一寸來大的螃蟹餡小餃兒」的揚州名點。周作人在《知堂談吃》談〈點心與飯〉，腦海湧現的南方點心亦不乏燒賣、花餃與包子。來自北平，嚐遍中國各省美味，最後落腳台灣的唐魯孫，雖然「認為南方人吃餃子似乎沒有北方人來得講究」，但在《酸甜苦辣鹹》〈吃餃子雜談〉，他卻稱「酒席上的蒸餃（北方叫燙麵餃），南勝於北」，上海老伴齋的翡翠蒸餃令他難忘，而揚州月明軒的翡翠燒賣更叫他讚不絕口，最後還寫入〈蜂糖糕和翡翠燒賣〉。

番薯肉餃難登大雅之堂

日本時代，以台灣料理代表自居的江山樓，開幕時主人雖對外宣稱江山樓的菜餚，是經他考察中國大江南北的菜色後端出來的，但最後端上宴席成為半筵點心的，大多是來自南方精緻的麵點。這些吃巧不吃飽的麵點，在那個麵粉仍不是台灣一般民間普及食材的時代，加上做工細膩，要走上街頭，自是困難重重，只有稍具飽食特色的肉包辦得到吧，何況它本就是原鄉閩南一帶流行的點心。不然，就只能取來當時人們熟悉的番薯或樹薯粉之類的澱粉做皮，包進肉餡，仿餃子的模樣，做成別具風格的「肉餃」，《台灣鐵道旅行案內》的台灣街頭珍味便有記它一筆。

一九〇二年出現在艋舺醉花園菜單半筵點心的水晶包，以及片崗巖於一九二一年《台灣風俗誌》中列出的宴席料理之一，並特別註記為肉丸的水晶丸，或許都是「肉餃」的化身？不過，可能是草根氣息濃厚的番薯粉出身，讓它們無法與那些沾染江南風雅氣息的蒸餃麵點相評比，便慢慢消失於周旋在又是菸、又是鴉片、又有藝妲為伴的酒樓歌榭中，最後更從半筵點心的菜單中被剔除了。儘管如此，誰知後來它竟在台灣民間發揚光大，肉圓，肉圓仔，涼圓、水晶餃等，無一不是「肉餃」的家族！

不分尊卑的終筵點心

日本時代的半筵點心如此高不可攀，終筵點心顯然就可親多了，出現在《台灣鐵道旅行案內》台灣街頭珍味的杏仁豆腐與杏仁茶皆是。終筵有完成之意，因此亦稱完席，完席的點心通常包含兩道，甜湯與甜點。杏仁茶是甜湯，杏仁豆腐也是。一九一二年，彰化支廳落成宴的完席點心，馬蹄蘇（酥）配荷色杏仁，此荷色杏仁應是杏仁茶或杏仁豆腐之類的甜湯，一九二三與一九二五年，江山樓為日本皇室端出的完席點心，八寶飯搭杏仁茶，一九四〇年《台灣鐵道旅行案內》介紹的兩份台灣宴席菜單的完席點心，杏仁豆腐配布丁以及杏仁白果搭酥餅。

一九二七年十二月十二日，江山樓主人在報端談論台灣宴席半筵點心，也提到完席點心，他說，夏天常用杏仁豆腐與馬薯糕（即馬蹄酥，馬薯與馬蹄皆指荸薺），冬天則是蓮子湯。雖然有季節之分，而且搭配上桌的甜點，從馬蹄酥、八寶飯到布丁，不斷變化著，但從日本時代初期到末期，無論杏仁茶或杏仁豆腐，似乎一直受到愛戴，成為當時台灣宴席完席點心的主要靈魂。台灣雖不產杏仁，但杏仁茶長久以來就是民間的飲品，日本時代關於台灣街頭的飲食文獻經常出現杏仁茶配油條的組合，也許宴席上的杏仁茶或杏仁豆腐是受民間影響而端上桌，莫怪，當杏仁茶出現在日本皇室的宴席上，承辦的江山樓得用產

八寶飯搭杏仁茶，日本時代台灣酒樓為皇室端出的終筵點心，但民間更熟悉的是油條配杏仁茶。

自甘肅者，彰顯它的與眾不同。

召喚杏仁茶的時代

今日，台灣宴席上或許還找得到杏仁豆腐，但杏仁茶似乎消失了，而時間淘過多少隨著它而上的甜點，那些曾經高高在上的半筵點心，更早已普遍成平民點心。浮現在日本時代文獻裡那一套由上層階級，官宦商賈，甚至文人雅士所建構的宴飲文化也不復存在。只是，小時候吃辦桌，看到半筵點心上桌時的心情，至今仍令我懷念，而完席的甜湯上桌前，小孩們就著一碗清水搶著洗湯匙的情景，更襯得回憶裡的甜湯，甜上加甜！

杏仁茶的宴飲時代，我沒有經歷過，在我的辦桌點心回憶裡，最堅實的，莫過於鹹麻糬，一九六〇年代才誕生的它，雖然已自辦桌功成身退，但做為地方名產，鹹麻糬仍獨一無二的存在彰化街頭，改天，或許它還可以搭配杏仁茶，被推上新時代的辦桌，我期待著……

【延伸滋味】

「肉包李」哪裡去？

彰化市有三寶，肉圓、爌肉飯和貓鼠麵。翻開一九七〇年代以來的報章雜誌都如此介紹彰化美食，不過，對自一九六〇年代以來，在彰化出生、長大，度過青春期的我而言，可以與肉圓、貓鼠麵並列成為彰化三寶的，非肉包莫屬，而那個時代的彰化肉包，想當然耳是「肉包李」的肉包。

它的滋味到底如何？追憶兒時的光陰，我竟無法確知何時吃過它，是它以辦桌的點心上場時嗎？僅記得清明節，家裡的潤餅捲一定要用肉包李拭的麵皮；還有甜甜香香的小饅頭，這是肉包李為了吃不起肉包的人家而做的嗎？肉包李的肉包始終夢幻，但即使沒有吃過，即使不知「肉包李」是何人也？小兒對「肉包李」之名卻耳熟能詳，並深植心內。

如今搬離彰化多年的家人，還常在清明節聚首時聊起，昔日清早排隊苦候肉包李剛拭出潤餅皮的滋味，對它的小饅頭更念念不忘。而彰化街頭的肉包店也早已新秀輩出，永樂街的「肉包明」，假日時總是大排長龍，它的肉包大而扎實，香氣襲人，深得網路社群的口碑；成功路上的「肉包成」，有時也會成為兄嫂返鄉時帶回的「等路」（伴手禮）。一

肉包李的肉包，肉餡帶著古老的鹹香滋味。而與山東大饅頭截然不同的小饅頭，一口，至多二口就下肚，擺明是小點心，散發一股老麵發酵的香甜味。

位在熱鬧的永樂街上的肉包明，厚實的包子一口咬下，大團肉餡口味偏甜，近年人氣十足。

晃眼，「新秀」也成了有三、四十年以上歷史的「老店」，那肉包李哪裡去了？兒時的夢幻肉包在哪裡？讓人更想吃它一口！

從往日繁華的太平街來到僻靜的永安街，肉包李歷經三代的傳承。可愛的小饅頭仍在新式不鏽鋼的蒸箱裡呼吸著，一旁蒸騰的還有燒賣，撥開霧氣現身的是我的夢幻肉包，它不似肉包明的碩大，樣貌適中，價格今日看來也親民，一口咬下，麵皮的香氣似勝過肉餡，慢慢的，帶點香又帶點甜的麵皮，讓肉餡的味道吃來更鹹更甘。原來是這種純樸的鹹甘味，而這回我才知早在我出生前，它就飄香彰化街頭近二十年。

一九四五年，日本人走了以後，李傳蓮做為昔時觀音亭口享有盛名、賣各種傳統糕餅的新妙香餅鋪傳人，看著街頭的外省福州人賣起新奇的肉包，忍不住也想一試，他的肉包便出籠了，古老鹹香味的肉包吃不起沒關係，還有可愛的小饅頭，老麵發的麵皮特別誘人。很快的，「肉包李」之名隨著李傳蓮的肉包和小饅頭，傳遍彰化的大街小巷。

「肉包」出名了，但李傳蓮始終沒有忘本，正月初九天公生不忘做麻粩、米粩，清明節來了就拭潤餅皮，而中秋節怎能忘了月餅呢？最後連聖誕節都有信徒瘋起他做的「鳳片糕」；還有一九七九年古蹟專家林衡道來訪彰化時，隨行攝影高而恭拍下的鹹蛋糕也曾熱門著。出入各式粉類，周旋在各種不同的糕餅間，肉包李的名聲在彰化人的記憶裡也越沉越豐厚。

然而昔日的黃口小兒今已屆中年，更多的老人凋零了，多少記憶湮滅。彰化市曾有家創立於一九一六年（大正五年）位在東門一帶的和洋菓子蜜餞鋪「福和成」，一九四〇年（昭和十五年）《台灣鐵道旅行案內》介紹彰化驛時推薦了福和成，將它與日本人經營的「鶴屋」，並列為旅人至彰化一遊購買土產的兩大店家。金關丈夫〈台灣の民藝に就いて〉一文記錄一九四三年，日本民藝之父柳宗悅帶領民藝運動同仁，深入台灣各地考察，對台灣民間所創造的藝術嘆為觀止，而福和成的菓子亦在讚嘆之列。從母親口中拼湊模模糊糊的記憶，福和成或許曾殘存到我的童年，是一間賣著蜜餞的老舊鋪子，但今天還有多少人記得它，如果不是翻出日本時代的文獻，「福和成」不會在我的腦中浮現。

出生於日本時代的李傳蓮，應走過福和成的風光時代，在歷史的轉折中福和成消失了，而李傳蓮藉著「肉包李」父傳子，子傳孫，如今雖不再拭潤餅皮，麻粩、米粩滋味也不見了；且隨著新秀輩出，肉包李亦不再享有當年一枝獨秀的榮光，但那團老麵發的麵團仍在，那一口甜甜、鹹鹹、香香，沒有被油蔥或香料修飾的肉包總算仍在，而愛這古樸味道的人也還在……

就是這樣一團鹹、香、鮮又帶著一絲甘味的飽滿肉餡，撐起傳統台式包子的一片天。

一團肉餡挑大梁

讓肉包李出名的包子——肉包，講究的當然是肉餡，豬肉去筋去皮，絞碎，摻入特選蔭油醃製，以簡單的甘醇味襯托豬肉的鮮味。永樂街的肉包明與成功路的肉包成，在《彰化縣飲食文化》的記載中亦強調肉餡，前者說豬肉的肥瘦比得三比十，後者宣稱選用的是彰化爌肉飯攤用的上肉（後腿肉），再各自輔以獨家的醬油、蔥頭酥或者其他祕方。雖然大家都強調肉餡，不過相較之下，肉包李的口味以鹹香為主，餘二家，特別是肉包明的甜味較突出。這種鹹中帶甜，帶著醬油的甘，幾乎只靠一團肉撐場面的傳統台式包子，有別於一九四九年以後出現在台灣有菜有肉的外省包子。

【延伸滋味】
苔條花生之彰化味

如海潮來襲般，潮退了，湧上舌尖的，是微微的甜味與久久不散的香氣，讓我越嚼越香越難忘！

前年，九月底，一位台北朋友隨我到彰化一遊，途中他一直詢問彰化有什麼特產可以帶回台北辦公室，讓同事一起享用。由於他還要往南走，三天後才北返，有名的肉圓或肉包之類的熟食並不適合。這時，我的腦中突然閃過苔條花生，朋友問那是什麼啊？

事實上，當時我也沒吃過苔條花生，甚至沒看過，只知道它是我家搬離彰化以後才出現的食物。而生產苔條花生的店家，就在離舊家一、二百公尺的轉角處，記得小時候我們一群孩子常跑到那騎樓下嬉戲，那是一家叫做「祝福」的餐廳，店面不大，據說有一年前總統李登輝上門用餐，吃了他們的小菜，就是這苔條花生，讚不絕口，結果，餐廳後來就成了一家不賣餐只賣苔條花生的餐廳。最後，乾脆卸下餐廳的招牌，成了一家「苔條花生」的專賣店。

原只是一道開胃小菜的苔條花生，因獲得前總統李登輝的青睞，聲名大噪，如今已躋身彰化名物。

產自一家從小熟知的店家、又被李登輝加持過的苔條花生，不知不覺在心中有了分量，常想哪天回彰化要買來吃吃看，但每次來去匆匆就是給遺忘了。這次藉著友人同遊，總算逮到機會了。

我一直以為苔條花生，指的是摻有海苔的條狀花生糖，上門後，才發現它是撒了海苔的花生粒。為什麼會這樣？距離上火車的時間不遠，來不及問老闆緣由，只好將疑問帶著走。誰知回家以後，打開一吃，竟意外吃到一種熟悉的味道。這不是以前在彰化過清明節時，捲潤餅一定少不了的滸苔香嘛！

二〇〇二年出版的《彰化縣飲食文化》，也記有苔條花生這一味，趕緊將書翻出來，仔細一讀，沒想到老闆說他製作苔條花生的靈感，來自於蔣介石嗜吃豆子料理，「將新鮮蠶豆浸在水中兩天，放在盆中澆水，約一個星期會冒出根，此根稱為一腳鴨，將此根撿起放在蒸籠中炊，加上切得極細的青蒜，拌在一起，再放鹽，即可食用」。「或是以酸菜切絲，加上肉絲，煮成清湯，再舀入一匙豆板，即豆板酥」，也是蔣介石喜歡的一道菜。

為何有人如此著迷於豆子變化的味道呢？老闆開始試驗各種不同豆子的料理，前後試過十幾種豆子，就是做不出什麼好味道。有一天，花生下油鍋了，炸出了意外的香脆，有什麼食材可以讓它的口感與滋味發揮得更淋漓盡致，滸苔的味道就在此時飄來了，而滸苔又名苔條！苔條拌花生粒，再撒上糖粉與些許鹽的苔條花生就這樣誕生了。

知道了苔條花生的由來，但老闆為何會知道當時高高在上的統治者的脾胃所好？書中沒有給答案，倒是提到了老闆過去曾經營彰化八卦山上的溫泉餐廳。咦，那一帶不也是我以前經常穿梭遊樂的地方？就在餐廳的旁邊，有一間總是大門深鎖、戒備森嚴的日式建築，國中時候我們一群孩子還常在那探頭探腦，將它想像成一座刺激的鬼屋。好久好久以後，我才知那是一處「蔣公行館」。原來如此，老闆或許曾在那個神祕的戒嚴時代，為掌權者掌過廚！

這是一趟奇特的旅程。從蔣介石舌尖的激發，到合了李登輝的胃口，最後入我口的，卻是清明時節潤餅捲裡，那充滿土香與海味的土豆仁粉與滸苔的海陸激盪！我想，如果沒有這種深藏在記憶裡、綿延不絕的鄉土味激盪，老闆可能端不出這一盤讓人讚不絕口的苔條花生。

苔條即滸苔，昔日潤餅捲裡不可少的海潮味，苔條花生因它更有味了。

彰化縣城圖
20元
10元
10元

彰化小吃

新香珍糕餅的百年勉強

以前，有好一段時間並不知道，彰化有這麼一家百年老餅鋪存在，那不是為觀光客準備的標準化滋味，卻每一種都讓我，讓我們一家人吃來充滿驚喜。秋冬才會生產的土豆粩，看來一點也不起眼，姪女一吃，竟驚呼再來一塊，而它的綠豆椪更勾起我的童年甜點記憶……菱角酥、狀元糕紛紛而來，它們都仍存在彰化的街頭，還有那一家會讓我想起小時候吃的吐司的義華餅行……

葛粉做餡包著香酥的肉鬆，超乎意料的鬆透口感中湧現一種熟悉的半鹹甜，不起眼櫥窗裡隨意擺著的白雪酥，竟有這般令人難忘的滋味。

白雪酥切開來，真的落雪了，滋味紛飛，清爽，舞在肉鬆之間，酥得醉人。這是什麼餅啊！為什麼我從沒吃過？一刀劃開綠豆椪，藏不住的油蔥滷肉香湧現，咬在嘴裡的是從綠豆沙裡迸出的肉塊，塊塊分明直搗思念的心，沒想到多年來在台北苦覓不到的中秋味竟還存在！土豆粩，再普通不過的土豆粩，被帶回家幾天了，總吸引不了小姪女，誰知，那天不小心入口，竟讓她驚呼再來一塊……

它是一家不起眼的餅店，這一、二年來返回彰化，幾次經過，玻璃窗裡幾盒或幾袋餅隨意擺著，不見人影，就像鄉間勉強維持著的餅店，勉強到令人忽略，甚至不信它大門上「百年老店」的字眼，即使後來翻閱日本時代的文獻，看到它，位在彰化市仔尾的「新香珍」，創立於明治三十一年，一八九八年，我還是難以置信！一九二九年，昭和四年十月出版的《台灣商工人名錄》登錄營業稅超過五十圓以上的店家，彰化街菓子業有七家，新香珍也列名其中，為何一間看似如此「勉強」存在的餅店，可以創出那樣的歷史紀錄？可以維持超過百年？而如此一家百年老餅店，於我，竟是這般陌生，回憶著一九六〇年代出生以來在彰化度過的青春歲月，不禁如此想著……

那天，終於推開那扇玻璃門，老舊的鋁框伊伊啞啞的使力著，一位老阿媽聞聲從裡頭迎面而出，一時之間，不知買什麼，吞吞吐吐，始鼓足勇氣說出我的好奇。去裡頭問年輕的，親切的有如自己阿媽的回答，我放心地走了進去，進深縱長的傳統街屋後頭，日光燈下，泛著冷光的不鏽鋼工作檯，竟意外的溫暖，我迅速被包容了進去，一對中年夫妻，是當家的老闆夫婦吧！一個青年也在一旁忙碌著，是他們的孩子，大家努力趕工的是麻粩，還有個鄰居婆婆來串門子幫忙，後來才知她是老闆嫁到隔壁布莊的姑姑，幾乎天天回來幫姪兒的忙。

他們好奇於我手中日本時代文獻的記載，忙著對照長輩代代傳下的記憶，百年沒錯，甚至比文獻上的年代更久遠，幾近一百三十年，至眼前這位年輕的孩子已有五代。說得更確切一點，傳至第三代時，還出現了兄傳弟的插曲，哥哥的孩子在學術上有非凡的成就，不是以台灣史研究翹楚成為中研院副院長，就是於愛滋的研究領域學有專精，眼看著餅店就要後繼無人，弟弟接手了，轉眼弟弟又放手給跟在一旁學習的小孩，如今小孩成了第四代繼承人，並早已為人父，才創造出眼前第四代帶著第五代一起工作的場面，那是一種站在前頭冷清店面前，無法想像的熱絡場面。

麻粩如米果般的白心炸膨後，麥芽糖漿裡滾一回，芝麻堆裡沾了又沾，便大功告成。第四代老闆招呼我吃吃看，老阿媽還從前頭店面捎來了之前做好的土豆粩要我嚐嚐。原本我是為了芋沙餅而來，卻意外吃起了粩。中秋，芋頭盛產時才會做芋沙餅啦！老闆解

炒得鹹香的滷肉角，扎實地存在綠豆餡中，老店用料實在，重現我兒時的中秋味。

釋著。原來如此，這是一家按著節氣步調前進的老店，而過去的店家大多如此，才會讓芋沙餅成為中秋應景的餅，成為彰化市人的月餅，但過去居住彰化時代，我竟不識此滋味？而吃著麻粩，也不知它是入秋天氣轉涼以後才會製作的傳統糕餅。天氣熱，粩容易潮掉，並不適合做。這是代代相傳的糕餅業不成文守則，莫怪過去只有正月初九拜天公生才有粩可吃。

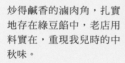

在第四代老闆娘為我講述他們每年秋冬的例行作業時，我瞥見一旁一籃又一籃的麵龜，好幾種不同的麵龜！這是四腳龜，為父母做壽時，女兒得準備的；孫輩的用桃形，兒子則用圓形的。老闆娘如數家珍，說這都是人家訂做的，我恍然大悟，新香珍可以「勉強」百年，靠的不是店面的人氣，而是後方這一處歇不住的工作場所，從此連結出去的，是一座廟宇香火的興旺，一個家族的茁壯，一個人的生命榮枯，從出生、結婚、生子，甚至死亡送終，都有新香珍出產的糕餅，給予生生不息的祝禱。

一回，二回，三回，最近幾次回彰化，我總忍不住走向新香珍，仔細一看，那個原本引不起我興趣的櫥窗，除了當季的粩，每回都有不同的糕餅現身，記得上回有白雪酥、綠豆椪和

天氣轉涼，開始做粩，用秋天盛產的芋頭製成如米果般的白心，裹麥芽糖，再各自沾花生粉或芝麻，便成土豆粩與麻粩，這是天公生的最佳祭品。一百多年歷史的新香珍，後方的工作場所儼然是一座活生生的民俗博物館。

女兒為父母祝壽得獻上四腳麵龜。

滷肉餅，而那時後頭工作檯上爭相出爐的，還有一個又一個準備當喜餅的鳳梨酥，是否前頭櫥窗裡的餅也是託新人之福才出現的？而這回在櫥窗裡露臉的，竟是一碗又一碗的年糕！啊！要過年了，一旁還有一箱又一箱廟宇年終謝神用的麵龜，以及用紅片糕捏製成的豬公，那是趕著年前結婚，男方得負責張羅的祭神用品，當然也少不了女方當嫁妝的米糕與麵龜桃，而工作檯旁架上熱氣騰騰的，居然還有菜頭糕。這到底是一家怎樣的糕餅店？

新香珍自一百多年前創立，第一代，第二代，第三代兄傳弟的兩任老闆都是單純的經營者，店內糕餅都委由一代傳一代的師傅製作，第四代劉仁民接手，從高中畢業便跟著家中師傅學做糕餅的他，在師傅退休後成了傳人，於是經營者兼師傅，四十年的糕餅經驗，在他身上集的是歷經百年淬煉的技藝，而技藝之所以爐火純青，仰賴的是一股永不澆息的工作熱誠，每每看著他帶領著從台北嫁來彰化已有三十年的太太，與兒子劉榮爵，忙碌於工作檯的身影；看著出入於工作間的顧客，廟祝、為父母作壽的兒女、準備步入禮堂的新人，甚至學校準備鄉土料理食材的老師等等，與他們如家常般的互動，一種樂在其中的甜美滋味便湧現……

那不是為觀光客準備的標準化滋味，卻每一種都讓我，讓我們一家人吃來充滿驚喜的美味，問我什麼產品是新香珍的代表作？我答不出來，幾乎每一種，每一口都是，都令人難忘，那是一種以為已經消失的扎實感，一種扎扎實實的存在感，一種在時間的長河裡靠人與人之間的互信鍛鍊出來的滋味，而我也終於了解，為何居住彰化時我不知新香珍的存在，原來我家離新香珍有一段距離，逸出了以新香珍為中心而建立的互信網絡。我開始私心希望新香珍的門面永遠「冷清」，下回到彰化，到新香珍，還想讓顧店的阿媽招呼我，讓我穿過他們的飯廳走進後頭的工作間，與老闆一家人話家常。

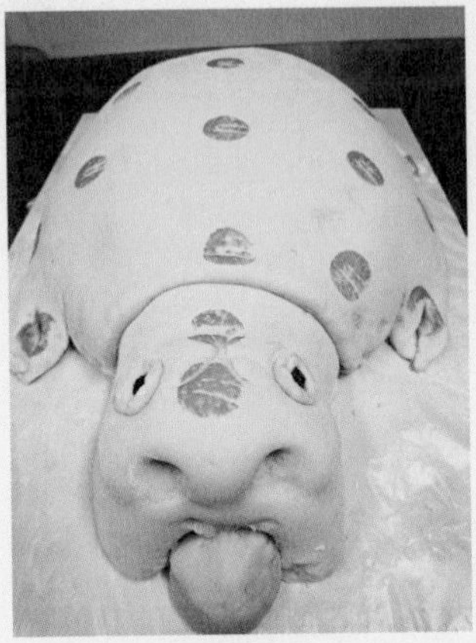

祝賀新人的喜餅鳳梨酥（右），男方祭神用的豬公（左），以及女方當嫁妝的米糕（下）。

新香珍的芋沙餅

彰化的中秋月餅

等了八個多月，我終於吃到新香珍的芋沙餅。年初，第一次踏進新香珍，雖說是對它的百年歷史充滿好奇，但更大的動力是為了一嚐芋沙餅吧！可是，老闆說中秋節他們才會做芋沙餅。這幾年，彰化來來回回，注意到芋沙餅的存在，才發現傳統漢餅店的產品大多列有芋沙餅，仔細回想，國中同學老徐雖早遷居台中，但中秋一到，便會回彰化購買「肉包李」做的月餅，日後才知她所謂的月餅就是芋沙餅。彰化人中秋節吃芋沙餅我竟不知道，是否居住彰化時，每逢中秋節，因為父親工作的關係，家裡總堆滿別人送的月餅，從來沒有自購，加上後來長大了一些，中秋節一到，心總被離家不遠的「義華餅行」的小月餅占領之故

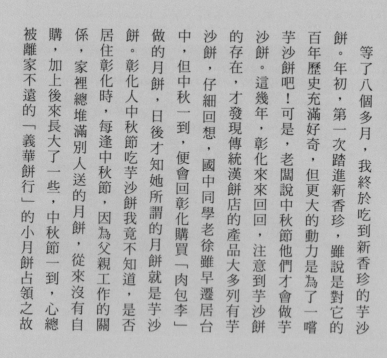

復興珍的芋沙餅

呢？

這些年因為小吃的聯結，常和八十歲的母親聊起她的童年，你外公種的芋頭很搶手，一擔到市場一下子就賣光了，在母親回憶裡，彰化農家的芋頭不知不覺浮現了。在那遙遠的時代，糕餅店的師傅面對中秋時節盛產又好吃的芋頭，腦筋一動便做起了芋沙餅，年復一年，芋沙餅成為一些彰化人的月餅。近一百三十年歷史的新香珍至今還守著這樣的習慣，不過今天彰化也有店家終年生產芋沙餅，並以它做為主力商品，出現在一九三五年出版的《彰化市商工案內》，創立於一九一四年的老店「復興珍」便是代表，從中，他們還發展出葷素有別的芋沙滷肉餅與芋沙香菇餅，深受離鄉遊子的喜好。

【延伸風景】

殖民時代的粿

雙手扶著一個紅龜，吃得嘴歪舌斜。這應該是一個將糯米的黏性發揮到極致而好吃極了的紅龜粿，不料卻無端招來一場禍事。一九三〇年十月陳虛谷發表於《台灣新民報》的小說〈放炮〉，日本警察真川平日喜歡強闖民宅吃拜拜，一天，他恍惚聽到放炮聲，心想，又有豐盛的一餐可食，怎知左等右等，等到日落西山，都沒有人來請。一夜氣憤難消，隔天，抱著戶口簿資料，庄頭走到庄尾，執意要抓出「捉弄」他的禍首，終於看到吃粿吃得爽歪歪的劉天，一口斷定他就前一天拜拜放炮的人。

家在彰化市北門口的陳虛谷，一八九六年出生於彰化和美，二十五歲赴日就讀明治大學，結識一群想為殖民地台灣找尋出路的熱血台籍青年，積極參與「台灣議會設置請願運動」的行列，返台續奔波於「台灣文化協會」的活動中。與賴和同為殖民時代台灣文化啟蒙運動旗手的陳虛谷，雖以嚮往恬淡田園生活的詩作著稱，但僅有的四篇小說，詩人卻藉由對鄉間底層生活的細微觀察，以一種哭笑不得的反諷手法，勾勒台灣農民於日本殖民統治下的生存困境。

粿不會無事做來吃

昨天家裡有喜事？——做滿月或四月日？沒有呀！神明生或拜祖先？沒有呀！全然沒有！只不過是女兒到親戚家幫忙祭普度公，順手帶回來的粿，竟招來好幾個巴掌，還差點吃上「辱官」的官司。在陳虛谷的小說裡，粿不是可以無事做來吃著玩的。真實的生活呢？一九四〇年，《台灣鐵道旅行案內》向旅人推薦的台灣街頭珍味出現了甜粿、鹹粿、粄仔粿、芋粿、菜頭粿等，事實上，這些粿在王瑞成（川源瑞原）於一九四二年《民俗台灣》陸續發表的〈點心と新春の食品〉、〈遣ひ物としての粿と粽〉都是過年或中元節的祭品。

一九四一年《民俗台灣》〈士林市場について〉作者潘廼禎走過市場，發現繼清晨四點開始的大賣結束後，七、八點一些小販陸續進場，九重蒸、粄仔粿、紅龜仔粿的販賣也夾雜其中，通常九點是市場交易的高潮，十一點過後，便一片冷清，

新香珍做的，各式拜天公的粿，由左至右依序為：紅龜象徵長壽，紅圓仔意味團圓，牽仔牽錢有富貴之意。

有別於廣場上包含飽仔（包子）、麵、米粉、粉條、四果湯、芋圓、魚丸、魚翅等有甜有鹹的各式點心，一直賣到黃昏六點左右。由此可見，當時台灣街頭被日本人視為珍味的粿，應不是平常會買來吃的點心，而是有需要才會購買的食物。王瑞成在（遣ひ物としての粿と粽）亦談到，台灣的粿與粽不僅是隨著一年節氣變化而製作出來的食物，還伴隨著婚喪喜慶等一個人的生命禮儀而產生，其中隱含著敬神、祭祖和子孫繁榮的意味。而傳統的粿，大多以主要的糧食——米製成，不管是買來或自製的，在節儉的思維下，祭拜完之後，將粿分送出去，更將物盡其用的精神發揮了到極致。

陳虛谷小說裡的劉天吃著女兒從親戚家帶回來的紅龜仔粿，本是一件尋常事，卻被當成沒事做粿吃著玩的異常行為——這正是詩人看透的殖民悲哀。

消逝中的粿

越過殖民時代，兒時的我幾乎也是家裡或親友家有人拜拜，才有紅龜仔粿可以吃。記憶中，出現在過年過節或婚喪喜慶的各種粿，只有菜頭粿被當成日常點心賣著。以在來米磨漿加入菜頭蒸成的菜頭粿，也許因為在來米比起紅龜粿的材料糯米容易取得，便在街頭普遍起來，而令我訝異的是翻開日本時代的文獻，以在來米漿為主要材料做出的粿，除了碗粿或菜頭粿這類鹹粿，還有焿仔粿、九層粄或赤紅甜等眾多變化。

碗粿有甜有鹹，焿仔粿亦然。在來米漿裡加焿油，吃起來有種清涼口感，焿油又有防腐作用，特別適合夏天食用，一九四三年，陳玉麟於《民俗台灣》發表的〈台灣的特殊飲食物製造法〉，如此記載著焿仔粿，緊接著登場的是九層甑和赤紅甜，在來米漿拌黑糖分層逐一蒸熟，七八回後便成赤紅甜，九層甑則上鹹下甜，帶著半鹹甜的味道。九層甑，就是一九四一年潘廼禎走過士林市場看到的九重蒸，也是一九四三年王瑞成寫在〈遣ひ物としての粿と粽〉裡的九重粿。它的製作費時又費工，得一層一層蒸，直到九層始完成。七十年前，王瑞成便稱一般人家大多不做了，有日漸式微的趨勢，至今全台也真的只有少數幾個地方嚐到得它的滋味。赤紅甜與焿仔粿則似乎早就不曾聽聞。

怎麼都少不了的紅龜粿

紅龜粿沒有出現在一九四〇年《台灣鐵道旅行案內》介紹的街頭珍味裡。但就像歲時祭拜總少不了的菜頭粿、年糕與粽子等，日本時代幾篇有關台灣粿作法的文獻，總見紅龜粿的身影，它的存在真是強而有力，莫怪會成為陳虛谷筆下抗議殖民統治的利器。

準備做紅龜粿，古寺老廟處處的彰化，不時有人來新香珍訂做。七、八十年前，居住在新香珍附近的賴和、陳虛谷和楊守愚等彰化文人，或許也吃過它的紅龜粿。

年初，踏進了彰化有一百多年歷史的老餅鋪新香珍，聽聞第一代老闆曾以製作祭拜神明的紅龜粿聞名「彰化城」，忍不住回程也買了它的紅龜粿，新香珍所在的市仔尾距陳虛谷北門口的住家應不遠，不知陳虛谷是否嚐過它的紅龜粿？且不提陳虛谷，說他的文友賴和吧。日本時代賴和的醫館離新香珍只有幾步路，新香珍老闆口中賴和的兒孫，幾天前才來過，那名字喊得有如自家兄弟般，賴和或許吃過新香珍的紅龜粿？如此一想，這次從新香珍帶回的紅龜粿雖不是祭品，少了神明的賜福，但吃來卻別有一番滋味。

【延伸滋味】

彰化「義華餅行」的惆悵

當那兩袋吐司被提上火車時，我有點後悔。這樣好嗎？它真的是兒時吃的吐司？萬一不是，多少年來對已經吃不到的兒時吐司的美味想像豈不是破滅？

早上九點多，走進彰化的「義華餅行」，只是要買他們為了紀念賴和，以「文學帽」之名推出的糕點。櫃檯的前方，小姐熱心的招呼客人，後方清楚可見一個小廳堂，供著神桌，一婦人虔誠的上香。好面熟的婦人，是記憶裡兒時的老闆娘，正要走出門口的我，看著門邊貼著民國七十九年整修前的「義華」老照片，忍不住又折返。環顧店裡各式和風甜點，我試著探詢，以前，你們有賣麵包喔！我好想念你們的吐司！那是我做的呀！倚在櫃檯邊的婦人出聲了，我們就這樣聊了起來，最後，她還轉身進到櫃檯後方的房間，拿出「已經不再生產」的吐司——原來義華的吐司還在！

小時候，其實不常吃麵包，但只要吃麵包，大概非義華莫屬。義華餅行在彰化孔廟斜對面，離家不遠，每回經過，玻璃窗內各種西點麵包妝點的世界，彷彿是個天堂，可望而不易接近，只盼學校遠足的日子快來，讓媽媽打點自義華的餐盒，帶我通往那個天堂。菠蘿、三明治，甚至壽司，好奢侈的天堂滋味。不過，在回味義華種種滋味中，最真實者卻數吐司，一條吐司買回來，同時滿足了家裡好幾張口，在那個省吃儉用的時代，多麼經濟實惠。

一九八〇年代初搬離彰化後，吃著異地的吐司，心裡常想著義華的吐司，原來去除經濟實惠的外衣，它的彈勁，它的力道，是如此堅不可摧。只是，一九九〇年代初回彰化，「義華餅行」已改頭換面，不再生產麵包，店中我熟悉的商品，只剩小月餅——這種原本只有中秋時節才會吃的糕餅，也是我們舉家北遷，有機會再返回彰化時，不分節日都會想買它一盒的商品。一九八〇年，《野外雜誌》記者施再滿介紹彰化小吃時，也沒有遺落這一味。並稱總統蔣經國到彰化巡視孔廟復建時亦青睞之。

我的小孩從日本學成歸來後，便提議別再做麵包，改賣可以當「等路」（伴手禮）的糕餅甜點。婦人說起孩子的決定，更加讓人想起義華的麵包時代。那個會「牽絲」的吐司，好多人懷念。用「牽絲」形容那吃來彈性十足的吐司真貼切！好訝異有許多人跟我一樣對義華的吐司念念不忘，但更令人驚訝的是婦人仍不時會做做吐司，為了那些老顧客，也為了自己始終吃不來外頭的吐司。太神奇了，這麼多年來，我認為已經絕跡的吐司竟然還存在，更幸運的是，冷凍庫裡剛好還有幾條吐司，就這樣，我拎著兩條回家了。

從彰化回板橋，一會兒夏日豔陽，一會兒火車極凍的冷氣，忽冷忽熱，幾經摧殘的吐司，它的力道仍在嗎？那是支撐著我對義華所有美好想像的力量所在啊！我好擔心，還好完全解凍的吐司，一壓，柔軟無比，兒時的勁道仍在！我咀嚼，想起小時候有白吐司吃，就不得了，偶爾沾奶粉泡的牛奶，更是奢華無比的美味，忍不住泡製起來。

義華餅行不再賣麵包以後，回彰化，經過它的店門時，心裡總是一陣惆悵。前年，第一次買了他們的「卦山燒」。這是一九八三年赴日學習食品製作，六年後學成返國，於一九九二年接手的第二代，二〇〇〇年時，將父親做的似日本鯛魚燒的甜點，重新包裝推出的形象招牌。方形的餅上烙有「卦山燒餅」的字

義華餅行的文學帽（左）與卦山燒（右），雖都有著日本甜點的影子，背後卻深藏店家對家鄉風土人物致敬的心意。

樣，有其藉彰化八卦山的意象，讓自家產品回歸地方重新出發的企圖。此番帶回家的「文學帽」，日式西點蛋糕，以出身彰化市的日本時代作家賴和頂上帽子之形，包著濃濃的卡士達醬，除了對台灣新文學之父致上敬意，更深刻彰顯其對家鄉的感情。

就在義華的第二代赴日之際，我們搬離了彰化，卦山燒不曾出現在我的彰化歲月。雖說卦山燒誕生也有一、二十年了，但對我來說，它就是新的，陌生的，儘管知其所用心，不過想到兒時麵包從此不見了，嘴邊總不免帶著一種失落的滋味。這回遇到昔日的老闆娘，我總算釋懷了。

也是幾年前才知道的，彰化「義華餅行」的第一代老闆楊勝隆來自豐原，與當地的「義華餅行」創始者楊勝達同為兄弟。豐原的義華餅行，創於日本時代的一九三五年，原名為秋月堂菓子鋪，台灣光復後，民國三十五年始改名。豐原本就是台灣傳統糕餅的重鎮之一，日本時代，又設有麵粉廠，同時做為台灣三大林場之一八仙山木材的集散地，因設有營林所，日人出入頻繁，投其所好的和菓子或洋菓子鋪亦林立，楊勝達兄弟少時便跟著日本糕餅師傅學習。一九五八年，他們從日本引進製餅機器，是豐原地區的第一台。兩年後，弟弟楊勝隆便帶著一身製餅技術，落腳彰化市，開啟彰化義華餅行的歷史。不管是曾受蔣經國青睞的小月餅或兒時的吐司，從楊勝隆，從他的妻子的手中做出來，可以好吃到令我、令許多人難忘，自是有淵源。

彰化義華餅行雖源自豐原，但在我兒時的記憶裡，它就是彰化味。一九九〇年代，原本擔任醫檢師的第二代赴日習得日本精緻茶點的精神，結合地方特色，以「卦山燒」重新打造義華餅行名聲，其捨棄麵包的作法，看似對父親味道的某種挑戰，但回首來時路，卻是父親味道的落實。來自豐原的「義華餅行」終於落實成彰化的「卦山燒」。卦山燒裡「吃不到吐司的惆悵味」是應該的，那是卦山燒，以及店內陸續開發的「新」產品得以存在的堅強力量。

吃不到的吐司吃到了，記憶裡的美味也依舊在。兒時的老闆娘，第一代老闆的妻子努力做吐司，做出店面不擺的吐司，不是緬懷，更不是傷逝，那是一個母親的期許吧！以前義華餅行的麵包與我的日常生活、與我的成長緊緊結合在一起，這回，落腳北部近三十年，再返彰化，儘管內心以彰化人自居，但難免會流露一些旅人的心情，此刻，其實更適合帶一盒卦山燒回家，畢竟它已取代義華餅行，成為店招，成為到彰化市一遊必買的伴手禮。

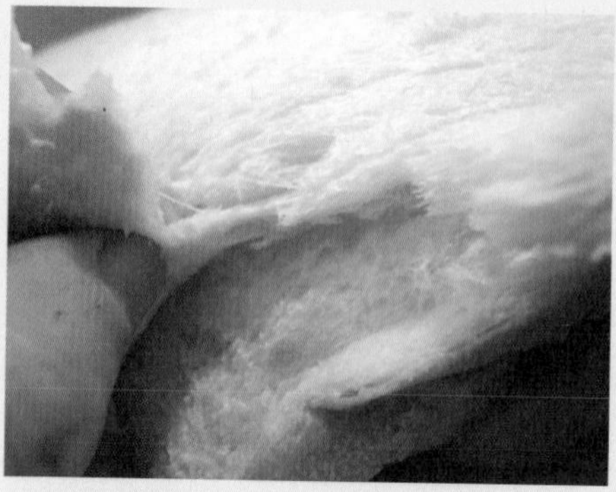

以為已經不存在的義華吐司竟然還吃得到，綿綿的彈勁是義華餅行成為彰化味的力量所在。

【延伸滋味】吃兒時的菱角酥

好想一口咬下，咬碎金黃的脆皮，穿透香勁有力的麵衣，讓舌尖被菱角最後使出的力氣，又鬆又緊的俘虜住。翻著去年十月、十一月間回彰化拍的菱角酥，好想再嚐一回菱角酥那種層層酥透人力的力道，唉呀！只不過這個時候季節已過，即使腳傷痊癒了可以回去，恐怕也無法嚐到。

去年回彰化時，正逢菱角的產季，在街頭遇上了兒時想吃卻吃不到的菱角酥，忍不住就奔向它，買了它，還拿起相機，迫不及待的就在攤上邊拍邊吃起它來。那天，國中同學的妹妹也同行，這位昔日看著長大的女孩，今已是兩個孩子的媽媽，這回孩子大了，她一人得

台北吃不到的菱角酥，總是令人懷念。

秋天盛產的菱角切丁沾特調粉漿，油鍋裡走一回，就成了香酥可口的菱角酥。

空從全家移居的上海回來，我便與她們姐妹倆相偕同遊兒時的彰化。記得，當我發現對街那輛掛著菱角酥紅色招牌的攤車時，妹妹也跟我一樣露出欣喜的目光，剎那間，我們都回到了童年，只是這次沒有像以前那樣掏不出錢。

兒時，彰化街頭賣菱角酥的攤子不只一攤。小學，到學校民生國小的途中，彰化女中一側，有位阿婆總坐在涼亭腳下，守著一個小小攤子，常年賣著炸芋仔餅與鹹雞蛋酥，季節到了，菱角酥也會喜孜孜的從阿婆的油鍋裡浮上來。每回走過，阿婆就會笑著對我喊道，來買喔！小學生那禁得起這樣的喊聲，但我的口袋裡就是掏不出錢，那是何等的煎熬！

記憶中，從來沒有跟阿婆買過攤上任何可口的炸物，更別說菱角酥。每年菱角上市，媽媽會從市場買回一袋生鮮的菱角，水煮的菱角上桌，伴著一盤蒜末醬油，那是父親的最愛，我們小孩子也跟在一旁拿起尖尖翹翹的菱角，往嘴裡塞，牙齒一咬，黑殼裂了，兩手一掰，學大人的模樣，沾著蒜醬吃起來，這是我兒時秋冬難得的零嘴。做為一九六〇、七〇年代公務人員家庭裡的小孩，我不可能有多餘的零錢去買「可望不可即」的菱角酥當零嘴。

冬去春來，年復一年，小學畢業，我上了八卦山去念國中，遠離了那條有人喊我買菱角酥的街道，等我下山進了彰化女中，阿婆不見了！正當菱角酥的記憶逐漸淡去，另一攤賣菱角酥的攤子，卻似有若無的出現在我的視線範圍內，那是從家裡往火車站的路上，在往台中那個繁華都市看電影、買書或逛街的少女歲月裡，菱角酥存不存在似乎無關緊要。之後北上念大學，進而告別彰化定居北部，菱角酥從我的視線澈底消失了，我從來沒在台北遇見菱角酥，從來沒在台北的街角透過菱角酥感受到秋天來了。

也許因為不見了，反而讓人格外想念。這幾年來回於台北、彰化之間，小學時的菱角酥有時又會在腦海裡浮現。那天，在彰化街頭看到賣菱角酥的攤子，彷彿聽到阿婆當年的叫喚，更訝異的是，我一直以為在阿婆微笑裡買不起菱角酥的記憶為我獨有，沒想到同學的妹妹竟然也流露了相似的記憶，這回我們便興奮地站在路邊吃了起來。

「港仔菱角酥」，就是高中時候常被我略過的菱角酥攤子，我邊吃邊拍邊問，才知它佇位彰化街頭已四十多個寒暑。油鍋裡果然也有芋仔餅，好像阿婆的攤子再現！顧擔的少女說這個攤子始自阿公。那港仔是阿公的名字？不，不是！原來她的阿公來自鹿港，客人都叫他港仔，久了，港仔菱角酥成了招牌，而攤子也轉到兒子與女兒的手上，從此一攤變二攤，如今站在攤前炸菱角酥的少女已是第三代。

少女的手熟練地用長筷夾起切丁的菱角，迅速在又濃又稠的麵糊裡滾一回，拉起便往

每年中秋節才會出現，大約半年後，天氣轉熱就收攤的菱角酥，已成彰化街頭的一景。

油鍋裡放，一顆顆菱角酥就慢慢的從溫吞的油浮出來，越來越膨越圓，越圓越滾越金黃！菱角丁被裹住了，裹在如海浪般有勁的酥脆麵衣深處，一口咬下越顯得它的珍貴。也許是因菱角的產地不在彰化，激發了這般的料理手法。我沒有吃過兒時阿婆的菱角酥，但在她那越來越清晰的臉龐裡，我看著少女，看著少女靈活的手，我想阿婆炸出來的菱角酥一定也是這般的滋味。

用蓬萊米製成，吃來彈性十足的狀元糕，仍佇立彰化街頭，那是有火候的滋味。

街頭的時光甜點

小時候心裡想著的菱角酥，似乎一次也沒有吃過。倒是家門前有人挑著茯苓糕經過，或推著車子賣狀元糕，祖母或媽媽會攔下他們，買些來填一填奔跑在騎樓下喊餓的孩子的肚子。從歐巴桑手中，接過她剛剛用小小的秤錘秤過的茯苓糕，溫溫的手感還在記憶裡沉澱著，於是從一九三〇年楊守愚寫的〈過年〉，看到賣茯苓糕出現在那班為了多掙點錢好過年而快跑斷腿的街頭小販行列中，比發現賣燒肉圓的還要興奮。畢竟賣燒肉圓早已喊出了一片天，到處可見於今日彰化街道，賣茯苓糕的卻不知去向。

想起茯苓糕，記憶裡冒著熱氣的狀元糕也跟著浮現了，原本以為它已同樣不見，這幾年，彰化街頭走了又走，竟發現「八卦山腳燒肉圓」的門口還有人賣著狀元糕，而且一賣賣了二十多年，那是我們搬離彰化後，又重出江湖的狀元糕嗎？而讓人更想像不到的是糯米炸，將糯米磨壓成的圓仔粞直接下油鍋炸成的糯米炸，沾著花生糖粉吃，酥中帶軟，土豆香中又藏米香，甜蜜蜜的，我以為它也是我們舉家北遷後才現身的點心擔，誰知它已在彰化街頭飄香近半個世紀，而且擺攤的地方就在「義華餅行」的附近，那不是我的彰化時代的活動領域嗎？一個被小時候的我視而不見的小攤，據說冬天專賣糯米炸，夏天還搭著可可亞。幾個寒暑過去，換來附近孩子甜美的成長記憶，而攤前的婦人已然滿頭白髮，這回才引起返鄉的我的注目。

兒時以為「世界」很廣大，其實很狹窄的，走不了幾步路，鏘鏘的捶打聲不斷，小時候的「歹仔薯（小米麻糬）」竟來到永樂街上，現只差還沒有找到騎著腳踏車、搖著嗡嗡響鈴的賣麥芽膏的，還好他出現在一九三一年賴和寫的〈歸家〉途中。

好似炸圓仔的糯米炸，已存在彰化街頭將近五十年。

彰化縣城圖
彰化
老牌
阿章肉圓
每粒5元
30粒100元
花枝意麵
便當

圓仔冰與賴和

圓仔冰一年四季都有賣，圓仔湯只在台灣短暫的冬天出現，那天在台灣新文學之父——賴和回憶童年的文章看到了圓仔湯，他的時代也是冬天才吃得到圓仔湯嗎？穿過圓仔湯記憶，小時候最常光顧的還是夏天賣冰的攤子，公園旁的芋仔冰或杏仁露沁透人心，那是夏夜獨有的滋味；而不管是圓仔冰或圓仔湯令人懷念，乃因那一棟日本時代時髦的現代建築的存在，那是祖母生病時住過的醫院，也是賴和曾駐足過的酒樓……

彰化圓仔花生冰
王

不管圓仔湯或圓仔冰，幾乎台灣每個地方的街頭都有人賣。去年秋天，讀賴和的作品，發現他兒時的回憶，也有賣圓仔湯的存在。

雖然與賴和同為彰化市人，但在我的成長過程，其實並不知家鄉有這位被稱為「台灣新文學之父」的大人物。上個世紀，九〇年代，當日本時代台灣作家的作品陸續重見天日，我才識得賴和。這時，距離我們搬離彰化市已有十多年。文獻裡，在彰化行醫的賴和被當地人稱為「彰化媽祖」，我問土生土長於彰化的母親識不識賴和，得到的答案竟是，阿和仔仙（先）知道啊！窮人看病都不收費，而且她二姑的女兒是阿和仔仙的媳婦。沒想到這樣一位歷史人物，會與自己有著某種牽連，訝異中有些激動，不過再怎麼激動，都不如讀到賴和也吃圓仔湯長大時來得感動，那一刻，我好想奔回彰化吃一碗圓仔湯。

賴和吃圓仔湯的事，距今已八、九十年，那個出現在今彰化市仔尾一帶的擔子不知哪裡去？我想吃的圓仔湯，當然是從小吃到大，位於小西的「鐵路醫院圓仔冰」賣的圓仔湯。誰知那時奔了回去，秋老虎仍威風凜凜，老闆還端不出熱騰騰的圓仔湯，我只能吃圓仔冰。圓仔冰一年四季都有賣，圓仔湯只在短暫的冬天出現，賴和時代的圓仔湯也一樣嗎？從什麼時候演變成今天這個局面？

後來，好不容易挨到天冷了，我卻不小心摔斷腿，走不出家門，回不了彰化，那碗圓

以前總以「鐵路醫院圓仔冰」稱呼「銅鐘圓仔冰」，後來發現店家也以「彰化圓仔冰」自稱。彰化圓仔花生冰是我的最愛，也是店家的自豪，但這年頭大家喜歡加料，芋圓、地瓜等樣樣都來。

仔湯的滋味，就這樣一直停在想像裡。新的一年來了，天氣漸漸暖和起來了，我還是走動不了，圓仔湯要過季了嗎？四月，移居台中的國中同學來電說，他們剛回彰化嚐了一碗圓仔湯。六月初，從彰化遊罷歸來的姪女卻告訴我，鐵路醫院的圓仔冰要搬家了！為什麼？原來鐵路醫院那棟建築要拆了，一直搭在一旁賣的圓仔冰擔也要被迫轉移陣地！心裡好急喔！這回不管圓仔冰或圓仔湯，只想著鐵路醫院這棟建築不見了，那它們的滋味還會一樣嗎？那一刻，我才知我的圓仔冰或圓仔湯無法和鐵路醫院分割！

長久以來，我們一直喚這攤圓仔冰為「鐵路醫院圓仔冰」，直到最近，才發現攤上掛的招牌是「銅鐘圓仔冰」，原來老闆早以自己的外號命名，但我們仍然改不了口。是的，我們會吃起這攤圓仔冰，與鐵路醫院的存在脫不了關係。做為二代鐵路員工的子女，小時候，祖母幾次生病都住進這家鐵路醫院，在摻雜著濃濃藥水味的記憶裡，最甜美的就是一碗圓仔冰，當然冬天就可能是一碗圓仔湯。

好柔好軟的圓仔，無論是熱騰騰還是冰涼涼的，我就愛摻著土豆吃，那種煮到透的土豆（花生），伴隨著一顆顆的圓仔，粒粒軟到心坎。好多年後，在異地吃圓仔冰，吃土豆圓仔冰，總會想起彰化「鐵路醫院」軟透心坎的「圓仔冰」。對我來說，「鐵路醫院」這個字眼早已和彰化「圓仔冰」的滋味緊緊相繫。

懷著對圓仔冰滋味的思念，我上網查了「鐵路醫院」的消息，原來產權所有的台鐵職工福利委員會，打算將它拆了，然後現地闢為停車場，許多有心人士現正努力搶救它。鐵路醫院這棟建築建於一九三七年，是「台灣日本時代最前衛的作品之一」。當年是中部地區數一數二的大酒樓「高賓閣」，一九四一年，賴和也曾是座上賓，在此出席了第二回總督府醫學校的同學會。之後，戰火波及，政權轉移，幾經易手終於成為鐵路醫院。從觥籌交錯的風花場所變成看盡生老病死的空間，建築雖無語，但在我年少的眼裡，卻曾對它那挑空的中庭，還有環列在迴廊的二樓病房，起了莫大的想像。打開每道病房房門，白衣護士穿梭其間，隨著藥水味飄出的，雖是病痛與死亡的氣息，但流竄於這高聳幽深格局裡的，卻是一種天外的綺思，生命

日本時代的廣告，說著這棟建於1937年造型獨特的建築曾是「高賓閣」大酒樓，不過它後來一度成為「鐵路醫院」。

朝神祕的黑洞迴旋而去，而神祕的盡頭，還有一碗可親的圓仔湯等著我。

鐵路醫院經營不善，收了，成一家婚紗禮服店，然後不知何時禮服店也關門大吉了，綠藤爬滿荒廢的建築，那是在我們搬離彰化之後的事，已經好久好久不曾抬頭望望它那不對稱如船型般的現代外觀，而祖母也早已離開人世二十多年，不過，迴廊裡病房神祕的生命迴旋卻深刻在我的記憶，鐵路醫院的圓仔冰更一直存在著。

八月下旬，終於排除萬難回到彰化，天氣好熱，仍然吃不到那一碗圓仔湯，無妨就來一碗圓仔冰。長得圓圓胖胖的老闆娘，依然以一付笑臉迎人，但攤子真的搬離了。從一九五〇年起，他們就在鐵路醫院一旁擺攤賣圓仔冰，半個世紀過去，從年輕到老，自有「養大一家子」的情分在，老闆娘言談間有一份不捨，幸好走出店門依然看得見那建築，只是不知它保不保得住？

老闆娘煮的圓仔，出自一甲子手藝的歷練，好吃當然無話可說，但我總覺得還是要依附著那棟我叫「鐵路醫院」的建築吃它，它的好吃才是無可取代的。再說，現在吃這一碗圓仔冰，我還會想起鐵路醫院的前身——高賓閣酒樓，想起曾出現在此的賴和。有人說賴和出現在高賓閣是「晚節不保」，因此也有人特地為他辯解，說此舉是為了革命事業而放的煙霧彈。管它煙霧不煙霧，「偷閒上酒樓」的賴和、回憶賣圓仔湯，與吃圓仔湯長大的賴和，都是賴和，都是「台灣新文學之父」。

賴和回憶裡的圓仔湯，浮在殖民歲月裡，有著街頭小販擔心「補大人（日本警察）」找麻煩的心酸滋味，有著賴和為受壓迫階級發聲的正義滋味。而我的圓仔湯，我的彰化回憶裡的圓仔湯呢？儘管自己是個再平凡不過的市井小民，也希望我的圓仔湯可以因為「鐵路醫院」，因為那棟曾叫做「高賓閣」的建築的存在而不凡。

銅鐘圓仔冰已交由下一代經營，圓仔也由過去的手搓改成機器製作，但願這樣煮成的圓仔湯味道可以長長久久。

堅持手工的圓仔湯

歷經多方的努力，高賓閣終於在二〇一一年四月成為縣定古蹟，免去被拆除的命運，現正待整修重展歷史新頁。我的「鐵路醫院圓仔湯」搬離原址後，新一代上場經營，過去的氣味卻似乎一去不復返。

一年前，無意中在三民市場永安街與三民路交叉處發現一攤圓仔湯，寒冬中，老闆就站在熱鍋邊雙手搓著圓仔，我不禁坐了下來，熱騰騰的圓仔湯上桌，我突然想起賴和小說裡搓圓仔的場景，而賴和紀念館距此不遠，他們與賴和時代賣圓仔湯的有關聯嗎？啊！不管如何，手工就是他們的關聯，讓人一吃就上癮。

往後回彰化，這擔圓仔湯也成了我必去的地方，夏天來了，真正的考驗來了，老闆依舊站在熱鍋邊搓圓仔，熱騰騰的圓仔上桌成一碗冰，綿綿力道穿透人心，展現了手工的氣度，一種讓人無論如何都想再吃它一回的氣度。

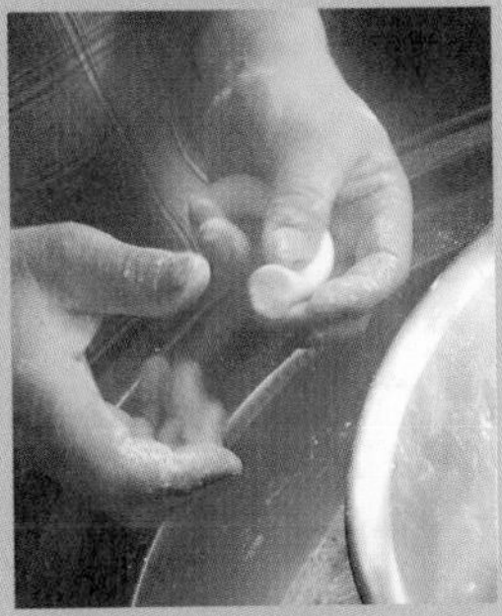

老闆站在鍋邊捏著搓著自家磨壓的圓仔粞，將它們掰成一小塊一小塊丟入鍋中，雖然圓仔的外形已非昔日的圓球狀，卻保有手工圓仔的軟柔勁道。

【延伸風景】

圓仔湯與季節滋味

圓仔湯幾度出現在賴和的作品裡。一九二三，癸亥年，三十歲時寫的〈盡堪回憶的癸的年〉，回鄉開業當醫生已六年的賴和，追憶癸卯年初春十歲入學堂，癸丑年夏天二十歲由醫科畢業，三個癸年，走過嘉義與廈門行醫生涯，復加入為人民發聲的文化協會，二十年的歲月流逝，最令他感傷的是，從小伴他長大的街頭小販，多人不見，一天，難得遇上賣粉圓與麥芽糕，就坐在祖廟的堦石聊了起來。市區改正了，教育普及了，近三十年的殖民統治，日子似乎沒有好過些。生意難做，一聲巡查來了，害怕無端受罰，他們顧不得一切，丟下作者挑擔就跑了。如此場景九年後再現於〈歸家〉，故事同樣結束於日本警察威風壓境，只是這回圓仔湯代替粉圓上場，伴著賣麥芽糕落荒而逃。

除了殖民時代的忍辱滋味……

從〈盡堪回憶的癸的年〉到〈歸家〉，賴和細數的街頭小吃除了圓仔湯、麥芽糕、粉圓外，還有米糕、鹹酸甜、甘蔗、豆花、雙膏潤、肉粽等，這些琳琅滿目的小吃，也許圓仔湯最貼近賴和的心，以致它不只被點名，還在一九三〇年寫成的〈辱!?〉被細細描摹著，「賣圓仔湯的手不斷地搓著圓仔，擲入滾湯中去，嘴也答應著」，「一個吃圓仔湯的勞働者風的青年，嘴裡還含著不易吞下去的燒圓仔」，儘管有些含糊仍說著。在賣圓仔湯與吃圓仔湯的應答之間，一碗燒燒的圓仔湯傳遞的似乎是一種「講不出又吞不下的時代悲哀」，隱喻著面對耀武揚威的濫權者，缺乏權力的反抗者，最後也只能受辱般的忍下來。

殖民歲月闖盪街頭的圓仔湯，燒燒入嘴，象徵一種時代忍辱的滋味，但吞下街頭躲避日本警察假妨礙交通之名取締的苦，賴和時代的街頭小吃，有的還得禁得起季節的考驗。夏天到了，人們吃不下燙口的燒圓仔，想法子端出的是圓仔冰，冷熱皆宜的粉圓和豆花亦復如此。燒肉圓喊不出來，改端涼涼的米苔目或者涼圓等適口小吃。冬天來臨，輪到賣涼的要收起來，另謀出路，至今，歷經兩個不同政權統治，超過八十年的歲月，彰化街頭幾家夏日賣涼的攤子竟還守著以前的「生存法則」。

每年五月天氣轉熱，夜幕低垂才出擔的公園杏仁露擔，自小就熟悉的一個擔子，前年與老闆聊天，才知小時候住彰化，每年冬至家裡搓圓仔所需的圓仔粞，都出自他父親之手。原來天氣冷了，杏仁露擔擺不了時，為了家裡的生計，老闆的父親便始做粿，鹼粿、麻糬樣樣來，幫人家挨（磨）米做粿粞，自然也難不倒他。這是日本時代，當時只不過七歲的他便開始學習的技藝，如此的生涯鍛鍊，讓他後來即使只在夏天擺攤賣杏仁露，還是可以養活一家老小。

堅持十八般武藝在身

去年七月盛夏經過彰化民權市場，看到一旁的冰擔，擺著黃色粉粿好誘人，忍不住坐下，叫了一盤粉粿冰來吃，一吃果然像兒時有人推來家門前賣的粉粿口感一樣，一種柔軟有勁的彈性，老闆娘說是用純番薯粉做的。交談之間，我想起清明節時，這裡不還是一個排著長長人龍的潤餅攤子，這會兒怎賣起冰呢？一問才知是一傳四代的規矩，清明節過後，五月初，天氣熱了起來，潤餅擔就收了，改擺上各式冰品，直到中秋節前，秋風一吹，潤餅才又上場。第一代老闆莊頭，以南門市場

中秋節過後，民權市場的這個冰擔就換成潤餅擔，直到清明節，生意達到了高峰。

的飲食業者出現在一九三九年出版的《彰化商工人名錄》，在那個辛苦營生的年代，他既會拭潤餅皮，準備潤餅菜料，捲潤餅，更會做粉粿、米苔目、仙草和愛玉等夏日冰品所需的材料。如今從莊頭傳下的擔子，擺到日本人走後才蓋的民權市場旁，孫輩還是像他那樣十八般武藝在身，並且不改曾祖父因應季節變化創下的經營方式。

莊頭傳下的那套潤餅手藝，開枝散葉在外，早已有人終年賣著潤餅，成為今日彰化有名的潤餅專賣店。而冬天吃冰平常了，冰店或搭著幾道應景的熱甜湯，也一年到頭開著。時代改變了，彰化街頭的小販，卻還有人如莊頭的子孫，守著季節的法則做生意，公園杏仁露擔傳到第二代，日子不似以往艱辛，但他們依然露天擺擔，寒流來襲，生意自然得停擺，久而久之便形成每年十二月至翌年四月休業的局面。

與公園杏仁露擔為鄰的公園芋仔冰，童年夏夜少不了的滋味，早在我出生之前，便露天擺擔於夏夜的公園裡。那是日本

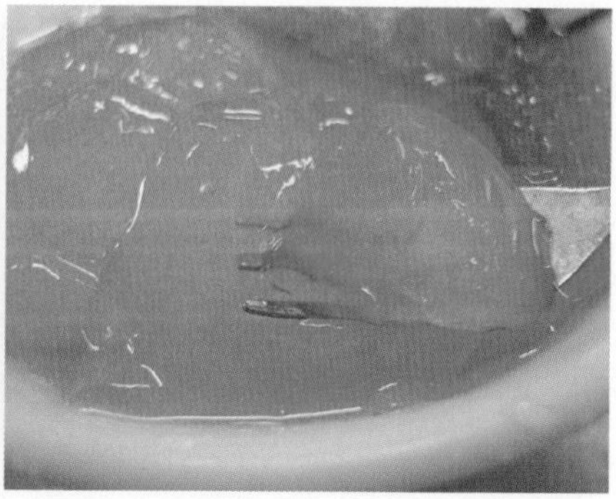

清明節過後，剉冰再度登場，各式配料粉粿、米苔目都由老闆手工自製。

時代建造的公園，在我出生前便拆了，改建成今日的縣議會，擔子只好擺到一路之隔，我小時候玩耍的小公園旁。今天，文化中心取代了小公園，它依然在漢寶德設計的這棟龐大建築旁擺攤，讓夏日返鄉尋覓兒時味的我得到滿足。多少年過去了，從泛著歲月光澤的古老冰桶裡舀出的芋仔冰，還是兒時的滋味，舀冰的人卻已是為人父的第二代，第三代雖學會製芋仔冰，但面對一年遇上寒流來襲的冬日即得歇上二、三個月的謀生方式，是否接手難免心存猶豫……

令人期待的季節限定好味道

萬芳芋仔湯，從我仍居住在彰化時便耳聞了，但卻一直到最近幾年回彰化尋兒時小吃的滋味，才吃起了它。芋頭以糖水煮熟，撈出冰凍起來，客人點了，再取出淋上糖水端上桌。一九七九年，古蹟專家林衡道到訪彰化，留下的小吃影像記錄裡，永樂街夜市一冷飲攤子，伴隨著綠豆湯、薏仁湯、蓮子湯出現的冷凍芋，應該就是萬芳芋仔湯賣的芋仔湯，而環顧店內，果然亦有當年林衡道看到的各式冷飲。做為冷飲，萬芳芋仔湯到了冬天自然而然也歇業，大約從農曆過年前的一個月開始，至正月十五才迎來新的一年的生意。

而賣涼的人做不了生意時，我在北部苦覓不著的菱角酥擔的生意卻正興隆。新鮮菱角裹粉酥炸的菱角酥，是我小時候想吃但很少吃得起的路邊點心，每年秋風吹起，菱角的產季到了，它才會現身，然後隨著冬天過去，天氣轉熱，又會消失於彰化街頭。

走過賴和書寫圓仔湯的時代，歷經殖民悲情鍛鍊的街頭小吃，儘管有些躊躇，但風骨多少猶存。記得童年冬夜雖少了夏日冰擔帶來的喧囂，但街頭福圓茶冒著的熱氣，或一聲聲長長的「燒的米糕糜——」劃過靜謐，讓冬夜不再是寒夜，如今，童年的冬夜一去不復返，菱角酥卻還佇立街頭，而夏夜更令人期待……

下回冬天走過永興街的萬芳芋仔湯擔，見它大門緊閉，可別以為它已關門大吉；有機會來逛民權市場，別忘了留意出現的是冰擔，還是潤餅捲。當然大熱天不見菱角酥出擔，也別以為它歇業了，這可是彰化街頭特有的季節風景。

切塊的芋頭先以蜜糖煮熟，撈起冰凍，吃時再淋上糖水，如此冰涼甜蜜的芋仔湯，入冬就會從彰化的街頭消失。

【延伸滋味】

夏夜，在彰化吃涼

夏天一年熱過一年，夏夜一天比一天還漫長，心情起伏在燠熱難當中，不禁想起不久前在彰化度過的夜晚。水果冰、芋仔冰和杏仁露，一個晚上連吃三種冰品，真是瘋狂又幸福……

那天黃昏跛著腳回到彰化，晚飯後忍不住走到了返鄉必定報到的冰果店，彰化「木瓜牛乳大王」的招牌高高掛著，它是我彰化時代最嚮往的一家冰果店，說是店，當時僅占二坪大小的它，稱為攤或許較恰當，一九六〇、七〇年代位在台銀對面成功路上看似違建般的這家冰果攤，賣出名的卻是一般人家小孩幾乎吃不起的木瓜牛奶。記得國中時代，口袋裡若有幾塊錢，放學後總是從八卦山狂奔而下，吃著中山國小對面一家無名冰店的清冰，或遠至永樂街夜市的八寶冰攤吃一碗鳳梨冰。「木瓜牛乳大王」最後雖因木瓜牛奶而得名，但它攤上那一盤覆滿濃稠紅豆，上淋圈圈白色煉乳的紅豆牛奶冰，從我的清冰時代端出，卻更叫人怦然心動。

永樂街夜市的八寶冰攤，我從國中時代即時常光顧，當時能吃碗鳳梨冰，就算是不錯的享受了。

壓抑住心頭的怦動，多少年過去，當木瓜牛乳大王脫離路邊攤的時代，成為一家真正的冰果室，那碗紅豆牛奶冰的記憶才鮮明起來，之後在台北進了冰果室，我總會點碗紅豆牛奶冰，回彰化來到木瓜牛乳大王就更不用說。

木瓜牛乳大王來到姪子出生的一九九〇年代，當年跟在第一代老闆身邊，差不多與我同年的孩子們，早已各自獨當一面在彰化街頭撐起三家店面。姪子從小跟著返鄉的大人拜訪，理所當然的點起招牌上的木瓜牛奶，這回也不例外。倒是我，長久以來死心塌地愛著的紅豆牛奶冰，此番竟喚不起我的慾望，熱浪當頭，想來點不一樣的。芒果牛奶冰如何？芒果沒有了！啊！點什麼好呢？眼前一盤別人叫的水果冰飄過，就來這吧！

水果冰上桌了，香蕉、蘋果、芭樂、西瓜、木瓜還有煮過的鳳梨堆滿剉冰上，單看一眼，暑氣就消了大半！每種水果都給得毫不吝嗇，又大又鮮又甜，明明是一盤「貴氣」的水果冰，卻有親民的價格，僅僅四十五元（今年雖漲了五元，但比起大都市的價格仍便宜），真是越吃越爽越清涼。

帶著滿足的心，我跟姪子走出冰果室，跛著的腳竟踩出輕快的步伐，我們繼續往公園的夜色走去。今天應該有出來賣吧？聊著，遠遠看見八卦山牌樓下

木瓜牛乳大王佇立彰化街頭超過半世紀，我們家兩代人都喜歡它的滋味。淋著白色煉乳的紅豆牛奶冰是貧困清冰時代的渴望，色彩繽紛的水果冰或現代感十足的草莓冰都以親民的價格博得我們的喜愛，當然招牌的木瓜牛奶也一直受到青睞。

充滿童年回憶的公園芋仔冰，過去都用兩肩挑出來賣，現在老闆已改靠推車，不過依然用著古老的冰桶，接過老闆用力挖出的一球芋仔冰，怎麼吃都好吃。

的日光燈光，我放心了，芋仔冰有出來賣。

前年秋天，尚未發生骨折意外時，曾多次回來找尋童年夏天不可缺少的這一味。記得第一回天色仍早，我從四點多開始等待，久久不見芋仔冰出現。一位扛著鳥梨仔糖（糖葫蘆）叫賣的阿伯仔，說芋仔冰一定會來賣，但天暗了，阿伯仔肩上那支原本插滿紅色鳥梨仔糖的竹竿都露出稻草本色了，仍不見公園芋仔冰出來，阿伯仔回家了，公園芋仔冰終究沒有出現。

第二次再去時，我甚至朝賣芋仔冰的住家衝去。會，會，今天會去賣，一位年輕的男子說，不然，現在也可以賣給你。不用啦！我要在公園那裡吃。吃公園芋仔冰，當然要在晚風輕拂的公園裡，坐在矮凳上，頂著夜空，才能吃出它透心涼的香甜。

跛著的腳，輕快中有點顫抖，那是興奮。去年最後嚐到的芋仔冰，因為趕著當天搭車回台北，未能等到夜晚完全降臨，就吃了起來，總覺得少了什麼。這回，全然的黑取代了黃昏的微光，暗夜裡的芋仔冰滋味必然可期！

老闆還記得我嗎？記得啊！去年，我曾纏著老闆聊了一些往事。旁邊的建築——彰化縣文化中心尚未蓋起的時候，芋仔冰擔依著的是一個小公園，巨大的老欉芒果與蓮霧樹旁有個網球場，夏夜總有人跳著土風舞，老家與之隔著一條大馬路斜斜的相望，小孩子奔跑其間，捉迷藏在公園的樹叢間，累了，就往坐在板凳上的大人身上偎過去，然後小口小口吃起又香又甜又涼的芋仔冰，多少美好的夏夜就這樣飛逝。

芋仔、綠豆、牛奶和梅子各來一球吧！從老闆手中接過這四種口味的芋仔冰，和姪子坐在一旁的小板凳上共享，瞬間，逝去的夏夜好像回來了，啊！轉頭一看，連杏仁露擔都出現了。我丟下姪子，朝它走去，也是童年的夏夜記憶，只是當時總覺得那是大人的口味，以致於它的味道在我的記憶裡是神祕的。去年，回來吃芋仔冰時，曾朦朧的想起它，芋仔冰的老闆說，晚一點杏仁露也會出來。白白的杏仁露似乎要在黑黑的夏夜裡吃才襯得出它的滋味，只是每次我都等不到它出場就走了。好不容易這份神祕的夏夜滋味就在眼前，怎可錯過！

從杏仁露攤端回一碗水果杏仁露！黑暗中，興奮變混亂，還沒弄清楚是什麼味道就點了，透明的大塑膠杯透著奇異的光，湯匙一舀，入口一顆梅子，好親切的味道，那是以前彰化時代，母親也會自己醃的梅子；接著是包裹著鳳梨肉的果凍，酸甜的恰恰好；最後當然是杏仁露，以杏仁粉加天然海底石花菜製成的杏仁露，比起杏仁粉加太白粉之類澱粉製成的杏仁豆腐，果然有著我無法想像的堅強氣息，一種力道穿透層層酸甜，滲入周遭神祕的夜色，把我包覆其中。借坐在芋仔冰擔的小板凳上，抬頭望去，從杏仁露擔小燈泡發出的微弱光線裡，驀然發現一個又一個剪影散布其中，他們和我一樣，正在黑夜裡品嚐著杏仁露透露的神祕滋味。

一個遙遠的時代回來了，那是沒有冷氣吹的時代，而冷氣在那個時代，確實也派不上用場，涼風自然吹在神祕的夜色裡，吹在每個人的心上。從色彩繽紛的水果冰開始，到姪子欲罷不能的芋仔冰，到我口中的杏仁露，每種都延續自那個神祕的舊時代，一種沒有過分雕琢的滋味，靠著的是老闆們一代又一代的雙手打造。

一種溫溫的手感，竟帶給我一個涼涼難忘的幸福夏夜。

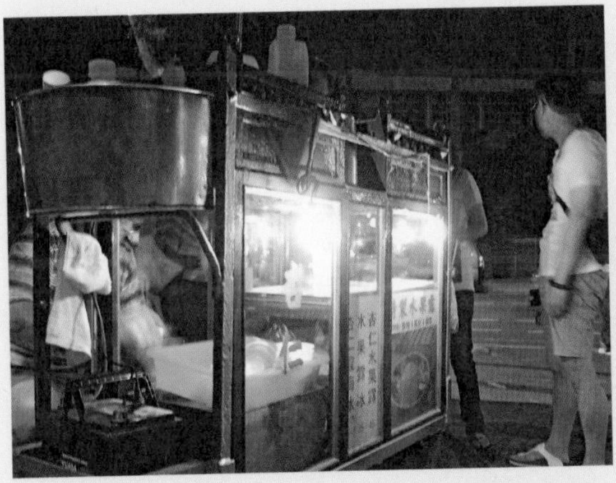

比芋仔冰還晚出來賣的杏仁露，通常要天色全暗的七點過後才上場，燈一點，紅色的擔子也說出過去的一段挑擔歲月，讓帶點酸酸甜甜的杏仁水果露吃來更有味。

【後記】

十字街頭的彰化小吃

交通繁雜的十字街頭，只見一堆又一堆的人圍著，比手畫腳的議論著，一個巡查大人藉著妨礙交通之名踢倒蜜糖菓子擔子，忽然之間，有人又喊了，巡查大人來了，紛亂喧嚷之間，原本回籠的小販再度擔起擔子，急急忙忙，一溜煙的跑開了，原本熱鬧猶如大過年的街頭，瞬間一片冷清，連往來的人們，都不由帶著幾分恐怖，這時，只見一個威風凜凜、殺氣騰騰的巡查大人，搖擺踱過。

這是楊守愚在一九二九年寫下的〈十字街頭〉，這就是我曾經居住過的彰化市街頭嗎？一個從出生住了將近二十年的地方，以為對它極為熟悉，其實有很多角落不曾到達。三年多來，穿梭在各式文獻找尋兒時小吃的滋味，除了日本時代作家筆下的彰化令我難以想像，即使來到我生活的時代，翻著當時一個個來到彰化的旅人留下的紀錄，讀來還是陌生。彰化街頭的滋味，一種窮盡不了的滋味，許多在我還沒來得及嘗試就消失了。

不識與古都老鎮並列的古城味

一九七〇年代，人稱「古蹟仙」的林衡道踏遍全島各地鄉鎮尋幽訪古，啟蒙著日後台灣古蹟的田野調查，在他留下無數的古蹟採訪冊裡，出現三篇地方傳統飲食的紀錄，讓我的眼睛為之一亮，彰化市與台南市、北港鎮並列，不過讓人驚訝的是，周旋在八卦山腳下舊城遺址內外，一、二十間上百年甚至幾百年歷史的古寺老廟之間，吸引著古蹟仙仔的味道，竟大多不存在我的彰化歲月。

一九七九年九月，古蹟仙抵達彰化時，明明我還住在那兒啊！他從火車站開始沿著中正路，轉進和平路，走過長安街，穿過永樂街，到了八卦山腳下的中華路，這些都是當時還是個高中生的我熟悉的路徑，但為何除了永樂街與中華路周遭的菜麵、肉包李、大元鹹蕂薯（麻糬）和阿趖鵝肉担（擔）以外，那些被隨行攝影高而恭拍下的眾多飲食擔子，對我來講如此陌生，我不知永樂街大道公前有賣蚵仔煎、四神湯，也從來不知大道公所在的廟宇叫做慶安宮，少女時代的蚵仔煎不是家裡媽媽煎的，就是存在遙遠的鹿港天后宮前。

彰化市也有賣蚵仔煎的擔子啊！長安街的擔子出現在林衡道眼裡，還賣著各式各樣的蚵仔料理，蚵仔麵線、蚵仔麵、蚵仔仁湯、鮮蚵仔湯、蚵仔粥、蚵仔蛋粥等等，從那張年代久遠的老照片，模糊的黑白影像依稀可辨識招牌上畫個大大圓圈裡的「永」字，兩旁寫著小小的「伸港蚵寮」。一個叫做永仔的人擺的擔子，賣的蚵仔來自伸港嗎？媽媽不是說過，當時家裡的蚵仔多是向伸港來的人買的。伸港、線西、鹿港，從北往南一路綿延的海岸，孕育的海產曾經源源不絕豐富彰化市人的餐桌！就像爌肉，蚵仔煎還有攤上的蚵仔料理，母親這一代的家庭主婦都做得來，蚵仔麵線，想必是白麵線加蚵仔煮成的家常麵線湯，而非現在到處看得到的加了大腸，加了蚵仔，用黃麵線煮成像「麵線糊」的「蚵仔麵線」。而蚵仔料理只有屬於炸粿的蚵嗲，才會讓那時的人們想以它當點心。記得兒時寒冬的深夜父親常常差遣大哥到關帝廟買蚵嗲，父親喜歡吃蚵嗲，我們小孩更喜歡，至今蚵嗲還在我的記憶深處熱騰騰。至於蚵仔煎就得等好不容易到鹿港一遊，才會變成「特產」，讓人想掏錢吃它一回。

旅人記憶的滋味

永樂街夜市大道公前的蚵仔煎與四神湯是彰化夜生活者的宵夜吧！長安街離火車站不遠，它的蚵仔料理可以填飽旅人的肚子。在高而恭的鏡頭裡，長安街上吃飽的擔子不只永仔的蚵仔料理擔，旁邊還出現了掛著「阿久担」、「魚仔湯」、「阿龍清粥、清飯、魯肉飯」等招牌的擔子。

阿久擔賣的竟是鴨血糕、下水湯以及當歸鴨，小時候對當歸鴨的認識來自拜訪祖父母家鄉台南。當歸鴨，特別是當歸鴨麵線不是應該屬於台南嗎？上大學以後，在台北街頭吃一碗嚮往已久的當歸鴨

麵線時，我總是想起兒時從台南西門圓環附近叔公家走到火車站時，路邊所見那碗飄著濃濃中藥香的當歸鴨。大學時代走在台北街道，流連在西門町的電影街，經過「鴨肉扁」的店門前，沒有意識到店家掛著「鴨頭」賣「鵝肉」，腦中閃過的就是林衡道曾記它一筆的阿趖鵝肉擔。

記不清是高中還是國中時代，每回經過彰化中華路，經過阿趖鵝肉擔，鵝肉不敢奢求，常想著它的米血糕，誰知一直到搬離彰化一次也不曾吃過。長久以來，阿趖鵝肉擔在我的心裡獨霸彰化街道，以為彰化市只有它這一家鵝肉擔，沒想到透過林衡道的視線，發現當時與阿趖同時存在的鵝肉擔還真不少，民生路上可見，阿久擔所在的長安街也出現鵝肉擔蹤影，當然阿久擔的現身，還突破了以往我認為彰化市沒有鴨肉擔的認知。

「魚仔湯」，三個字寫得大大的，不知是什麼魚？倒是一旁以琳琅滿目的菜單做為招牌高高橫掛的攤子，透露了它的可能性，虱目魚湯、烏仔魚湯、吳郭魚湯，彰化街頭為外食者或旅人準備的菜色有這麼多海味，超出我的想像。而招牌上與魚仔湯並列高舉的還有魯（滷）肉飯，跟隨著林衡道腳步，出現在攝影高而恭鏡頭裡的滷肉飯擔子還真不少，中正路上賣肉粽賣豬腳的攤子有備，隔壁「阿龍清粥、清飯、魯肉飯」也有；今日彰化街頭聞名的爌肉飯，入鏡的只有當時位在長安街與和平路交叉口的「永成炕肉飯」，以及隱藏在阿趖鵝肉擔菜單裡的爌肉飯。

阿龍的擔子以飯為主角，但招牌下大玻璃櫃裡捕捉到的，卻是一個又一個堆著的盤子，上面盛滿要配粥配飯的菜，這才是吸引客人的目光所在吧！對於這種像今日自助餐店的飯擔，我最初的記憶竟是兒時跟著祖母與任職鐵路局的父親北上辦事，在台北吃的那一頓午餐。烈日當空，似違章的建築，鬧烘烘的人群，從清晨開始歷經漫長火車旅程折騰的我，胃口全無，不記得身在何方，卻永遠記得那一碟炒得翠綠的空心菜，以及一條煎得焦黃的小魚，那是我已上了小學的一九七〇年代嗎？

布市創造的繁榮味

轉眼之間，我變成一個高中生，在我所不知的領域，彰化火車站附近的「布店街」，與台北的迪化街、台南的大菜市，並稱台灣三大布市。日本時代，台灣人雖可以種棉花，但進一步將棉花紡成棉紗或織成布卻受到禁止，只有傳統的「綿打直」（打棉被）、抽棉紗和腳白的製作例外，腳白即婦女的纏腳布。當時全台所需的纏腳布，幾乎都產自與彰化市相鄰的和美，「和美織仔」之名不脛而傳，日本時代結束以後，一九五〇年代，台灣紡織業起飛，大廠紛設，和美織仔雖出身於農業時代農村婦女的副業，出自家庭手工，但延續以往純棉、耐穿和廉價的口碑，在技術的躍進下，市場的需求更殷。

而彰化市自一九二一年（大正十年）即處於鐵路海線與山線的交會點上，在高速公路尚未開通前，許多和美織仔便由此送到全台各地，甚至早在日本時代，來自和美的布商便在彰化火車站附近開店，布店巷、布店街、布店市，從火車站為起點，往附近延伸交錯，買布賣布，人來人往，戲院跟著林立，甚至出現了旅社巷，一度二十幾家旅社擠在火車站前方的小西巷弄裡，是否因為這樣，火車站附近中正路和長安街一帶才有一家又一家的飲食攤，可以映入林衡道的眼簾，走進了高而恭的鏡頭裡？

出身農家的媽媽，有數個小十來歲或二十多歲的妹妹，長姐如母，為了幫年輕的阿姨們辦嫁妝，或過年為家中孩子添新衣，也常帶著我們兄弟姐妹一起踏足繁華的布店街，但街上會吸引小孩目光的，終究是那可以當點心的肉圓。長安街上那一攤一攤為著各路旅人準備的油湯，散發一種討生活般的奔波氣息，把三餐被母親餵得飽飽的孩子推得老遠。

有榮有枯的時代味

而何時火車站前面又掛起稱「彰化肉粽」為「彰化名產」的招牌？記得從國中開始，一放假，我常和同學，有時甚至獨自一人搭火車到台中看首輪洋片，竟沒有留意到每年五月節家裡都會包的粽子，也被當成名產招攬著從火車站走出來的外地人。

我的彰化歲月，日子在一條軌道上運行，年節行進間該吃的食物，母親一樣也沒少準備，就像從沒有吃過家裡清明節以外的潤餅，我也未曾在非端午節的日子吃過粽子，彰化街頭的粽子，從小到大從未嚐過，也就無法想像粽子在彰化街頭的分量。而記憶裡彰化賣粽子的店家，不是只有孔廟附近離家不遠的「肉粽和」一家嗎？這回，鄰火車站的中正路上，出現在林衡道眼中的至少有二家。

留在三十年前高而恭鏡頭裡，做為彰化名產的「彰化肉粽」，今已不知去向，但我從小便知的「肉粽和」，幾經搬遷仍屹立街頭，更想像不到的是追溯它的歷史，竟有百年，從日本人尚未對彰化市進行市區改正前，就存在當時天后宮前的廣場。

天后宮拆了，又重建在永樂街上，成了我自小熟知的內媽祖宮，與南門外的外媽祖宮「南瑤宮」遙遙相對，而我童年熟悉的合作金庫彰化支庫與義華餅行的所在，竟然就是天后宮的舊址，幾時合作金庫彰化支庫所在的建築又讓古月民俗館給替換了，物換星移，一個世紀過去了。其間，林衡道來了又走了，《野外雜誌》記者施再滿尾隨而來，他走了林衡道走過的路，也走進我童年以來經常穿梭的街道，將我自小知悉的彰化街頭味道帶上場，「肉粽和」赫然出現在他筆下的〈彰化小吃〉，但那又是一個時代告終的開端吧！

一九七九年九月林衡道寫的〈彰化市的傳統飲食〉，以高而恭的五十張黑白照片為主，文字寥寥數語，述及彰化做為文化發達的古城，「傳統飲食亦聞名於全台。如雞絲麵、綠豆糕等，皆屬逸品，惜乎近年已銷聲絕跡。」有名的綠豆糕不是出自鹿港街上嗎？雞絲麵更是普遍極了？就像楊守愚的十字街頭，林衡道心中的彰化逸品也不是我的經驗所能及，更非我從小認知的彰化傳統飲食，只是驀然發現他來的時刻，高速公路已開通二年，彰化市因處於鐵路山海線交會點上而帶動的發展優勢不再了，有的和美織仔直接經高速公路送達台灣各地，彰化火車站附近的布店街面臨考驗，周遭隨著布業而興的成衣加工業，則在更早之前便受台中沙鹿鹿寮里十八崁的崛起而沒落。布販少了，交通便捷了，來了也不需久留，旅社一間一間歇業了，戲院隨之唱熄燈號，繁華落盡，來往於車站的旅人臉孔不一樣了，取而代之的是循著施再滿這類旅遊美食記者報導而來的遊客嗎？

遊子的傳統味

是否因為如此，林衡道記錄的長安街與中山路一帶包山包海包著漂泊味的飲食攤有起有落？還好我私自以為是彰化傳統飲食代表的肉圓、貓鼠麵和黑肉麵等老牌點心擔沒有受到動搖。一九六〇年代以來，隨著八卦山大佛風景區的設立，它們的聲名早已遠播，這回藉著施再滿之後大肆出動覓食的記者或作家的到來，地位更加穩固，火車往往復復，高速公路上來來去去，大量離鄉的遊子更以思念之力鞏固之，而我也是其中一員。

一九八〇年代初，施再滿到來後，我北上念大學，不久更隨家人遷居北部而告別彰化，一晃二十多年過去。三年多來，我依著林衡道或施再滿的步履，找尋童年以來生活過的彰化；亦循著賴和、楊守愚等日本時代作家描述的場景，走進我不曾走過的彰化街道；最後亦不放過舒國治於二〇〇〇年前後留下的彰化市漫遊地圖，窮究起那段我已經離開近二十年的彰化街頭。這一切的一切，早已超出了我的思念之力所能鞏固。

以前的我不識施再滿筆下聞名全省的彰化爌肉飯，更不知舒國治大力推崇的阿泉爌肉飯，至今雖嚐了不少彰化街頭的爌肉飯，但卻永遠無法吃到那種用食「ㄆㄨㄣ」（廚餘）的豬，所爌出來的爌肉，它只存在偶遇於南門市場那位阿伯的心中，那是吃爌肉飯長大的他認為最好吃的爌肉。而兒時公園芋仔冰擔仍在，不過老闆說現在的芋仔經過改良，雖碩大卻失了芳香，原來我吃的兒時芋仔冰也非「兒時味」了。小時候甚少吃得起的貓鼠麵，第三代老闆不藏私的公布了湯頭作法，瘦肉燥熬的湯加扁魚加蛤仔提味，後來才得知在湯頭祕方的深處，還有已消失的花蛤與蝦味，莫怪許多像母親那一輩的老彰化人會說貓鼠麵的味道不一樣了，總懷念著上一代老闆的滋味，但在這種「時不我與」的感嘆裡，其實還摻雜著第三代老闆迎合現代健康需求所做的少油調整。老店的雞捲也已不再捲網西，而直接裹粉下去炸。自小熟悉的黑肉麵擔的雞捲亦然。而彰化肉圓可以與眾不同，倒是拜番薯品種的改良，讓人們大膽啟用它的製品番薯粉當主角。

就像生命會凋零般，任誰都無法抵擋，當年林衡道來到彰化所見的飲食攤，在時代推移下多已不見蹤影，彰化街頭今仍屹立的飲食攤，滋味或多或少也有所因應，只是有時它們變化速度之快，讓人措手不及。二年多前初嚐阿泉爌肉飯擔的蝦丸湯，那顆裹不住鮮蝦肉塊的丸子讓我驚豔不已，誰知一年後那抹噴出火紅就不見了，吃不到蝦肉的蝦丸一度讓我以為自己點錯了湯。而舒國治在永福切仔麵擔吃到的蝦色中纏有花枝條的丸子似乎也不見了。

時空不再的惆悵味

五月間，隨大嫂回彰化外婆家的姪子竟捎來了關帝廟小食攤要搬家的消息。不在關帝廟前的小食攤，吃來會是什麼滋味啊？還可以稱呼它為關帝廟小食攤嗎？心中一陣惆悵，和早年知悉義華餅行不再生產兒時吃的吐司時一樣，也與近二年前知道小時候吃的鐵路醫院圓仔湯要搬家時如出一轍，當時因為鐵路醫院那棟建築要拆了，在它一旁賣的圓仔湯不得不搬家，這回關帝廟前的小食攤又為何要搬家呢？邊揣測，邊不免還懷抱著消息有誤的期盼。

七月初，姪子一家又去了一趟彰化，證實關帝廟小食攤真的搬了，而新的攤子走了一回，味道雖然依舊，但姪女仍用十三歲少女的語氣補了一句，少了那一點fu，姪子在一旁唱和著說少了晚間在關帝廟前做操跳舞的歐巴桑助陣，少了夜色中關帝廟前高掛燈籠的朦朧調味，就少了點什麼……

會識得關帝廟小食攤的滋味，乃因舒國治的《台灣重遊》，後來又反覆翻它，翻到〈緣起〉的某一段，「你在深夜的彰化小攤吃著小吃，這種夜晚攤子全台灣每一天都有幾萬個在擺著，吃著，你發現它不只是小吃，而是小吃的筵席，吃空的碟子堆作好幾落，待你起身想要撒尿，才發現這攤子後面原來是一座老形制的關帝廟。」小食攤老頭子的手藝雖好，但舒國治說遊台灣要不經意，就是如此不經意地回頭一瞥，讓舒國治念念不忘關帝廟前的這個小食攤吧！

小食攤應該擺在關帝廟前，舒國治的回頭一瞥才有力得令人難忘啊！但關帝廟是古蹟，廟前禁止擺攤，經過關帝廟的姪女看到牌子如此宣示，這是什麼時候開始的規定啊？建於雍正年間，已有二百多年歷史的關帝廟做為古蹟不是好久好久了嗎？鐵路醫院的建築建於一九三七年，一棟為了做「高賓閣」酒家而誕生的建築，有著時髦前衛的現代造型，幾經轉手，變更使用，終淪落至殘破不堪，產權所有的鐵路局本想拆了它，但文化界人士想起它在高賓閣的時代留有台灣新文學之父賴和與文化協會人士駐足過的痕跡，於是經過一番努力，才得以歷史建築之名成為縣定古蹟而免去被夷平的命運。不過搬走了的我的「鐵路醫院圓仔湯」永遠回不來了，關帝廟小食攤也會這樣嗎？難忍心中的惆悵，前陣子還是親自走了一回，以前沒有招牌的它，現在搬進了永樂街的店面裡，掛起「原關帝廟樹木大腸圈担」的大大招牌。原來樹木是現今老闆已往生爸爸的名字，那就是舒國治念念不忘的老頭子嗎？

交錯在十幾年光陰裡的記憶，一時難以釐清，不過可以肯定的是，老頭子令人難忘的手藝是老闆今年近八十歲的老母親的化身。從二十多歲的年輕媳婦開始，每天不間斷地料理到今天，五十年的歲月流逝，換來了攤上各式爐火純青的口味，特別是大家口耳相傳的大腸圈，讓兒子自豪地以它為名！而大腸圈的滋味確實也令我難忘。老客人依舊上門，小攤還是一個星期只有一、三、五、六這四天營業，但開門的時間從過去晚上八點左右提早到六點半。老闆照樣做一天休一天，雖說是為了精挑食材，但更大的用心是對體力一日不如一日的老母親的體恤。

日子要過下去，生意會繼續做下去，我想起楊守愚的〈十字街頭〉，那群躲日本警察的街頭小販應該也是如此活過來，而彰化街頭的滋味就這樣傳下來，其間容有消長、有曲折，但總有新的出路，我們總會再找到可以讓自己依存的街頭味道。

角落猶有佳美舊味

最近回彰化，發現當年林衡道在永樂街看到的蚵仔煎搭四神湯攤子還在，還有一攤專賣四神肚腸湯者則搬到了旭光路，數十年來，他們所賣皆不變。而在這段尋覓的過程，民生路上離永樂街口不遠處一家蚵仔煎擔深深吸引我的目光，各式各樣的蚵仔料理讓我想起林衡道在長安街所遇，忍不住坐下來吃它一回，蚵仔煎上桌，那是我有生以來第一次在彰化街頭吃的蚵仔煎，雖說是我家北遷後才出現的攤子，但至今也有二十幾年的火候，不久我的胃還被它的蚵仔蓋飯征服，連隨行的姪子姪女都喜歡上了，將之推介給外公外婆，真是老少通吃。有機會我也想嚐嚐民族路或太平街上的鵝肉擔，聽說他們都是俐落的老擔，只是以前我都視而不見。

夏天走在彰化路上，吃罷了東民街上的公園燒肉圓，有時我也會彎進一旁的公園路，走進警察局一邊的河洛茶館。以前，彰化的夏日，喝杯木瓜牛奶，吃碗紅豆牛奶或圓仔冰，乃家常便飯，這回不進冰果室，進茶館，是台北帶回的習性？進入河洛茶館，泡沫紅茶一杯或綠茶一壺，倚窗而坐，我貪圖的是外頭日式風格庭院圍牆外的天空，倒映杯水中，格牆紅瓦，掩蔽著教堂的綠樹逼退烈日。當初我就是從「基督教浸信會」教堂那一端，窺見高大樹叢間木條隔板細隙裡的這處祕密花園而被吸引進來的。

回味著那杯漾著綠意的茶，狹小街道旁二層樓高的河洛茶館，籠罩著神隱少女電影場景的神祕氛圍，俯視一旁線條分明的教堂，時空錯置，卻相融在我的心裡。後來在舒國治的〈終也只是一瞥的彰化〉看見了這一角，「猶有老鎮佳美角落之舊況」，更讓我難以不推門走進河洛茶館。

走過荒漠的小鎮文明味

有二十多年歷史的河洛茶館，想是我們搬離彰化後才出現的吧！我的彰化歲月幾乎不見這樣的茶館。國中時代，吉思美，彰化街上的一家西餐廳，好像也是唯一的一家。置身在到處是廟宇的彰化街頭，教堂總給我一種超凡入聖的想像，吉思美也是我穿梭巷弄間吃碗粿嚐肉圓時，偶會神往的地方，不過，直到北上念大學返鄉開了高中同學會，才有機會對它一探究竟，它就處在當時台灣城鎮到處看得到的連棟透天厝的二樓，建築外觀沒讓人有什麼想像的餘地，餐廳內部裝潢今日想來也「富麗」得乏味，牛排、麵包、濃湯、沙拉和咖啡，標準的台式口味西餐上場，在那個對西方事物飢渴的年代，卻是一頓了不得的西餐，特別是奶油與咖啡的現身，有種小鎮荒漠甘泉的滋味。

然而在吉思美不見於彰化街頭多年後的今天，無意中翻閱了一九三〇年代末，彰化市的工商文獻，儘管有時暗藏春色，小鎮竟也存在著好幾家咖啡廳。標榜純漢式料理的酒樓醉鄉，一九一六年（大正五年）開張便設有支店カフアー，是當時彰化市登記有案的最早的咖啡店？古月園，一九〇六年（明治三十九年）日本人在彰化市開設最早最聞名的料亭，賣的是純日本會席料理，到了一九三〇年（昭和五年）竟也不甘寂寞地兼賣咖啡。

楊守愚發表於一九三二年的小說〈元宵〉，月圓之夜，街上油頭粉面的男人與妖嬈的女人打情罵俏，刺激著貧困潦倒的主人翁宗澤，讓他進了醉鄉的支店，見別人滿桌豐盛料理，宗澤只能以身上僅有的一角銀叫了一杯咖啡，末了，自覺受到女中的冷落輕視，咖啡沒喝，掉頭就走了，一杯寒酸的咖啡，苦到讓人飲不下去！一九三〇年代末，咖啡在作家心中從奢靡邊緣浮現，隱藏著階級壓迫的滋味，但當它隨著彰化街頭矗立的咖啡廳而飄香時，象徵西方文明的氣息也跟著散播，而後歷經改朝換代的壓抑，來到了我的時代終變成荒漠的甘泉。

停不下來的旅人味

今天咖啡普遍了，西餐也不稀奇了，而吉思美卻不知何時從彰化街頭消失了，回到彰化想吃的，還是自小看得到、觸得到、吃得到，伴著我長大的街頭食物。想起八十多年前楊守愚筆下那些在殖民街頭討生活、躲警察進而受到作家關懷呵護的小販，它們可是歷經一次又一次的十字街頭考驗才端上街的。

三年多來的彰化街頭飲食探索，我吃了無數的食物，回味兒時小吃之餘，更創下許多第一次的經驗，除了首次見識了百年老店新香珍的糕餅味，還有第一次吃彰化街上的蚵仔煎，第一次吃肉粽和的肉粽、第一次吃家裡以外的潤餅等等，而讓我大吃一驚的是，彰化街頭的潤餅沒有家裡包的蛋皮切成絲的卵燥，取而代之的是北部常見的蛋酥，還好尚吃得到兒時的滸苔味，不過得等到清明時節滸苔盛產時才能重溫……啊！彰化街頭似還有許多的第一次等著我去嘗試！

旅人的首次嘗試，是今日彰化街頭飲食面臨的又一次十字街頭考驗吧！在搬離彰化近三十年的此刻，我也成了一個旅人。旅人沒家可歇，吃累了，只能就近到元清觀、關帝廟、慶安宮和孔廟等古蹟休息片刻。這些古蹟近年來被修復得煥然一新，清清幽幽，有種淨空的力量，不過來到關帝廟，廟埕的石階一坐，想起夜晚的小食攤不在了，就像賴和於一九二三年寫成的〈盡堪回憶的癸的年〉，感嘆市區改正了，教育普及了，從小伴他長大的街頭小販卻多人不見一樣，我心裡難免又一陣惆悵。或許改天還是到河洛茶館坐坐，看看窗外突出於綠樹間的教堂，然後借神隱少女之力，讓時空靜止在那一杯綠水中……

Taiwan Style 80

彰化小食記 增修版

作者／陳淑華

編輯製作／台灣館
總編輯／黃靜宜
主編／張詩薇
美術設計／黃子欽
小吃地圖繪製／陳春惠
增修版美術設計協力／丘銳致
行銷企劃／叢昌瑜

發行人／王榮文
出版發行／遠流出版事業股份有限公司
地址：104005 台北市中山北路一段11號13樓
電話：（02）2571-0297
傳真：（02）2571-0197
郵政劃撥：0189456-1
著作權顧問／蕭雄淋律師
輸出印刷／中原造像股份有限公司
2013年 2 月1日 初版一刷
2022年10月1日 三版一刷
定價 550元

Printed in Taiwan
ISBN 978-957-32-9672-0
YLib遠流博識網
http://www.ylib.com E-mail: ylib@ylib.com

國家圖書館出版品預行編目（CIP）資料

彰化小食記 / 陳淑華著. -- 三版.
-- 臺北市 : 遠流出版事業股份有限公司, 2022.10
面； 公分. -- (Taiwan style ; 80)
ISBN 978-957-32-9672-0(平裝)
1.CST：飲食風俗 2.CST：小吃 3.CST：彰化縣
538.7833 111010726

彰化
小吃地圖

遊古城吃小吃

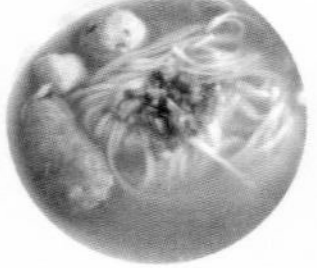

以昔日古城遺址為中心的彰化市區，腹地狹小，從車站　近的西門走到東門，即文化中心旁的八卦山牌樓　近頂多二十分鐘，而循著文學步道，爬個小山，登上八卦山大佛頂也不到半個鐘頭的腳程。一九八〇年，《野外雜誌》記者施再滿來訪時曾說，你能在　裡找到有如此豐盛小吃又方便吃到的地方，「轉個圈，折條路，都離不開彰化市各種珍肴異饌小吃的誘惑，不但看得過癮，也吃得過癮！」

四十多年過去了，彰化古城所在區域似乎還是沒有改變，但就像當年施再滿所言，卻給了食客一個很大的方便，而且隨著區內古寺古廟的整修，喚出一種古風，行走其間，吃喝之際，倒挺能感受古城幾百年堅持的風骨。三年多來的彰化街頭飲食探索，頻頻穿梭於古城內外，但窺探的似乎仍只是它的一角，還有更多的店家沒有出列，就等有心的大家一起繼續發掘，古城　味的奧妙就在於它的無窮。

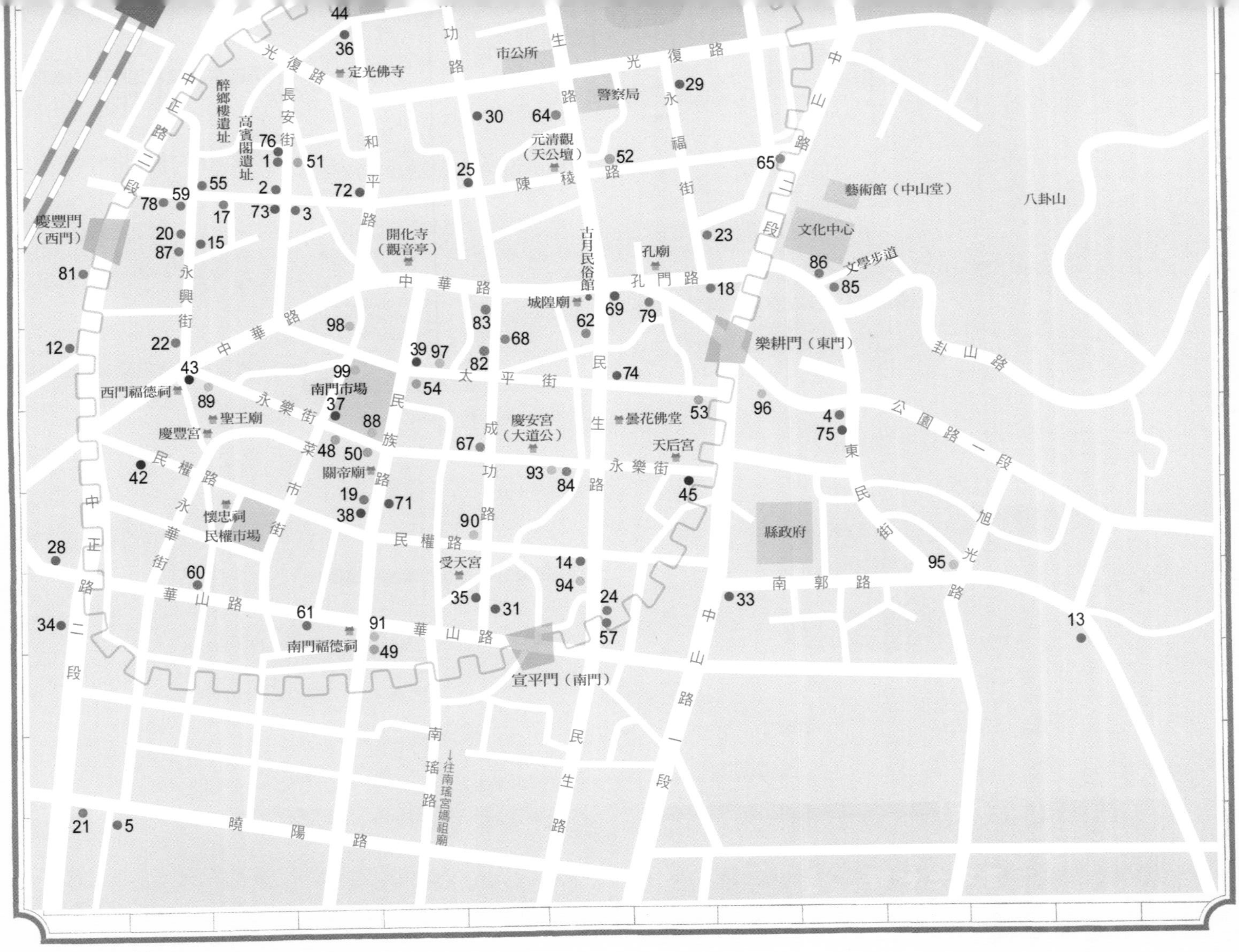

慶豐門（西門）
醉鄉樓遺址
高賓閣遺址
定光佛寺
市公所
警察局
元清觀（天公壇）
開化寺（觀音亭）
古月民俗館
孔廟
城隍廟
文化中心
藝術館（中山堂）
八卦山
文學步道
樂耕門（東門）
西門福德祠
聖王廟
慶豐宮
南門市場
慶安宮（大道公）
曇花佛堂
天后宮
關帝廟
懷忠祠
民權市場
受天宮
縣政府
南門福德祠
宣平門（南門）
往南瑤宮媽祖廟
中正路二段
光復路
長安街
和平路
永興街
中華路
孔門路
陳稜路
永福街
中山路二段
中山路一段
卦山路
公園路一段
東民街
旭光路
南郭路
太平街
民生路
成功路
民族路
永樂街
菜市街
民權路
永華街
華山路
南瑤路
曉陽路

肉圓、涼圓、肉圓仔

1 —— 阿章肉圓
● 彰化市長安街128號／04-7250049／08:00～21:00

2 —— 阿璋肉圓（燉露）
● 彰化市長安街144號／04-7225917／09:30～22:30

3 —— 正彰化肉圓
● 彰化市陳稜路203號／04-7227868／10:00～20:30

4 —— 燒肉圓
● 彰化市東民街89號／04-7233710／10:30～17:00

5 —— 肉圓南
● 彰化市曉陽路201巷25號／04-7235846／11:00～18:00

6 —— 北門口肉圓站前店
● 彰化市三民路34號／0921788492／11:00～賣完為止

7 —— 阿三肉圓（燉露）
● 彰化市三民路242號／04-7240095／11:00～19:00

8 —— 北門口肉圓（燉露）
● 彰化市中正路一段494號／04-7238678．0920182200／11:30～19:00

9 —— 北門口肉圓民生店（燉露）
● 彰化市民生路315號／04-7227245／11:30～19:00

10 —— 過溝仔肉圓賢
● 彰化市彰美路一段106號／04-7233731／14:30～21:30

11 —— 過溝仔肉圓王
● 彰化市彰美路一段54-8號／0921337931／15:00～22:00

12 —— 吳西門彰化肉圓
● 彰化市中正路二段188號／04-7277897／10:00～22:00

13 —— 彰化涼圓（林家）
● 彰化市南郭路一段182號／04-7244810／08:00～18:00

14 —— 彰化涼圓
● 彰化市民權路49號／04-7259687／07:30～賣完為止

15 —— 西門萬芳圓仔湯（魷魚肉羹）
● 彰化市永興街56號／04-7253218／16:00～20:00

16 —— 中正路（阿義師）番薯肉圓仔
● 彰化市中正路一段423號／0970008589／10:30～14:00、16:00～19:30

切仔麵（蛤仔麵）

17 —— 貓鼠麵（豬腳）
● 彰化市陳稜路223號／04-7268376／09:30～20:30

18 —— 黑肉麵（排骨飯、燉露）
● 彰化市孔門路15號／04-7221058／10:00～19:30

19 —— 阿添蛤仔麵
● 彰化市民族路455號／04-7264655／10:00～19:30

20 —— 阿樹擔仔麵
● 彰化市永興街55號／0936169075．04-7231971／06:00～17:00

21 —— 彰化蛤仔麵
● 彰化市曉陽路217號／04-7285959／09:00～19:30

22 —— 萬芳蛤仔麵
● 彰化市永興街21號／04-7262499／08:00～21:30

23 —— 菊仔蛤仔麵
● 彰化市永福街18號／04-7226577／08:30～19:00

24 —— 榮輝蛤仔麵
● 彰化市民生路8號／04-7233719／08:00～14:30

爌肉飯、豬腳

25 —— 天公壇爌肉飯（燉露）
● 彰化市陳稜路132號／0977416665／06:00～14:30

26 —— 老朱爌肉飯
● 彰化市中民街31號／04-7234158／06:00～13:30

27 —— 老朱阿贊爌肉飯
● 彰化市民生路365號／0982926820／06:30～13:00

28 —— 魚市爌肉飯
● 彰化市華山路246號／04-7220505／06:30～16:30

29 —— 永福爌肉飯（切仔麵）
● 彰化市永福街80號／04-7230608／07:00～14:30

30 —— 泉爌肉飯（切仔麵）
● 彰化市成功路216號／04-7281979／07:00-13:30

31 —— 夜市爌肉飯（切仔麵）
● 彰化市成功路10號／04-7287567／15:30～18:30

32 —— 永成爌肉飯（切仔麵）
● 彰化市中正路一段483號／04-7265442／16:30～23:00

33 —— 縣政府阿章爌肉飯（筒仔米糕、燉露）
● 彰化市南郭路一段263之2號／04-7271500／17:00～02:30

34 —— 魚市場爌肉飯
● 彰化市中正路二段320號／04-7629160／21:40～賣完

35 —— 豬腳大王
● 彰化市成功路21號／04-7226942／10:30～20:00

36 —— 五信豬腳（燉露）
● 彰化市長安街（五信總社邊）／0937739196／18:00～賣完為止

肉羹、麵線糊

37 —— 國珍肉羹（拉仔麵）
● 彰化市南門市場296號攤「南左門」入口處／04-7238326／06:00～14:00

38 —— 老牌香菇肉羹（拉仔麵）
● 彰化市民族路447號／04-7287953／11:00～賣完

39 —— ㄎㄚㄟ肉羹（拉仔麵）
● 彰化市民族路與太平街口／0930005929／週一至週五21:00～00:30；週末07:00～00:30

40 —— 車路口麵線糊（肉羹）
● 彰化市中正路一段314號（民生市場內）／04-7262999／14:00～22:00

碗粿、菜頭粿、粿仔湯

41 —— 杉行碗粿
● 彰化市成功路312號／04-7260380／06:00～18:00

42 —— 民權市場碗粿
● 彰化市民權路223號／04-7264611／07:00～13:00

43 —— 古早味碗粿（阿婆菜頭粿）
● 彰化市永樂街235號／04-7256003／08:30～19:30

44 —— 美達飯店門口碗粿
● 彰化市和平路85號／04-7253116／10：00～22：00

45 —— 文卜粿仔湯
● 彰化市永樂街11號／04-7231042／08:00～17:00

46 —— 木樹鼎邊趖（爌肉飯）
● 彰化市三民路342號／04-7201288／16:00～00:30

素食（菜麵）

47 —— 車路口菜麵
● 彰化市中正路一段316號（近永安街）／04:00～12:00左右

48 —— 趙記素食
● 彰化市永樂街165號／04-7254783／05:00～22:30

49 —— 南門素食
● 彰化市民族路384號／04-7264985／06:00～13:00

50 —— 林家素食
● 彰化市永樂街147號／04-7268655／06:30～02:00

51 —— 彰化素食（菜圓仔）
● 彰化市長安街117號／04-7236427／07:00～21:00

52 —— 天公壇素食
● 彰化市陳稜路80號／04-7245590／06:30～13:30

53 —— 福成素食
● 彰化市太平街3號／04-7266800／15:00～00:00

54 —— 黃記素食（燉露）
● 彰化市太平街127號／04-7272898／17:00～02:00

大餅、燒餅、蒸餃、陽春麵

55 —— 山東大餅（水煎包）
● 彰化市永興街80號／04-7256468／06:30～18:00

56 —— 北平香酥燒餅
● 彰化市成功路303號／0926563882／08:30～18:30

57 —— 大原蒸餃（總店）
● 彰化市民生路6號／04-7249773／11:00～22:30

58 —— 三民市場蒸餃
● 彰化市永安街83巷12號／0933496189／15:30～24:00

59 —— 阿輝陽春麵
● 彰化市永興街73號／04-7270320／07:00～21:00

60 —— 榕樹下陽春麵
● 彰化市華山路190號／約06:00～15:00（週一公休）

61 —— 原榕樹下陽春麵
● 彰化市華山路137號／04-7226230／07:00～15:30

鹹麻糬、苔條花生、肉包

62 —— 大元蘇薯
● 彰化市民生路129巷4號（城隍廟前）／04-7225998／09:00～20:00

63 —— 玉華珍手工麻糬
● 彰化市辭修路244號／04-7227806／08:00～賣完為止

64 —— 玉華珍民生店
● 彰化市民生路223號／04-7267806／10:00～16:00

65 —— 祝福苔條花生
● 彰化市陳稜路1號／04-7225985／09:00～21:00

66 —— 肉包李
● 彰化市永安街11號／04-7236366／09:00～22:00

67 —— 肉包明
● 彰化市永樂街98號／04-7244231／12:00～21:00

68 —— 肉包成
● 彰化市成功路110號／04-7222543／08:30～21:00

西點、漢餅、路邊甜點

69 —— 義華卦山燒
● 彰化市民生路 152 號／04-7223989／09:00～22:00

70 —— 新香珍
● 彰化市中正路一段283號／04-7239602／07:00～21:00

71 —— 復興珍
● 彰化市民族路460號／04-7222278／08:00～22:00

72 —— 港仔菱角酥
● 彰化市陳稜路與和平路口（寶島鐘錶公司前）／04-7238589／15:00～22:00（假日13:00即開賣，中秋節前後開始營業半年）

73 —— 彰化糯米炸
● 彰化市長安街和陳稜路口／04-7227568

74 —— 古月館糯米炸
● 彰化市太平街50號／0930939272／12:00～20:00

75 —— 狀元糕
● 彰化市東民街89號前方／11:00～18:00

76 —— 小西麵茶
● 彰化市永安街112號／04-7225796

圓仔湯、剉冰、杏仁露、芋仔湯（冰）

77 —— 澎湖伯三民市場豆花圓仔湯（冰）
● 彰化市三民路320號（永安街口）／13:00～22:00

78 —— 銅鐘圓仔湯（冰）
● 彰化市陳稜路245號／04-7201368／11:00～20:00

79 —— 彰化木瓜牛乳大王（中華路）
● 彰化市中華路37號／04-7249840／10:30～00:00

80 —— 彰化木瓜牛乳大王（彰美路）
● 彰化市彰美路一段183號（過溝仔）／04-7253030／11:00～22:00

81 —— 彰化木瓜牛乳大王（中正路）
● 彰化市中正路二段152號／04-7299972／11:00～23:00

82 —— 彰化木瓜牛乳大王（成功店）
● 彰化市成功路105號／04-7278666／12:10～21:00

83 —— 小木屋木瓜牛乳美國冰
● 彰化市成功路121號／04-7230778／11:50～21:30

84 —— 夜市八寶冰
● 彰化市永樂街61號／04-7230411／11:00～22:30

85 —— 公園杏仁露
● 彰化市文化局旁（文學步道前）／04-7294787／19:00～23:30（冬天或遇雨休息）

86 —— 公園芋仔冰
● 彰化市文化局旁（八卦山牌樓附近、文學步道前）／04-7233686／17:00～23:30（冬天或遇雨休息）

87 —— 萬芳芋仔湯
● 彰化市永興街47號／04-7258551／11:00～21:00（耶誕節前後至元宵節休息）

其　他

88 —— 原民權市場潤餅捲（中秋節過後至隔年清明節）、粉粿冰品（清明節過後至中秋節前）
● 彰化市永樂街154號／04-7272719／07:00～17:00

89 —— 美貴潤餅
● 彰化市永樂街231號／04-7282670／05:30～18:00

90 —— 萬芳潤餅（割包）
● 彰化市民權路101號／04-7283439／11:00～20:30

91 —— 肉粽和
● 彰化市民族路384號／04-7286026／09:30～20:30

92 —— 車路口肉粽
● 彰化市中正路一段322號／04-7269550／09:30～20:00

93 —— 夜市蚵仔煎（四神湯）
● 彰化市永樂街63號／04-7224573／平日15:00～22:00假日12:00開始

94 —— 蚵仔蓋飯
● 彰化市民生路25號／04-7252383／16:00～00:30（週四公休）

95 —— 原夜市（阿亮）四神湯
● 彰化市旭光路42號／04-7263346／09:00～17:00

96 —— 河洛茶館
● 彰化市公園路一段8號／04-7273683／10:00～00:00

97 —— 春榮香腸
● 彰化市太平街126號／04-7221414／08:00～21:00

98 —— 協成肉品（香腸）
● 彰化市太平街168巷2號／04-7229893／07:00～17:00

99 —— 南門市場大麵朝
● 彰化市菜市街南門市場219號攤／04-7221345／06:30～17:00